城市轨道交通职业教育系列教材——城市轨道交通通信信号技术

城轨信号
维护规则与安全管理

主　编 ◎ 徐志霞　刘怀昆
副主编 ◎ 孙桂岩　鞠兴刚　吴　廷
主　审 ◎ 鲁井礼

西南交通大学出版社
·成都·

图书在版编目（CIP）数据

城轨信号维护规则与安全管理 / 徐志霞，刘怀昆主编. -- 成都：西南交通大学出版社，2024.8. -- ISBN 978-7-5643-9956-6

Ⅰ. U239.5

中国国家版本馆 CIP 数据核字第 20241Q4F53 号

Chenggui Xinhao Weihu Guize yu Anquan Guanli
城轨信号维护规则与安全管理

主编／徐志霞　刘怀昆

策划编辑／李芳芳　罗俊亮
责任编辑／梁志敏
封面设计／何东琳设计工作室

西南交通大学出版社出版发行
（四川省成都市金牛区二环路北一段 111 号西南交通大学创新大厦 21 楼　610031）
营销部电话：028-87600564　　028-87600533
网址：http://www.xnjdcbs.com
印刷：四川森林印务有限责任公司

成品尺寸　185 mm×260 mm
印张　18　　字数　394 千
版次　2024 年 8 月第 1 版　　印次　2024 年 8 月第 1 次

书号　ISBN 978-7-5643-9956-6
定价　42.00 元

课件咨询电话：028-81435775
图书如有印装质量问题　本社负责退换
版权所有　盗版必究　举报电话：028-87600562

前 言 Preface

城市轨道交通以其节能、空间优化、大运量、全天候服务、安全性高、速度快捷以及准时性强等特点，备受人们青睐。截至2023年11月，31个省（自治区、直辖市）和新疆生产建设兵团共有55个城市开通运营城市轨道交通线路300条，运营里程9 915.6公里。城市轨道交通信号系统作为行车指挥和列车运行的核心控制设备，对于确保行车安全具有不可替代的作用。

为了让信号专业的毕业生能够快速适应工作岗位，实现与工作的无缝对接，学校特别重视在校期间学生对现场工作岗位规章制度的了解和掌握，同时要求学生具备在发生影响行车的故障时能够迅速作出判断，并进行简单的应急处理的能力。为此，我们精心编制了《城轨信号维护规则与安全管理》这本教材。

在教材编写之前，我们多次前往沈阳地铁进行深入调研，以确保教材内容贴近实际工作岗位的需求。此外，我们还特别融入了思政元素，使学生不仅能掌握较前沿的专业知识，还能培养出爱岗敬业、团结协作、遵章守纪、乐于奉献的大国工匠精神。

本教材一共有六个项目，项目一为安全教育管理，主要介绍了新入职员工安全教育、岗位职责以及设备、仪器、仪表的使用安全等内容；项目二为施工检修管理规定，主要介绍了施工的组织，施工纪律，施工作业的申报等；项目三为信号应急预案及处置，主要介绍了信号应急预案的以及应急预案的响应等级和启动应急预案时公司各部门的处置流程等；项目四介绍了信号故障现场处置，包括不同信号设备故障时信号工作人员的现场处置流程，还列举了大量的地铁故障案例，使内容更加贴切现场实际；项目五为信号设备检修作业标准化，介绍了信号设备检修作业标准化作业流程；项目六为维护作业标准化，介绍了现场设备更换时的标准化作业流程。学生在前面专业课的学习中，已经具备现场设备的简单维护保养能力，本书内容的学习将使学生的专业技术水平在原来的基础上有进一步提高。

本教材由辽宁铁道职业技术学院徐志霞、刘怀昆担任主编；辽宁铁道职业技术学院孙桂岩、鞠兴刚，四川邮电职业技术学院吴廷担任副主编；沈阳地铁集团有限公司运营分公司通号2部部长鲁井礼担任主审。其中，徐志霞编写项目六，并负责全书的统稿；刘怀昆编写项目一和项目五；孙桂岩编写项目二；鞠兴刚编写项目四；吴廷编写项目三。本教材在编写过程中得到了许多单位同仁的大力支持和热情帮助，在此表示由衷的感谢。

由于我国城市轨道交通信号设备及管理制度繁杂，资料难以搜集齐全，加之编者水平有限，教材中难免存在疏漏和不妥之处，恳请读者批评指正！

编　者

2023年6月

目 录 Contents

项目一　安全教育管理 ··· 001
任务 1　安全教育管理规定 ··· 002
任务 2　信号基本安全生产制度 ··· 008
任务 3　操作安全 ··· 014
任务 4　信号检修作业安全 ··· 021
任务 5　消防安全 ··· 031

项目二　施工检修管理规定 ··· 036
任务 1　信号施工概述 ··· 037
任务 2　施工作业令 ·· 043
任务 3　施工组织 ··· 049
任务 4　施工纪律 ··· 054
任务 5　施工考核 ··· 057

项目三　信号应急预案及处置 ·· 061
任务 1　应急预案概述 ··· 062
任务 2　应急响应 ··· 064
任务 3　专项故障应急处理 ··· 068

项目四　信号故障现场处置 ··· 075
任务 1　信号设备故障现场处置概述 ··· 076
任务 2　正线信号设备故障现场处置 ··· 079
任务 3　车辆段信号设备故障现场处置 ··· 091

任务 4　列车运行防护设备故障现场处置 …… 097

任务 5　列车自动监控系统（ATS）故障现场处置 …… 102

任务 6　DCS 设备故障现场处置 …… 111

任务 7　其他设备故障处置流程 …… 114

项目五　信号设备检修作业标准化 …… 120

任务 1　正线设备标准化检修作业 …… 121

任务 2　车辆段设备标准化检修作业 …… 144

任务 3　车载设备标准化检修作业 …… 156

任务 4　ATS 设备标准化检修作业 …… 177

项目六　更换作业标准化 …… 203

任务 1　轨旁设备更换作业 …… 204

任务 2　车载设备更换 …… 240

任务 3　ATS、DCS 设备更换 …… 261

附　录 …… 272

附录 A　施工作业令（正线使用） …… 272

附录 B　施工作业令（车辆段使用） …… 273

附录 C　施工作业令（车站使用） …… 274

附录 D　施工及行车计划通告 …… 275

附录 E　施工及行车计划申报表 …… 276

附录 F　临时补修计划/日补充计划/施工变更/施工取消申报表 …… 277

附录 G　工程车、电客车等临时列车开行计划申报表 …… 278

附录 H　外协单位施工作业管理流程 …… 279

附录 I　术语对照表 …… 280

参考文献 …… 281

项目一　安全教育管理

> **项目描述**

　　随着经济的飞速发展，我国的城市化进程不断加快，为了满足人们快捷、舒适的出行需求，城市轨道交通在现代城市公共交通中的地位日益重要。城市轨道交通作为城市交通系统的一部分，对缓解城市交通压力、实现绿色出行起着重要作用，是解决城市拥堵问题的有力方案。

　　城市轨道交通系统作为大容量公共交通工具，其安全性直接关系到广大乘客的生命安全，为保证该系统有计划、有组织、安全、高效地运行，需要有制定行车计划和组织行车的行车组织系统、保障各个部门协调工作的通信联络系统，以及指挥列车准点、安全、高效运行的信号系统。

　　为了加强和规范城市轨道交通安全生产教育管理工作，提高从业人员安全素质，防范伤亡事故，减少职业危害，根据国家法律法规要求，结合地铁工作实际，本项目主要内容包括：在职员工安全教育，规范信号设备的操作和检修行为，加强信号设备在操作及检修过程中的安全管理，以确保人身、设备和行车的安全。

> **知识目标**

- 了解安全生产法相关内容。
- 了解从业人员的权利与义务。
- 了解信号作业的基本纪律。
- 掌握三级安全教育的内容。
- 掌握三不动、三不离、四不放过的内容。
- 掌握不同信号设备的操作注意事项。
- 掌握消防器材的使用方法。

> **能力目标**

- 具备规范使用工（器）具、仪器、仪表的能力。
- 具备安全操作信号设备的能力。
- 具备安全检修信号设备的能力。
- 会使用消防器材。

> **思政目标**

- 树立"安全第一，预防为主"的生产理念。

任务 1　安全教育管理规定

安全是城市轨道交通行业生产永恒的主题，每一位工作人员都应该树立"安全第一，预防为主"的生产理念。在作业过程当中一定要确保设备安全可靠，工作人员人身安全。由此可见员工的安全教育也就格外重要了。本任务将为大家介绍安全教育相关知识。

1.1　安全生产法

《中华人民共和国安全生产法》已由中华人民共和国第十三届全国人民代表大会常务委员会第二十九次会议于 2021 年 6 月 10 日通过，现予公布，自 2021 年 9 月 1 日起施行。

安全生产法相关内容：

第三条　安全生产工作坚持中国共产党的领导。安全生产工作应当以人为本，坚持人民至上、生命至上，把保护人民生命安全摆在首位，树牢安全发展理念，坚持安全第一、预防为主、综合治理的方针，从源头上防范化解重大安全风险。

第五条　生产经营单位的主要负责人是本单位安全生产第一责任人，对本单位的安全生产工作全面负责。其他负责人对职责范围内的安全生产工作负责。

第十六条　国家实行生产安全事故责任追究制度，依照本法和有关法律、法规的规定，追究生产安全事故责任单位和责任人员的法律责任。

第二十八条　生产经营单位应当对从业人员进行安全生产教育和培训，保证从业人员具备必要的安全生产知识，熟悉有关的安全生产规章制度和安全操作规程，掌握本岗位的安全操作技能，了解事故应急处理措施，知悉自身在安全生产方面的权利和义务。未经安全生产教育和培训合格的从业人员，不得上岗作业。

第三十条　生产经营单位的特种作业人员必须按照国家有关规定经专门的安全作业培训，取得相应资格，方可上岗作业。

第五十三条　生产经营单位的从业人员有权了解其作业场所和工作岗位存在的危险因素、防范措施及事故应急措施，有权对本单位的安全生产工作提出建议。

第五十四条　从业人员有权对本单位安全生产工作中存在的问题提出批评、检举、控告；有权拒绝违章指挥和强令冒险作业。生产经营单位不得因从业人员对本单位安全生产工作提出批评、检举、控告或者拒绝违章指挥、强令冒险作业而降低其工资、福利等待遇或者解除与其订立的劳动合同。

第五十五条　从业人员发现直接危及人身安全的紧急情况时，有权停止作业或者在采取可能的应急措施后撤离作业场所。生产经营单位不得因从业人员在前款紧急情况下停止作业或者采取紧急撤离措施而降低其工资、福利等待遇或者解除与其订立的劳动合同。

第五十六条　生产经营单位发生生产安全事故后，应当及时采取措施救治有关人员。

因生产安全事故受到损害的从业人员，除依法享有工伤保险外，依照有关民事法律尚有获得赔偿的权利的，有权提出赔偿要求。

第五十七条　从业人员在作业过程中，应当严格落实岗位安全责任，遵守本单位的安全生产规章制度和操作规程，服从管理，正确佩戴和使用劳动防护用品。

第五十八条　从业人员应当接受安全生产教育和培训，掌握本职工作所需的安全生产知识，提高安全生产技能，增强事故预防和应急处理能力。

第五十九条　从业人员发现事故隐患或者其他不安全因素，应当立即向现场安全生产管理人员或者本单位负责人报告；接到报告的人员应当及时予以处理。

1.2　安全教育形式

1.2.1　三级安全教育

安全教育分为三级：一级为公司级的安全教育；二级为中心/办公室、部门级的安全教育；三级为车站/班组级的安全教育。

1. 一级安全教育（公司级）

新入职员工办理入职手续后，一级安全教育由培训管理办公室负责组织，安全保卫办公室负责安排讲师培训，组织考试，培训主要内容如下：

（1）国家安全生产法律及相关规定。

（2）公司安全生产规章制度，安全实施工作概况。

（3）员工的安全生产权利与义务。

（4）劳动保护的意义、任务、内容及其重要性。

（5）本公司典型事故案例及经验教训。

2. 二级安全培训教育（中心/办公室、部门级）

各中心/办公室、部门负责本部门职工的二级安全教育培训并组织考试，培训主要内容如下：

（1）本中心/办公室、部门安全生产状况及规章制度。

（2）工作环境及危险因素。

（3）所从事工种可能遭受的职业伤害和伤亡事故。

（4）所从事工作的岗位安全职责、操作技能及强制性标准。

（5）自救互救、急救方法、疏散和现场紧急情况的处理。

（6）设备设施安全操作、个人防护用品的使用和维护。

（7）预防事故和职业危害的措施及应注意的安全事项。

（8）中心/办公室、部门有关事故案例。

（9）其他需要培训的内容。

3. 三级安全培训教育（车站/班组级）

各车站/班组负责组织三级安全教育培训并组织考试，培训主要内容如下：

（1）岗位安全操作规程、岗位之间衔接配合的安全与职业健康注意事项。

（2）主要设备的结构原理、操作注意事项。

（3）安全设备和工（器）具、个人防护用品、防护器具、消防器材的使用方法和维护保养知识等。

（4）作业场所存在的危险因素、防范措施和事故应急措施、自救互救常识。

（5）本专业有关事故案例等。

4. 三级安全培训教育考核要求

各中心/办公室、部门、车站/班组安全教育培训负责人将考试成绩填入《职工安全教育卡》，并签字确认。新入职员工完成三级安全教育后，本人将职工安全教育卡提交到所属部门，由部门统一报送培训管理办公室保存。

非生产部门的二、三级安全教育培训可结合工作实际，按培训学时要求，合并开展部门和工作(专业)组的安全教育和考核工作，将考试成绩填入《职工安全教育卡》，由部门统一报送培训管理办公室保存。

1）新员工安全教育培训

新入职员工完成公司级安全教育后，由培训管理办公室核发《职工安全教育卡》并记录公司级安全教育成绩，成绩合格后，本人持安全教育卡进行二级和三级安全教育。各级专（兼）职安全员、班组长、值班站长负责记录安全教育卡中二、三级安全教育内容及成绩，在完成三级安全教育后的五个工作日内报送培训管理办公室。

2）员工转岗、复工安全教育培训

因岗位变换或连续休假三个月及以上的员工，上岗工作前须重新接受的安全教育。

（1）岗位变换的职工须重新进行二、三级安全教育，教育内容和要求同三级安全教育的内容和要求，考核结果记录在《职工转岗、复岗安全教育卡》。

（2）由一般工种变换为特殊工种的员工须由对应部门提前组织报培训管理办公室备案，由培训管理办公室组织参加市或上级安全生产监督管理局认证的社会培训机构的相应工种培训及考核，取得合格证后方可上岗操作，未取得合格证前不得上岗作业。

（3）职工连续休假三个月及以上（不足六个月），须经过三级安全教育（班组级）后方准上岗恢复工作。

（4）职工连续休假六个月及以上，须经过二、三级安全教育后方准上岗恢复工作。教育内容及考核方式同新入职的职工安全教育的内容和要求相同，考核结果记录在《职工转岗、复岗安全教育卡》。

（5）因事故造成责任工伤的职工在愈后恢复工作前，须由本人写出从事故中吸取经验和教训的书面材料并上交人力资源办公室，同时报安全保卫办公室备案。

1.2.2 "五新"安全培训

"五新"安全培训是指采用"新工艺、新技术、新材料、新设备、新产品"前,进行的新操作方法和新工作岗位的安全教育。

从事"五新"工作的职工,须由所在部门负责组织专业的教育和训练,考试合格后,方可上岗操作。教育培训内容如下:

(1)"五新"的特点及操作方法。
(2)"五新"投产过程中存在的危险因素,危险区以及防护方法。
(3)"五新"的安全防护装置的特点及使用方法。
(4)正确使用个人防护用品的要求。
(5)新签订安全管理制度及安全操作规程内容和要求。

1.2.3 特种作业人员教育

特种作业人员教育是指为提高特种作业人员的安全技术水平,防止和减少伤亡事故,按照国家有关法律、法规的规定接受专门的安全培训。具体要求如下:

(1)因工作需要,从事特种作业、特种设备操作方面工作的部门应提前报技术办公室、培训管理办公室申请特种作业资格培训。
(2)特种作业、特种设备操作人员培训合格取得培训合格证后,方可上岗作业。
(3)从特种作业、特种设备操作的部门应建立人员信息台账,台账内容应包含特种作业和特种设备作业人员个人信息、培训时间、取证时间、复审时间等相关信息。
(4)培训管理办公室负责特种作业人员培训的组织和对外工作。
(5)特种作业培训工作须遵照《特种作业人员安全技术培训考核管理规定》的相关内容执行。
(6)特种作业人员有下列情形之一的,复审或者延期复审不予通过:
① 健康体检不合格的。
② 经查证属实,违章操作造成严重后果或者有 2 次以上违章行为
③ 有安全生产违法行为,并给予行政处罚的。
④ 拒绝、阻碍安全生产监管监察部门监督检查的。
⑤ 未按规定参加安全培训,或者考试不合格的。

1.2.4 派遣劳动者、实习学生、借调及委外人员的安全教育

派遣劳动者、实习学生、借调及委外人员的安全教育应由用工部门负责,按照"谁雇佣,谁交底""谁用工,谁负责"的原则,承担起委外人员及临时工的安全教育工作。

派遣劳动者、实习学生、借调及委外人员的安全教育首次时间不得少于 4 小时。

教育培训内容应包括本单位安全生产特点、从事工作的性质、安全注意事项、事故教训、有关安全制度、应急防护方法及紧急撤离通道等,在工作中要指定专人负责管理和检查。

（1）如果派遣劳动者、实习学生、借调及委外人员在运营分公司工作、实习的时间为一个月以上，应随所属部门、车站、班组同步进行安全教育培训，形成相应培训记录。

（2）使用派遣劳动者的分公司，应当将派遣劳动者纳入本单位从业人员统一管理，由用工部门对被派遣劳动者进行岗位安全操作规程和安全操作技能的教育和培训。劳务派遣单位应当对被派遣劳动者进行必要的安全生产教育和培训。

（3）接收职业学校、高等学校学生实习的分公司，应由用工部门对实习学生进行相应的安全生产教育和培训。学校应当协助分公司对实习学生进行安全生产教育和培训。针对实习学生的特点，提供必要的劳动防护用品，重点对以下方面进行培训：

① 分公司相关安全规定、安全生产知识和人员的安全意识。

② 实习工作岗位存在的安全隐患。

③ 高压作业、动火作业、密闭空间作业、高处作业及相关应急常识。

（4）对于外单位借调到本单位以及施工、设备维保委外检修等委外人员的安全教育，分公司按照"谁用人，谁培训"的原则，由用工部门负责安全培训教育。

对于上述人员参加安全培训的时间、内容以及考核结果等情况，各用工涉及的中心/办公室应当如实记录并建档备查。

1.2.5　安全生产管理人员教育

安全生产管理人员需经市或上级安全生产监督管理局认证的社会培训机构组织的安全培训，培训合格后由相关机构颁发安全培训证书。

1.2.6　日常安全教育培训

日常安全教育是指为确保安全生产，提高员工安全责任意识，各中心/办公室、部门、车站、班组定期自行开展的安全教育。

各中心/办公室、部门每月至少开展一次安全教育培训，全年累计培训学时不得低于12小时。

各车站/工班每月至少开展两次安全教育培训，全年累计培训学时不得低于12小时。

培训内容包括：

（1）安全思想、安全责任意识。

（2）有关安全法律法规、公司安全管理的规章制度、安全操作规程（标准）和安全生产知识。

（3）开展防火、防爆、防中毒及自我保护能力的训练。

（4）涉及的应急救援预案、处置方案。

（5）典型事故案例的分析与讨论。

（6）公司要求的其他相关培训。

1.3　安全教育原则

（1）安全教育应保证各岗位员工熟悉有关安全生产规章制度和安全操作规程，具备必要的安全生产知识，掌握本岗位的安全操作技能，增强预防事故、控制职业危害和应急处置的能力。

（2）安全教育工作实行统一规划、归口管理、分级实施、教考分离的原则。培训管理办公室负责一级安全教育的组织和管理，安全保卫办公室负责安排培训讲师授课；各中心/办公室、部负责组织开展二级安全教育，各车站、班组负责组织开展三级安全教育。各中心/办公室每年制订安全教育计划，组织开展安全再教育工作。

（3）未经三级安全教育培训合格的人员，不得上岗作业。新入职的职工，须进行职工三级安全教育，经考试合格后，方可上岗作业。

1.4 安全教育要求

1. 入职人员岗前三级安全教育

（1）各级安全教育不得少于 8 小时，三级安全教育累计培训时间不得少于 24 小时，各部门可根据工作具体情况编制培训课件，制订培训计划。

（2）各级安全教育的负责人要在《职工安全教育卡》上对考试成绩进行确认并签名或盖章。各部门应建立本部门职工安全教育记录台账，填写《职工安全培训记录表》。

（3）对于各级安全教育考试，要求全员通过考核，且成绩达到满分为合格，不合格的人员，允许有一次补考，并在《职工安全教育卡》对应项目备注补考通过。

2. 考勤工作

一级安全教育期间的考勤由培训管理办公室负责，二级安全教育期间的考勤由各中心/办公室、部门负责，三级安全教育期间的考勤由各车站、班组负责。三级安全教育期间，无论何种原因，缺勤累计时长超过该阶段安全教育时长的三分之一，将被取消该阶段安全教育考核资格，新入职员工须重新进行该阶段安全教育。安全生产管理人员安全教育由培训管理办公室组织特定岗位人员、安全责任人、各中心/办公室兼职安全员、相关安全工作人员等到市安监局认证的社会相关培训机构进行，培训合格后获发相关机构颁发的《安全培训证》。

3. 培训记录

培训涉及的签到、培训记录、考试卷子及补考的相关记录，由各部统一存档，存档有效期为三年，过期自行销毁。

1.5 年度安全教育计划

1. 计划制订

培训管理办公室负责组织编制公司级年度安全教育培训计划，各中心/办公室负责编制本专业年度安全教育培训计划，经安全保卫办公室审核后，提报培训管理办公室。

2. 内容要求

中心/办公室编制的年度安全教育培训内容应涵盖：国家安全法律法规、公司相关制度、应急预案及处置方案、设备操作规程、安全操作规程、事故案例学习、危险源辨识、职业健康、特种作业等内容。

> 思政小课堂

生命至上　安全第一

11月9日是全国消防日。一直以来，习近平总书记心系人民群众，高度重视公共安全，多次发表重要讲话、作出重要批示。同学们应认真学习领悟习近平总书记关于消防和安全的重要论述，铸牢公共安全意识。坚持安全第一、预防为主，建立大安全大应急框架，完善公共安全体系，推动公共安全治理模式向事前预防转型。

信号系统是保障列车安全运行的重要系统，任何一个小的故障都有可能引发大的事故，从1997年发生的荣家湾事故，到2011年发生的动车追尾事故，惨痛的代价告诉我们安全无小事。

从现在开始我们要全面提升自我安全防范意识，认真学习安全生产法。在以后的工作岗位中，认真参加每一次安全培训，工作时努力将危险因素提前考虑清楚，做到安全警钟长鸣，为国民经济作出更大的贡献。

> 坚持安全第一、预防为主，建立大安全大应急框架，完善公共安全体系，推动公共安全治理模式向事前预防转型。
>
> ——2022年10月16日
> 习近平在中国共产党第二十次全国代表大会上的报告

任务2　信号基本安全生产制度

信号人员作业时必须认真执行"三不动""三不离""四不放过""三预想"，了解"故障三清""三懂三会"和信号基本作业纪律等安全生产制度。

2.1　三不动

1. 未联系登记好不动

信号设备在施工、维修以及故障处理时要先和车站行车值班员或者车场调度员联系要点，以上工作人员确定同意后，才可以进行作业。

> 【案例】
>
> 某站工作人员在巡站时，在信号电源室发现电源屏在Ⅱ路电源下工作，需要切换至Ⅰ路电源，该作业人员未与车站行车人员联系、登记要点，盲目转换电源开关，导致整个联锁区掉电，列车只能以RM模式进行运行，严重地影响了运营效率。

2. 对设备性能、状态不清楚不动

由于信号设备更新换代频繁，作业人员需要不断地加强学习，提高业务技能水平。在对信号设备机械性能、电气特性、联锁关系、影响范围不了解、不清楚的情况下，不能盲目地对其进行检修、维护等影响其使用的作业。

【案例】

某站的不间断电源屏（UPS）报警，信号作业人员在对UPS性能、操作方法不了解、不清楚的情况下，错误将关机开关当作旁路开关按下，导致UPS关机，致使整个联锁区掉电。

3. 正在使用中的设备不动

当道岔正在转换时，若作业人员对其进行维修测试，是非常危险的。轻则设备发生故障，道岔失表，影响行车效率；重则会使作业人员受到人身伤害。

2.2 三不离

1. 工作完了，不彻底试验好不离

作业人员在进行影响信号设备机械、电气、联锁等特性的维修或施工作业后，要对信号设备按规定的流程和方法进行测试试验，只有通过试验确认设备性能、状态良好后方能交付使用，防止遗留隐患。

2. 影响正常使用的设备缺陷未修好前不离

发现信号设备存在缺点和问题，影响正常使用或者可能影响行车安全的，必须及时克服。影响正常使用的设备缺点和问题未处理好，不得交付使用，一时克服不了的缺陷，应先停用后修复。

【案例】

某站转辙机检修时，信号工作人员发现转辙机的表示杆变形严重，随时有折断的可能，但最后并没有对转辙机做任何处理，就销点结束了施工。凌晨5点时，第一趟轧道车经过该道岔时，造成该道岔失表，影响了后续的行车，严重地影响了运营效率。

3. 发现设备有异状，未查清原因不离

作业人员通过现场检查、监测检测、数据分析、设备使用单位反映等发现信号设备存在机械特性、电气特性、联锁功能等异常情况或报警信息时，必须追根究底，及时查清问题原因并处置，未处置良好前，应安排人员现场值守并做好应急处置的准备。

> 【案例】
> 某信号检修员发现信号电源室有异味,怀疑有着火的可能,经过排查没有找到火源,但是异味一直持续,工作人员没有做任何的措施和安排,就离开了电源室。最后电源室冒出浓烟,才发现是蓄电池漏液导致的,险些酿成大祸。

2.3 四不放过

(1)事故原因分析不清不放过。
(2)没有防范措施不放过。
(3)事故责任者没有受到严肃处理不放过。
(4)广大员工没有受到教育不放过。

2.4 三预想

(1)工作前预先联系、登记、检修准备、防护措施是否妥当。
(2)工作中预想有无漏检、漏修和只检不修造成故障的可能。
(3)工作后预想是否检查和维修都彻底,复查试验,加封加锁,销点手续是否完备。

2.5 故障三清

(1)时间清。
(2)地点清。
(3)原因清。

2.6 三懂三会

(1)懂设备结构、会使用。
(2)懂设备性能、会维修。
(3)懂设备原理、会排除故障。

2.7 信号基本作业纪律

(1)严禁甩开联锁条件借用电源动作设备(试验信号机发光盘除外,但试验前必须确认无列车接近)。
(2)严禁封连各种信号设备电气接点。
(3)严禁在轨道电路上拉临时线构通电路造成死区间,或盲目用提高轨道电路送电端电压的方法处理故障。

（4）LED 信号机灯灭灯时，严禁用其他光源代替。

（5）严禁人为构通道岔假表示来更换转辙、转换设备。

（6）严禁未登记请点使用手摇把转换道岔。

（7）严禁代替行车人员办理或解锁进路、摇动道岔及确认进路、办理非正常进路或开放信号。

（8）严禁在处理故障时未经联系擅自扩大故障影响范围。

（9）严禁没有书面文件擅自更换设备或器件的类型及相关的技术参数。

（10）严禁改变测距设备的位置。

（11）严禁倒置、歪放重力式继电器。

（12）严禁电气部分与机械部分脱节开放信号。

（13）严禁机械连接销、开口销脱落或漏上。

（14）严禁未彻底停用设备时，用万用表中的电阻挡或表示灯泡处理断线故障。

（15）严禁施工后，未彻底复查试验交付使用。

（16）严禁竣工资料未交接清之前，开通使用设备。

（17）严禁未经测试的设备开通使用。

（18）严禁雷电天气室外作业。

（19）严禁雨天室外开箱盒作业。

2.8 作业场所安全

信号工作人员在作业时必须遵守设备房间出入管理规定，执行防火防爆规定，在特殊部位的作业要注意作业安全，在人（手）孔井、站台板下等密闭场所作业时要严格执行分公司的相关管理规定。

1. 信号设备房出入管理规定

（1）信号专业内部工作人员进入设备房工作前，应先将气灭装置调到手动状态，再刷卡进入设备房，按作业要求操作，工作结束后，检查设备、门窗等设施，确认处于完好状态后，关灯锁门，最后将气灭装置调回自动状态。

（2）设备房内的工作人员必须严格遵守操作规程和作业标准，确保设备和人身安全。同时应注意保持设备房的有关资料、备品、备件、工具、仪表的整洁和室内清洁卫生。

2. 防火防爆规定

（1）材料库内存放易燃、易爆物品应隔离存放，并有专人负责。

（2）设备房内不得存放易燃、易爆物品。

（3）设备房内应保持清洁，通风良好，禁止烟火。

（4）设备房内应备有效果良好的灭火设施，发现异状时须及时报告。

（5）设备房内、公共区及隧道内焊接电缆应注意防火并办理相关动火手续并注意做好防火措施。

（6）检修作业时禁止用易燃品擦洗地面。

（7）发现火灾时，应立即报警。消防设施自动喷洒扑救时，所有人员应立即撤离现场。

3. 交叉作业要求

两个及以上的专业工种在同一个区域或同一相连设备设施同时施工作业，且一方作业过程中可能危及另一作业方安全的作业，称为交叉作业。其具体要求如下：

（1）非必要的情况下严禁交叉作业。

（2）在光线不足的区域严禁交叉作业。

（3）形成交叉作业的各方现场安全员须先结合本方施工作业内容及设备设施的使用情况，与其他作业方现场安全员进行相互安全交底。并且交叉作业各方现场安全员对作业现场安全事项达成共识后方可作业。

（4）依据安全交底中所达成的安全事项，现场安全员要对本方施工区域人员进行安全告知并提出安全要求，还要根据作业现场实际需要增加相应的安全防护用品。

（5）在站内和隧道内组织交叉作业，各方商定各自的施工范围和施工时间，要尽量避免在狭小的空间或区域各作业方同时进行施工作业。

（6）无法错开的垂直交叉作业，层间必须搭设严密、牢固的防护隔离设施。并且设立专人进行安全管理。

（7）交叉作业中管理好本方的工器具等设备物资。未经对方同意严禁乱动非本方工器具和非本方工作范围内的设备及安全设施。

（8）轨行区交叉施工现场必须摆放或悬挂红闪灯等具有夜视功能的施工安全警示标识。场段内作业时施工设备（如梯车、轨道小车等）在途经交叉作业区域内道岔时，在征得对方同意后，必须经信号楼值班员确认同意后方可通过。必要时可在道岔等重点部位增加临时安全管理人员进行监护。

（9）孔洞盖板、栏杆、安全网等安全防护设施严禁任意拆除；必须拆除时，应征得原搭设方的同意，并按原搭设方要求采取临时安全施工措施，作业完毕后立即恢复原状并经原搭设方验收。

（10）交叉作业时各方人员必须严格执行现场安全管理要求，严禁乱窜作业区域，必要时可增加现场安全管理人员进行监护。

（11）有危险(有可能造成人员伤害或影响运营)作业区域应设围栏或悬挂警告牌，根据现场情况必要时可安排安全管理人员进行安全监护。

2.9 信息安全

1. 信息保存

（1）对信号专业的系统软件、应用软件、配置文件等做好备份，计算机使用人员和管理人员应做好计算机储存信息的备份。

（2）记录信息的存储介质（硬盘、光盘、存储卡等）应放置于专门场所，由专人负责妥善保管。任何人不得擅自修改、删除、复制、外借涉及运营的数据（包括历史数据）。

（3）保存时应注意防磁、防潮、防霉变，并定期进行检查。

2．软件版本控制

（1）软件的版本号由软件厂家人员确定，由部门指派兼职软件管理员负责版本控制工作。

（2）兼职软件管理员应按规定周期对系统软件、应用软件、底层软件做好备份。

（3）作业人员对现场设备进行软件升级要记录当前版本号、待安装的版本号，并告知软件管理员备案。

（4）现场设备软件升级前必须确保能取得原版本软件的安装程序，以便恢复；升级完成后要保留现版本和前一版本的软件安装程序，以便恢复。

3．借用制度

（1）技术人员或维修人员借用软件时，应向兼职软件管理员办理借用手续，并注明应归还的日期，归还时由兼职软件管理员对软件的完好性予以确认。

（2）所借用的软件如涉及保密信息，不得随意扩散或公开发表。

4．信息使用安全

（1）信息的使用者负责使用期间信息的安全，不得向无关人员泄露需要保密的用户名、密码、口令等。

（2）信号系统配置的计算机及测试用笔记本计算机应专机专用、专人管理。

（3）为防止感染病毒，不得使用未经确认、来历不明的移动存储设备，不得随意与其他系统联网、互传信息，不得在各设备终端装载与系统无关的任何软件。一旦发现感染病毒，应立即上报部门，并做杀毒处理。

思政小课堂

无以规矩，不成方圆

城市轨道交通信号设备具有高可靠性、高稳定性、环境适应性强、通信互联性好等特点，使得信号设备能够满足城市轨道交通系统的复杂运行需求。设备的高效运转需要工作人员的精心维护，因此需要依靠规章制度约束工作人员，规章制度可以规定守法行为和禁止行为，规范工作人员的操作行为，使工作人员不能随心所欲，从而做到心存敬畏，行有所止。

作为一名检修员，在以后的工作岗位上，需要做到以下几点：

（1）贯彻落实国家的法律法规和公司、中心、部门的安全生产规章制度。

（2）严格执行各项安全操作规程，杜绝违章作业，拒绝违章指挥和冒险作业。

（3）按照检修规程进行检修作业，各种生产记录要准确、清楚、及时、完整，按时巡查，发现异常及时处理，避免漏检漏修。

（4）掌握故障应急处理指南，正确进行故障处理，保证准确判断故障，及时恢复。

（5）熟知本岗位及作业场所的风险因素、管控措施，对本岗位风险管控措施落实情况定期开展检查，按照要求参加各项应急演练，掌握应急救援技能。

（6）参加消防培训、会议和演练，熟练掌握火灾报警、灭火器材使用、扑救初期火灾、人员疏散、设备防护等火灾应急技能。

（7）自觉接受安全教育培训，牢固掌握培训内容和技能，并考试合格。

（8）参与故障抢修及应急救援，参加班组应急救援队专业培训，并按照应急预案或现场处置方案正确执行。

（9）配合公司或中心或部门，参与相关的事故事件调查，真实反馈事故事件经过，严禁瞒报、谎报、延报安全生产事故事件。

（10）参加班前安全会议、班组安全生产会议，并对安全生产提出合理化建议。

（11）按照相关制度，正确佩戴好劳动防护用品。

（12）服从安排做好负责区域的防汛防台、防寒工作，确保防汛防台、防寒物资充足，做好巡检排查工作，发现问及时上报。

（13）参与班组安全生产检查及隐患排查治理工作，落实有关整改措施，发现隐患或险情，按流程及时上报。

任务 3　操作安全

为保证信号设备的使用人员能正确、安全地操作设备，在操作信号设备时应遵守下列安全要求。

3.1　工器具、仪器仪表使用安全

1. 万用表

万用表外观如图 1-1 所示，其使用要求如下：

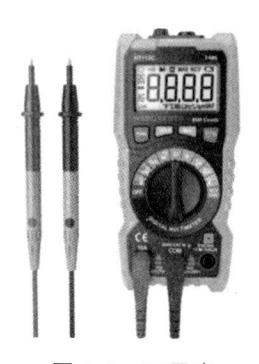

图 1-1　万用表

（1）使用前检查表体、表笔、导线及其连接处无破损。
（2）使用探针时，手指应握在探针护指装置的后面。
（3）测量时必须使用正确的端子、功能挡和量程挡。

2．钳形电流表

钳流表外观如图 1-2 所示，其使用要求如下：

图 1-2　钳流表

（1）测量前，应先检查钳形铁心的橡胶绝缘是否完好无损。钳口应清洁、无锈，闭合后无明显的缝隙。

（2）测量时，应先估计被测电流大小，选择适当量程。若无法估计，可先选较大量程，然后逐挡减少，转换到合适的挡位。转换量程挡位时，必须在不带电情况下或者在钳口张开情况下进行，以免损坏仪表。

（3）每次测量后，要把调节电流量程的切换开关放在最高挡位，以免下次使用时，因未经选择量程就进行测量而损坏仪表。

3．手电钻

手电钻外观如图 1-3 所示，其使用要求如下：

图 1-3　手电钻

（1）不得穿戴宽松、散袖的衣服和手套，以防与转动部分绞缠伤及身体。

（2）不得在潮湿环境及有易燃易爆物品的场所使用。

（3）使用前应检查手电钻外观，确认完整无破损，特别是电源线无破皮漏电。

（4）使用前应确保手电钻与钻头型号匹配，钻头已卡紧，并进行空载试验，运转正常方可使用。

（5）使用时遇停电、离开工作地点、上下传递和更换钻头时，必须先切断电源。

（6）使用时如需近距离操作应佩戴护目镜，以免碎屑或其他杂物伤及眼睛。

4. 电烙铁

电烙铁外观如图1-4所示，其使用要求如下：

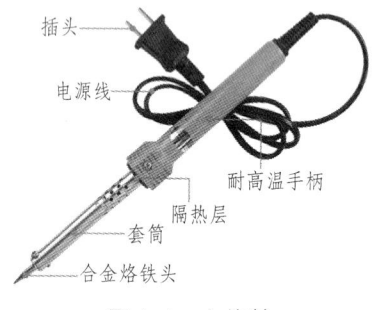

图 1-4　电烙铁

（1）使用前确保电源插头、电源线无破损且烙铁头无松动。

（2）焊接过程中，电烙铁不能随意放置，电源线不可搭在烙铁头上，以防烫坏绝缘层而发生触电事故。暂时不使用时，应放在烙铁架上。

（3）使用结束后，应及时切断电源。冷却后，再将电烙铁收回。

5. 移动电缆盘

移动电缆盘外观如图1-5所示，其使用要求如下：

图 1-5　移动电缆盘

（1）使用前确保移动电缆盘外观无破损，特别是电缆线无破皮漏电。

（2）使用前确保负载功率与移动电缆盘功率匹配。

（3）使用时尽可能在操作者的视野范围内，避免被他人刮碰。

3.2　ATS 及 LCW 操作安全

（1）操作人员可采用下列两种方法之一临时更改时刻表内列车的 DID 码：

① 用鼠标右键点击列车车次号，直接将时刻表内列车的车次号更改为非时刻表列车的车次号，再选择更改目的地 ID。

② 在更改列车行程号之前，在 VR 控制和时刻表控制菜单中更改列车行程。

（2）在运营时更换当前时刻表，可能会触发异常进路。

（3）排列经过岔区的长进路可能出现道岔失表或进路异常锁闭等非正常情况。

（4）当需要同时发送多条命令时，命令数量不可同时超过 28 条。

（5）当 ATS 显示道岔红闪时，不要立刻操作道岔，应等待大约 15 s 的时间。

（6）操作员应注意，在开放引导之前将道岔转换至所需的位置，因为当开放引导信号后，道岔会被锁闭，如需人工解锁只能采用延时解锁方式，所需时间较长。

（7）非系统管理员用户禁止使用显示控制菜单中的节点控制状态功能。

（8）非故障情况下禁止使用站名菜单中的"通信链接"→"断开通信"选项，否则本联锁区 ATS 与联锁的通信会中断。

（9）非故障情况下禁止使用站名菜单中的"取消验证"→"取消验证"选项，否则 ATS 发送的命令将不通过 ATS 服务器校验。

（10）严禁在控制台上放置杂物，以免误压键盘导致设备异常（见图 1-6）。

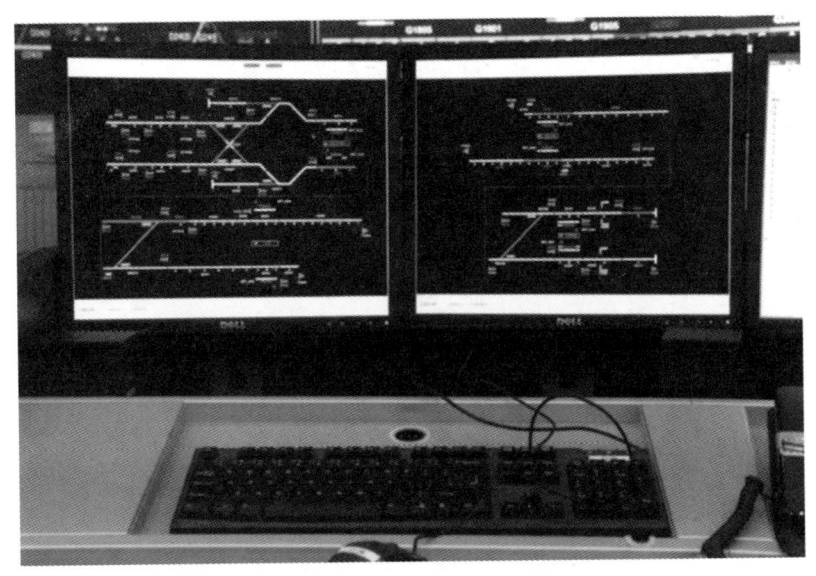

图 1-6　控制台

3.3 计轴复位盘操作安全

计轴复位盘外观如图 1-7 所示，其操作要求如下：

图 1-7 计轴复位盘

（1）预复位按钮上的透明防护盖常态下应处于闭合状态。
（2）非信号维护人员禁止打开计轴复位盘前面板。
（3）每个预复位按钮上方对应一组占用/空闲灯，每组灯正常状态下只有一个灯点亮，若出现两个灯同时点亮或全部熄灭则为故障状态，应立即联系信号维护人员。
（4）进行预复位操作时，应按下相应区段的预复位按钮并保持 1 s 后松开，对应区段的预复位指示灯点亮则表示预复位成功。
（5）任何人员不得擅自操作计轴复位盘。

3.4 现地控制盘操作安全

现地控制盘外观如图 1-8 所示，其操作要求如下：

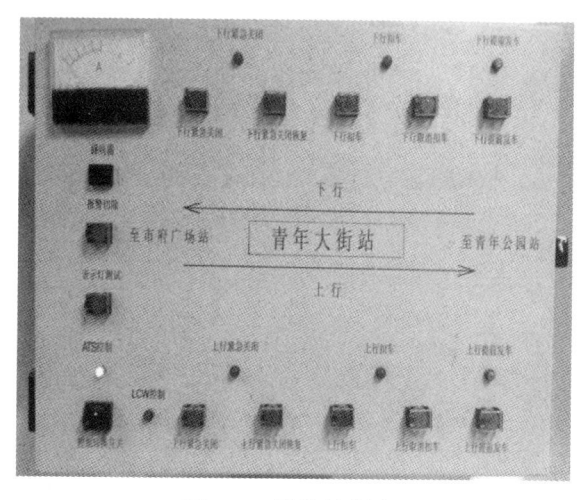

图 1-8 现地控制盘

（1）现地控制盘按钮和旋钮上的防护盖常态下应处于闭合状态。
（2）非信号维护人员禁止打开现地控制盘前面板。
（3）任何人员不得擅自操作现地控制盘。

3.5　TYJL-Ⅱ控制台操作安全

TYJL-Ⅱ控制台外观如图1-9所示，其操作要求如下：
（1）操作人员必须经过专业培训，熟悉控制台的各按钮功能。
（2）控制台应每日进行运营前功能性测试，确保各按钮功能良好。
（3）发现控制台内部线缆裸露时应及时上报，严禁值班员擅自处理。
（4）鼠标故障时，应及时上报，不得用力敲击、重摔，或随意将机械鼠标内的滚球取出。
（5）鼠标配备为机械鼠标，不得使用光电鼠标。

图1-9　控制台

3.6　TYJL-Ⅱ应急盘操作安全

TYJL-Ⅱ应急盘外观如图1-10所示，其操作要求如下：
（1）操作人员必须熟悉应急盘性能及使用方法。

（2）联锁设备停用情况下，方可使用应急盘进行转换道岔、引导接车等操作。

（3）在操作应急盘前确认各指示灯工作正常。

（4）严禁戴手套或用工具按压按钮。

（5）使用应急盘办理行车作业时，必须人工确认进路及道岔开通位置。

（6）恢复联锁设备正常使用前，为消除联锁储存的控制命令，必须先将联锁机硬复位，然后将应急盘双掷闸刀置于断开位置，确保切断应急盘电源，并接通计算机联锁控制电源。

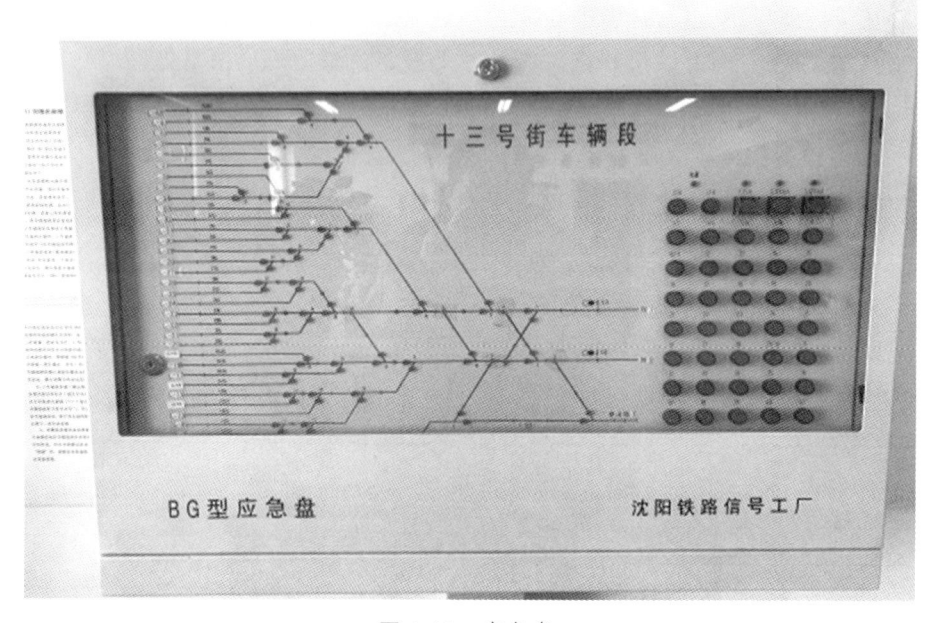

图 1-10　应急盘

3.7　车载信号设备司机操作安全

（1）关闭车载 CC 机柜后，重新启动前必须等待 40 s，否则可能无法正常启动。

（2）列车车门打开时严禁转换模式开关，以免造成车门异常关闭。

（3）列车行进过程中，禁止转换模式开关 2，以免造成列车紧急制动。

（4）列车行进过程中，二号线列车司机室门打开会产生 FSB。

（5）禁止粗暴操作车载信号设备，以免造成损坏。

（6）非信号维修人员严禁插拔设备板卡。

（7）如果发现模式开关松动，须及时上报。

> **思政小课堂**

1997 年 4 月 29 日 10 时 48 分，由郑州铁路局担当的 324 次旅客列车（昆明—郑州）在行至京广铁路荣家湾站时，与停在荣家湾站内 4 道的 818 次旅客列车（长沙—

茶岭，由广州铁路集团担当）发生尾部冲突，造成 126 人死亡、230 人受伤。造成这起事故的直接原因是信号工违章操作二极管封连装置，致使信号机错误显示。

这起事故教训是沉痛的，反映出现场信号工区现场作业失控，信号联锁设备缺乏有效的监测手段，当设备遭受人为破坏时，不能得到有效的监测，同时，也暴露出现场管理不严，防范不力。

在我们的日常工作和生活中，一定要从思想认识上牢固树立安全第一的观念，正确处理好安全与效益的关系，切实解决好运输生产与设备维修的矛盾，加强安全管理，确保作业安全；严格按照现场的规章制度进行作业，绝对不允许违章作业。

任务 4　信号检修作业安全

为保障信号人员在检修作业时的人身和设备安全，高质量地完成检修作业，在信号设备检修作业时应遵守下列安全要求。

4.1　劳动防护要求

（1）正确使用劳动防护用品，包括：安全帽、荧光背心、线手套、防砸鞋、安全带（登高作业佩戴）、绝缘手套、绝缘鞋等（见图 1-11）。

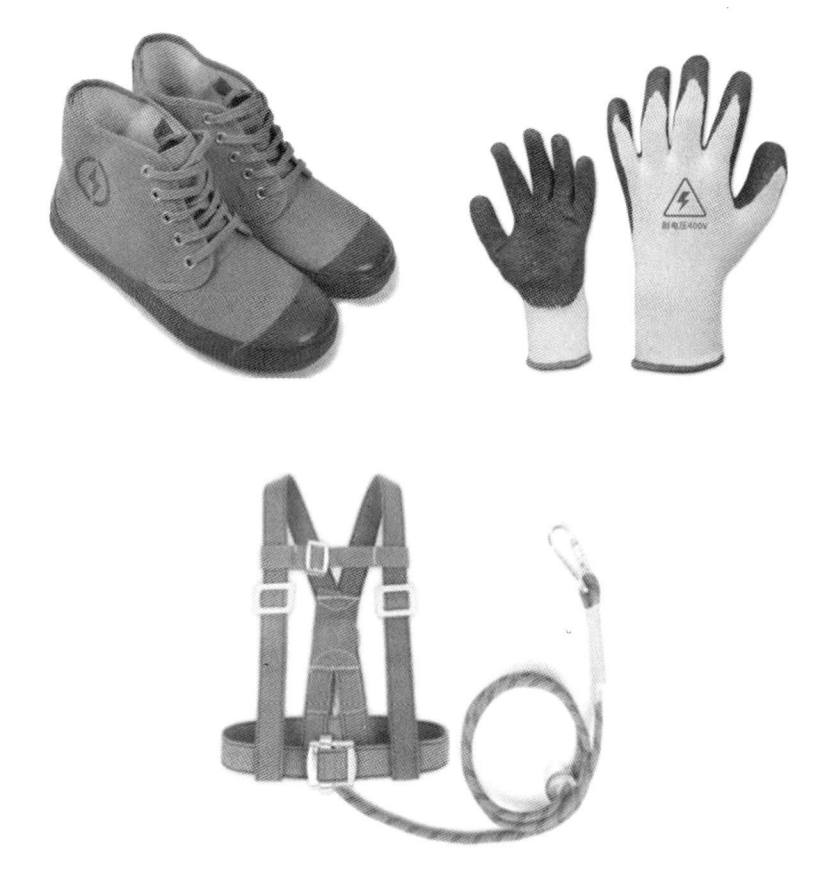

图 1-11 劳动防护用品

（2）劳保用品应根据工作场合及工作性质合理正确佩戴。

（3）检修工具及安全防护用品必须长期保持完好，在出工前必须进行检查。

（4）在维护工作中，禁止使用不良工具和不合格安全防护用品。工作人员若发现任何防护用品有故障、损坏或已不再适合使用时，必须通知上级并做好记录，以便安排修理或更换。信号工区工长每月对检修工具及安全防护用品检查一次。

【案例】

案例1：某公司一起坠落伤害事故导致1人死亡，直接经济损失约为人民币120万元。造成事故的直接原因是员工在使用单排移动脚手架作业时不慎坠落，且未正确佩戴安全帽，导致坠落时安全帽脱落，头部着地受伤，不治身亡。

案例2：某建筑施工工地，一名工人戴着未系下颚带的安全帽从起重机吊起的空心砖框下经过时，钢筋空心砖框将空心砖挤压破碎，其中一块空心砖碎块将这名工人的安全帽打翻掉落，另一块碎块砸中其头部，送往医院后经抢救无效死亡。

4.2 检修作业防护及人身安全

（1）进行信号设备检修作业的人员，必须熟悉设备检修方法，严格执行信号安全作业纪律，必须经过检修技能培训后才允许独立进行作业。

（2）带电作业时，作业人员必须佩戴绝缘手套、绝缘胶鞋，使用绝缘工具，禁止戴手表、金属手链等易导电物品。

（3）进行停电作业时须专人负责断电，并在电源开关处悬挂"停电作业"标牌（见图1-12）。

图1-12 停电作业标牌

（4）申请作业令后，由施工负责人组织施工。凡进行危险性较大、可能影响行车和人身安全的工作时，应事先拟定技术安全措施。

（5）室外作业人员必须携带专用通信联络工具（如手持台，见图1-13），并在作业前试验确认通信工具良好。

图1-13 手持台

（6）对电路板卡进行拆装、除尘等维护时，维护人员须轻拿轻放、小心操作并佩戴防静电手环（见图1-14），换下的部件应装入防静电袋内。

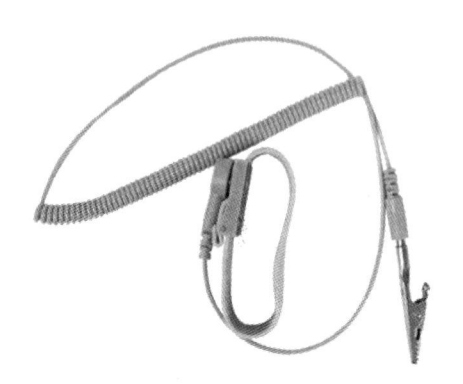

图 1-14　防静电手环

（7）在区间道床上行走或工作时，应不断前后瞭望；经批准在线路上作业时，须设专人防护（见图 1-15）。

图 1-15　设专人防护

（8）横过车辆段线路时，须执行"一站、二看、三通过"制度（见图 1-16）。禁止从车辆下部或车钩处通过，在停留列车的前部或尾部通过时，应与其保持 5 m 以上的距离。

图 1-16　一站、二看、三通过

（9）挖坑、沟时，应了解地下设备情况，土质松软处所应设防护和加固措施，必要时应采取防护措施。为防坍塌，坑、沟需当日回填完毕，特殊情况下不能完工时须采取安全防护措施。

（10）装卸或搬运长、大、笨重器材时，应有专人负责指挥，对使用的工具认真检查，防止滑动和折断，装载要牢固，禁止在车辆运行中或未停稳前进行装卸。

（11）施工作业人员必须穿戴好安全帽、反光背心等安全防护用品，在使用前必须检查检修工具及安全防护用品是否完好，禁止使用不良工具和不合格安全防护用品。若发现任何防护用品有故障、损坏或已不再适合使用时，必须及时报修并做好记录，以便安排修理或更换。

（12）应按照施工作业令规定的时间段在规定的作业区域施工，不得擅自延长作业时间、扩大作业范围、增加作业项目。

（13）当作业场所照明亮度不足时，应配备合适的照明器具。

（14）施工作业人员应严格遵守作业纪律，听从施工负责人指挥。作业过程中，施工负责人应确保与行车值班员（车场调度或轮值工程师）的通信畅通，遇突发、紧急事件应及时上报。

（15）特殊工种作业应严格按国家相关规定执行。

4.3 检修作业的联系、请点、销点和登记

（1）施工计划的编制、申报、变更、执行应严格按照《施工检修管理规定》中相关规定执行。

（2）联系、请点前，施工负责人必须核对检修作业地点、待检设备、检修内容及判断对其他设备系统的影响范围。

（3）联系、请点和登记工作由施工负责人负责，正线在设备所辖站车控室办理，车辆段/车场在车场调度处办理，库内及车上作业在轮值工程师处办理。

（4）登记的工作时间、地点、作业性质、设备编号和影响范围等内容，一经车站行车值班员（或车场调度、轮值工程师）同意签字确认后，任何人不得随意涂改。

（5）施工前，应根据施工任务的性质及相关规章制度制订相应的安全防护及应急措施，确保各项劳动保护用品均完好，并被正确使用。

（6）登记请点的检修作业应在给点的时间内完成，遇有特殊情况需要延长时间时，必须重新办理登记手续。

（7）工作用语须简明、确切，认真执行复诵制度。

（8）作业结束后，施工负责人负责线路出清，在确认作业人员已撤离、防护设备已撤除、工具材料已出清后，按规定办理注销施工登记手续。

4.4 信号设备检修过程作业安全

4.4.1 信号机检修作业安全

（1）作业前检查确认工器具齐全且性能良好，穿戴好防护用品，做好安全预想。

（2）对信号机进行带电作业时，应使用绝缘工具，穿绝缘鞋，不得同时接触导电和接地部分。

（3）测量参数或插拔电缆线时切勿使用蛮力，以免损坏接线端子。

（4）更换室外设备时，室内应指派专人对相应信号机进行断电，须在电源开关处设置停电作业标识。

（5）对隧道边缘信号机作业时需使用梯子，注意墙壁电缆支架，严禁站在消防管道上作业，严禁将梯子架在电缆支架上。

（6）调整信号机灯光时，严禁盲目提高工作电压，以免造成设备损坏（见图1-17）。

（7）作业完成后应对设备进行彻底检查、试验，经检查、试验良好后方可离开。

图 1-17　信号机维护

4.4.2　转辙机检修作业安全

（1）检修电动转辙机作业前，应确认道岔实际开通位置，作业后恢复原位置。

（2）在道岔设备上进行更换配件、钢轨钻孔等轨行区作业时，必须两人以上操作并做好防护，注意及时避让列车（见图1-18）。

图 1-18　转辙机维护

（3）在检修作业中，室内操作人员未联系室外作业人员时，禁止操作道岔。为避免转辙机误动夹伤施工区域内的检修人员，在道岔操作及检修过程中应注意安排专人防护或打开遮断器开关（见图 1-19）。

图 1-19　遮断开关

（4）检修时禁止将手指伸入各部件销孔、缺口、夹缝处。

（5）转辙机进行内部配线检修、更换、测试后，必须检查配线的正确性，防止配线错误导致转辙机错误显示和动作，损坏转辙机，造成行车事故。严禁以短接方式试验转辙机配线，防止损坏转辙机或出现假表示导致行车事故。

（6）操纵道岔前，须保证人员处于安全位置，双动道岔须确认两端辙叉处无障碍物。

（7）进行滑床板涂油时必须打开遮断器，检修人员不得将手放入尖轨与基本轨之间。

（8）为防止出现道岔失表、发生挤岔等故障，检修道岔定、反位密贴标准必须达到道岔 2 mm 锁闭、4 mm 不锁闭，道岔定、反位表示缺口为 1.0~2.0 mm，并做好记录。

（9）检修结束后，应对转辙机进行定反位操作实验，确保尖轨与基本轨密贴达到标准。

4.4.3　轨道电路检修作业安全

（1）禁止使用湿抹布清理轨道电路箱盒内的灰尘（见图 1-20）。

（2）检修轨道电路送电端变压器时，须佩戴安全防护用品、使用绝缘工具。

（3）未核对、确认区段名称前，严禁使用轨道电路分路线测试轨道电路灵敏度。

（4）轨道电路故障原因未查清前，严禁采用调高送电端电压方式处理故障，防止轨道占用状态下错误显示区段空闲。

（5）检修人员严禁私自拆除挪动接触网接地线。

图 1-20　电路箱盒

4.4.4　鼎汉电源屏检修作业安全

（1）电源屏（见图 1-21）产生声光报警（如故障灯亮、蜂鸣器告警等）必须确认报警原因，并及时采取处理措施。

图 1-21　电源屏

（2）为避免雷击损坏设备，严禁在雷雨天气检修、拆卸电源屏防雷设备。

（3）为防止触电、短路等危险，电源屏维护作业时严禁佩戴手表、手链、项链等易导电饰品。

（4）为保证人身及设备安全，电源屏作业前应检查确认所使用的仪表、工具绝缘良好。

（5）为防止配线错误损坏设备，拆、装电源电缆前必须确认电缆标签与实际安装是否相符。

（6）为防止模块后部的插针弯曲引起接触不良或短路，更换电源屏电源模块时需顺着槽位插入模块，遇有阻力应查清原因，严禁野蛮作业。

（7）当电源屏故障需紧急直供时，应严格按以下操作步骤进行：

① 切断电源屏两路输入 QF1、QF2 开关。

② 将 QF3 开关旋转至 OFF 位，平移滑板，将 QF4 开关旋转至 ON 位。为防止混电跳闸、烧毁设备，严禁将 QF3 开关和 QF4 开关同时置于 ON 位。直供开关上的滑板是一个机械互锁装置，使用时左右滑动即可，切勿拆掉。

③ 选择直供输入电源时，须通过测量选用电网质量良好的外电作为输入电。

a. 如果选择 Ⅰ 路输入作为直供电源，应将 Ⅱ 路开关 QF6 旋转至 OFF 位，平移滑板，再将 Ⅰ 路开关 QF5 旋转至 ON 位。

b. 如果选择 Ⅱ 路输入作为直供电源，先将 Ⅰ 路开关 QF5 旋转至 OFF 位，平移滑板，再将 Ⅱ 路开关 QF6 旋转至 ON 位。为防止混电跳闸、烧毁设备，严禁将 QF5 开关和 QF6 开关同时置于 ON 位。

c. Ⅰ 路、Ⅱ 路直供开关上的滑板是一个机械互锁装置，使用时左右滑动即可，切勿拆掉。

4.4.5　UPS 检修作业安全

（1）作业前，必须确认供电部门无电源倒切及停电施工作业。

（2）切换旁路作业前，必须检查旁路电源是否正常，发现"旁路电源不同步"提示时严禁切换。

（3）严禁随意更改 UPS（见图 1-22）内部配置参数、配线和相序。

图 1-22　UPS 电源

（4）关闭 UPS 电源后，至少等待 30 秒才能重启 UPS，禁止频繁开启和关闭 UPS。

（5）后备蓄电池供电状态下，重启 UPS 应先断开各负载，待确定 UPS 启动后才能依次开启负载。严禁带负载启动 UPS，防止瞬间过载损坏 UPS。

（6）检修作业后，应检查确认各配线和端子插接正确、接触牢固、无松动后方可开机。

（7）检修作业过程中，必须做到"一人操作一人监控"，严禁违规操作。

4.4.6　蓄电池放电作业安全

1. 通用安全要求

（1）放电前，应确认电池组达到满充状态，并检查蓄电池表面是否有漏液，电池表面是否干燥清洁，蓄电池柜内接线是否完好。

（2）电池上禁止放置金属物品，严防正负极接通发生短路，防止蓄电池损坏或电火花伤人。

（3）放电过程中，必须保证"一人操作一人监控"；密切观察蓄电池的放电情况，重点监控环境温度、电池单体和连接线的温度是否异常。

（4）在操作过程中严禁一切烟火，不得用燃油擦拭蓄电池表面。

2. 使用负载进行放电作业的安全要求

（1）作业过程中，操作人员应加强对电源屏和 UPS 的监控，保证电池组剩余电量不低于 50%，防止电池电量耗尽导致设备断电并损坏电池。

（2）作业过程中，当发现单节蓄电池电压 ≤10.8 V 时应停止放电，避免过度放电损坏电池。

4.4.7　联锁机检修作业安全

（1）更换板卡时应仔细核对板卡型号，确认备用板卡与原板卡型号、功能一致后插入正确的插槽中，插紧后将螺丝紧固。

（2）须在确认联锁机已切换到备机工作的状态后，方可在主机已断电的情况下进行更换联锁板卡的操作。

（3）联锁设备在故障修复后，必须进行必要的联锁测试，确认设备状态完好后方可交付使用。

> **思政小课堂**

2014 年 11 月 6 日 2 时 50 分，某地铁机电中心通号部自控专业的检修员王某在对沈太区间报警设备维修测试时，发生触电事故，造成其右手无名指中节、手掌及手腕处灼伤。

经查，王某当日与自控检修员张某在对沈太区间报警设备维修测试时，发现沈阳站站车控室感温光纤工作站鼠标故障，王某在未告知车站设备部及站务相关人员的情况下，违章拆卸智能疏散主机鼠标以替换故障鼠标，并进行测试，在将鼠标线从智能疏散主机键盘托盘缝隙处递给在机柜侧面配合维修的张某时，其右手被柜内交流 220 V 触点灼伤。经查看培训记录，王某未参加部门组织的《自控安全操作规程》培训。

此次事件中，王某违反公司相关规定，导致事故的发生，对此次事故负主要责任。针对此次事件，通号中心各部门加强施工人员安全教育，严格按照《安全操作规程》内容进行作业，将各项安全防护措施落实到位；各班组认真学习了机电中心下发的《弱电作业安全规定（修订稿）》及部门下发的《人身触电事故案例分析与预防》。通过总结经验教训，使广大施工人员进一步增强了安全责任意识和主动意识，牢固树立了"以人为本、安全第一"的理念，时刻把安全生产放在首位，自觉地做好各项安全工作，时刻保护自身安全，以避免类似事件再次发生。

任务 5　消防安全

中华人民消防法规定，消防工作实行"预防为主、防消结合"的方针。任何人发现火灾都应立即报警。任何单位、个人都应无偿为报警提供便利，不得阻拦报警。严禁谎报火警。发生火灾后，优先使用灭火器材扑灭初期火。坚持"救人重于救火"原则，扑灭过程以"先控制、后消灭，先重点、后一般"为原则。作为在校的学生或者刚入职的员工应该做到三懂：懂场所的火灾危险性、懂预防火灾的措施、懂扑救火灾的方法

四会：会打 119 报警、会使用灭火器材扑救初期火灾、会组织人员安全疏散、会开展日常消防安全教育。

着火的三要素由着火源，可燃物，助燃物组成。通常采用的灭火方式主要有冷却灭火、窒息灭火、隔离灭火。冷却灭火主要是将燃烧物质温度冷却到着火点或燃点以下，中止燃烧；窒息灭火主要是阻止与助燃物的接触，如隔绝空气。隔离灭火主要是转移可燃物（见图 1-23）。

图 1-23　灭火方式

5.1　消防设施

城市轨道交通当中常用的消防设施主要有，火灾自动报警系统（FAS）、自动灭火系统、消火栓系统、防烟排烟系统以及应急广播和应急照明、安全疏散设施等。

火灾自动报警系统是指在火灾初期，通过接触装置接触到由于火灾产生的烟雾、火焰、热量等物质信号，再通过探测器转化为电子信号，传输到火灾报警系统的装置。通过火灾自动报警装置，工作人员还能从中知道火灾发生的位置、发生的时间等，能使工作人员在最短的时间内发现火灾并且采取措施，从而降低因火灾造成的人员的经济损失，达到保护生命安全和财产安全的目的。

在现代的消防工程中，通过联动控制之后，火灾报警装置常和广播同时运用。平时作为播放音乐和提供正常广播，在当火灾发生之时，火灾自动报警装置发出警报之后，立刻向管理者发出包括声音、光电等在内的报警信号，以提醒消防人员及时赶到，扑灭火灾。这时，联动系统的另一部分也不能闲着，他们在报警系统报警之后马上启动系统中各种用于救火的设备，比如自动灭火系统，从而控制火灾的蔓延程度。通过这种措施，系统在很大的程度上能对火情实施自救，从而提高效率，减少损失。

5.2 消防器材

常用的消防器材主要有灭火器、防烟面罩、正压式空气呼吸器、微型消防站装备等。其中灭火器主要有手提式干粉（二氧化碳）灭火器、推车式二氧化碳灭火器、消火栓、气灭等类型（见图1-24）。

（a）手提式干粉灭火器

（b）推车式二氧化碳灭火器

（c）消火栓

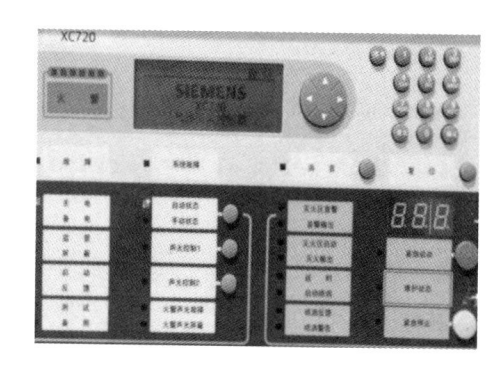

（d）气灭

图1-24　灭火器类型

5.2.1 手提式灭火器的使用方法

检查灭火器：观察压力表指针是否处在绿色区域，检查灭火器外观是否完好、喷射软管是否破损、喷嘴有无堵塞、合格证是否在有效期内等。

提起灭火器：用手握住灭火器的提环或提把，保持水平垂直，将灭火器快速提至火灾现场。

拔掉保险销：在灭火器提拔下的环状金属物即为保险销，需要将其拔掉。

对准火源：将灭火器的喷嘴或喷管瞄准火源根部，距离火焰适当距离进行瞄准。根据不同情况选择不同距离，如室外使用时应站在上风口，火势较大时可选择 3~5 m 的距离，初期火灾时可在安全范围内（1~2 m）使用。

喷射灭火剂：用力压下灭火器上的压板，持续喷射灭火剂。对准火焰根部进行左右摆动扫射，并且随着射程缩短应走近燃烧物或围绕火焰喷射，直到火势得到控制或扑灭。

图 1-25 所示为手提式灭火器的使用方法。

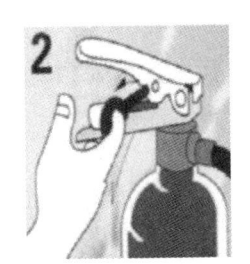

提起灭火器　　拔下保险销　　用力压下手柄　　对准火源根部 3~5 m 顺风方向灭火

图 1-25　灭火器使用方法

5.2.2 推车式二氧化碳灭火器使用方法

推车式二氧化碳灭火器的使用方法通常涉及两人操作。以下是具体的步骤：

（1）将灭火器推或拉至火场，并确保距离燃烧物大约 10 米。

（2）一名操作员快速取下喇叭筒，并展开喷射软管，同时握住喇叭筒根部的手柄。

（3）另一名操作员则快速按逆时针方向旋动手轮，并将其开到最大位置。

（4）在灭火过程中，应始终保持灭火器竖直，切勿横卧或倒置使用。在室外使用时，应选择在上风方向喷射。灭火后，操作员应迅速离开，以防窒息。需要注意的是，使用二氧化碳灭火器时要戴防冻手套，以防冻伤，在使用后也应及时通风。

5.2.3 消火栓

消火栓又名消防栓，一种固定式消防设施，主要作用是控制可燃物、隔绝助燃物、消除着火源。消防栓的使用方法如下所示：

（1）打开消火栓门，按下内部启泵报警按钮（按钮是启动消防泵和报警的 ）。
（2）一人接好枪头和水带奔向起火点。
（3）另一人将水带的另一端接在和栓头接口上。
（4）逆时针打开阀门水喷出即可。注：电起火要确定切断电源。

5.2.4 气体灭火系统

当机房内火情比较严重，使用干粉灭火器很难将火熄灭，必须使用机房气体灭火系统，机房气体灭火系统操作规程如下所示：

1. 火情确认

在收到火警控制器的火警声光信号时，机房人员应迅速到对应防区查看是否有火情发生；消防控制室人员应通过视频监控查看对应防区内是否有火情发生，在视频监控失效或不能明确看清时，消防控制室值班人员应立即赶到机房进行查看。

2. 人员确认

在确认机房内发生火情后，应立即通过大声喊话等手段确认机房内是否有人员并告知其立即撤离，在机房内的人员在听到有火警报警声音时应立即停止工作，撤离现场。

3. 启动灭火

当大范围起火，火情较大并有蔓延趋势时，应立即启动机房内的七氟丙烷灭火系统人员撤离防区，关闭防区大门，并打碎防区门口的灭火控制盒的玻璃，按下紧急启动按钮或者打开灭火控制器箱，按下对应发生火警报警的防区的启动喷洒按钮，此时液晶屏会提醒"按确认键延时启动"，按下面板上的"确认"键，30 秒延时启动，30 秒后，防区内的七氟丙烷进行喷洒灭火。

5.3 消防管理

在城市轨道交通当中，严禁擅自改变消防设施的用途严禁盗窃、毁坏消防设施和器材，严禁影响消防设施的作用发挥，严禁堵塞消防通道。建立消防设施、器材台账，按期更换，重点区域每日 1 次巡视，其余地点每月 1 次。要检查干粉灭火器压力（绿色区域）、CO_2 灭火器重量（泄漏），合格证及附件。消防封条加封，破损及时更换，有应急疏散标识（班组、值班点、机房），熟悉疏散路线。

> **思政小课堂**

韩国大邱地铁火灾

地铁火灾是一种极其严重的灾害事件，地铁车辆内部空间相对封闭，一旦发生火灾，乘客难以迅速逃生，容易造成伤亡。地铁系统有大量的电子设备和线路设备，发生火灾时会严重损坏这些设备，影响地铁正常运营，严重时导致交通瘫痪，影响城市正常运行。

2003年2月18日上午10时左右，韩国大邱市地铁一号线的中央路站突然起火，熊熊烈火吞噬着1079和1085两列车厢内众多乘客的生命。

据调查，本次事故是人为纵火，纵火人叫金大汉，56岁，曾做过流动小贩、货车司机和出租车司机，在2001年，因中风丧失去工作能力后，就没再工作过。因得病治疗无果，金大汉思想变得偏激，案发当天，他带着4升汽油上了地铁放火。金大汉在9点30分左右，带着刚购买的4升汽油直接进入了地铁站，坐上地铁一号线的1079次列车。9点53分，一号线到达中央路车站时，金大汉点燃汽油。由于列车内有着大量的可燃物，而面对突发的火灾，列车司机惊慌失措，没有在第一时间快速灭火。浓烟又导致断电。大火无情地将来不及逃走的乘客吞噬。

10点02分48秒，因联系不上1079次列车的司机，控制中心命令1080次列车司机，打开车门疏散乘客逃生。随着时间的流逝，噩耗接二连三地传来。由于起火时正是早高峰尾声，1079次列车上约有250名乘客，该列车的火势又将后进站的1080次列车引燃。1080次列车上约有180名乘客。除此之外，车外的站台还有大量滞留的乘客，随着火势越来越大，滞留在车站所有人的生命随时会有丧命的危险。

乘客在没有任何人疏导的情况下，在黑漆漆的地铁站内，伴着浓浓的炙热毒气，摸索出口。根本看不清楚方向。有的人摸对了方向，勉强获救了，有的人好不容易走对了方向，却因吸入毒烟去世。至于那些摸错了方向的人，基本都死在折返途中，慌乱中被推倒踩伤的人再也没有爬起。

大邱地铁火灾事故为我们敲响了安全警钟，我们应该认真总结事故教训。作为一名信号工作人员，首先要会熟悉使用消防器材，还要有应急能力。认真对待以后的每一次消防演练，关键时刻方可确保人民的生命财产安全。

项目二　施工检修管理规定

项目描述

本项目主要描述了如何在有限的时间和空间内，计划、组织、指挥、协调好各项施工作业，加强施工检修的计划性及过程控制，强化各类作业施工过程中的安全管理，落实各项安全措施，确保各项施工安全有序、文明高效地进行。

知识目标

- 了解信号施工的概念。
- 了解信号施工的类型。
- 了解施工考核内容。
- 掌握信号施工的组织、配合。
- 掌握施工计划的申报、审批流程。
- 掌握施工作业令的内容。
- 掌握施工计划兑现率。
- 掌握施工负责人的职责。
- 熟悉掌握信号施工的安全防护措施。
- 熟悉掌握施工纪律。
- 熟悉掌握进出站的流程。

能力目标

- 了解施工计划的申报流程。
- 会填写计划。
- 会请销点。

思政目标

- 牢固树立安全意识，严格执行各项规章制度，建立安全生产责任制的概念。
- 知畏惧、懂风险，不断修正自己的行为方式，养成良好的工作习惯。

任务 1　信号施工概述

1.1　信号施工概念

信号施工是指对信号行车设备、设施进行的维修。作业人员是指所有参与施工检修的人员。为了合理使用有限的轨行区资源，原则上每条线路每周至少保证安排三天非动车轨行区作业时间，用于设备设施的检修和维护，以确保设备设施正常运转。

施工之前首先要申报施工计划，形成施工作业令。施工计划按照其影响范围以及作业面积大小等，可分为不同种类。

1.2　施工计划的分类

1.2.1　按时间分类

施工计划按时间可分为：月计划、周计划、日补充计划和临时补修计划四类。

1. 月计划

月计划是指汇总一个月内的施工、检修、维护及工程车、调试电客车开行的计划。

2. 周计划

周计划是指汇总一周内的施工、检修、维护及工程车、调试电客车开行的计划。

3. 日补充计划

日补充计划是指在月计划、周计划里未列入、需补充提报的计划。

4. 临时补修计划

临时补修计划是指未列入月计划、周计划和日补充计划，为不影响次日运营，须在当日运营结束后进行的施工作业计划。

故障抢修是指设备故障已直接或将要直接影响地铁列车正常运行安全、危及或将要危及乘客或员工的人身安全，已导致或将要导致重大的设备损坏，影响或将要影响大面积客运服务，须立即进行故障处理的行为。

1.2.2　按施工作业地点和性质

施工计划按施工作业地点和性质可分为：A 类计划、B 类计划、C 类计划。

1. A 类计划

在正线（含辅助线）或影响正线行车的施工为 A 类计划。

（1）A1 类：在正线轨行区范围内开行电客车、工程车的施工。

（2）A2 类：在正线轨行区范围内不开行电客车、工程车的施工。

（3）A3 类：在非正线轨行区范围内（主变电所、变电所、车站、地铁大厦、综合楼等）影响正线行车或正线接触网停送电的施工。

2. B 类计划

在车辆段/停车场（含试车线、综合楼）或影响车场线行车的施工为 B 类计划。

1）B1 类

在车场线轨行区范围内开行电客车、工程车（试车线电客车调试作业，车辆中心库内电客车、工程车的检修、调试作业除外）的施工。

2）B2 类

（1）在车场线轨行区范围内不开行电客车、工程车，作业期间占用轨行区线路、影响车场线行车，且无法随时撤离轨行区的施工。

（2）在车场线轨行区范围内的密闭空间（电缆井等）进行的施工。

（3）在非车场线轨行区范围内（主变电所、变电所、综合楼等）影响车场线行车或影响车场线接触网停送电（库内手动倒闸除外）的施工。

3）B3 类

（1）在车场线轨行区范围内临时占用轨行区（线路检查、接触网巡检等）但能随时撤离且不影响车场线行车或车场线接触网停送电的施工。

（2）在非车场线轨行区范围内（变电所、地铁大厦、综合楼等）内动火的施工。

（3）在非车场线轨行区范围内的密闭空间（电缆井等）进行的施工。

（4）在运用组合库、停车列检库等库内进行的非车辆检修及线路检修、信号机检修、轨道电路检修的施工。

（5）在非车场线轨行区范围场调室、信号楼值班室、派班室、司机待乘室内，进行的不影响车场线行车的施工。

（6）在试车线进行电客车、工程车调试作业的施工及增购电客车（未交付使用的）调车作业的施工。

3. C 类计划

在主变电所、车站（含车站变电所、医师区间跟随所、起医区间跟随所、车站特殊部位）、地铁大厦内不影响正线/车场线行车的施工为 C 类计划。

1）C1 类

（1）在主变电所、车站内大面积影响客运服务的施工。

（2）在主变电所、车站、地铁大厦内影响消防设备或 400 V 供电/环控设备正常使用的施工。

（3）在主变电所、车站设备区（不含公共区）内动火的施工。

2）C2 类

（1）在主变电所、车站内局部影响或不影响客运服务的施工。

（2）在主变电所、车站内的密闭空间（站台板下、电缆井等）进行的施工。

（3）在主变电所、车站内动用简单设备设施（如 220 V 及以下电力、钻孔等）的施工。

1.2.3 根据施工作业的复杂程度和施工影响面大小分为三级施工

1. 一级施工

一级施工是指作业内容复杂、影响面较大，需要多部门、多专业联合施工作业，如旧线改造、接触网换线、变压器更换、大面积轨道换轨（50 m以上普通轨或两根尖轨以上）、结构大型病害改造、钢轨应力放散、新线各系统接入既有线工程及其他影响运营的重要施工等。

一级施工原则上由分公司分管相关专业领导牵头，各相关部门人员及施工管理工程师参会，召开专题施工协调会，协调落实施工有关安排；一级施工，须由施工负责部门编制施工方案，方案内容包括但不限于以下内容：

（1）施工情况说明：包括施工项目背景说明，施工作业概况等。

（2）作业时间及地点：包括施工作业周期、施工作业具体时间、作业地点等。

（3）组织机构：包括领导小组和现场作业组组成及工作职责。

（4）施工组织方案：包括施工流程简介、施工作业工艺和内容、施工技术依据、工程车调车作业方案等。

（5）施工对运营产生的影响：包括作业过程对各部门各专业设备产生的影响等。

（6）安全防护措施：包括施工安全措施、劳动防护措施、用电安全防护措施、消防安全防护措施等。

（7）应急处置预案：在故障状态下的应急处置措施，包括相关预案、信息上报流程、应急抢险人员、抢险措施、抢险工器具，行车组织调整等。

施工方案编制完毕后，须通过专题施工协调会参会部门共同商议并取得一致意见，最终由施工负责部门报分公司领导批准，相关施工负责部门形成会议记录发相关参会部门。

2. 二级施工

二级施工是指影响面较小、多专业联合的施工作业，如道岔更换、需两辆及以上工程车配合的施工等。

二级施工由施工负责部门中心负责人牵头，各相关部门人员及施工管理工程师参会，召开专题施工协调会，协调落实施工有关安排。

二级施工须由施工负责部门编制施工方案，方案内容与一级施工方案内容一致，施工方案编制完毕后，须通过专题施工协调会参会部门共同商议并取得一致意见，并由施工负责部门形成会议记录发相关参会部门。

3. 三级施工

三级施工是指作业内容简单，只需单个部门配合的施工，如堵漏、道岔检查、接触网检修及各专业例行检修等。

三级施工可不召开专题施工协调会，在施工计划协调会议上由施工管理工程师协调落实施工有关安排。

1.3 施工计划的申报

1.3.1 申报原则

（1）A1、A2、A3、B1、B2、C1 类作业须纳入月、周计划。

（2）未列入月计划和周计划或周计划中需调整变更的 A1、A2、A3、B1、B2、C1 类的施工作业，应提报日补充计划。

（3）为不影响次日运营，必须在当日运营结束后进行的施工作业，可提报临时补修计划。

（4）A 类和 C1 类作业计划向施工管理工程师申报，B1 类和 B2 类作业计划向场调申报，B3/C2 类作业不需提报计划，但施工负责人须与场调或车站值班员（行车岗）联系并登记，经场调或值班员（行车岗）同意后，方可开始施工。

（5）外协单位在实施 B3/C2 类的施工时，须按外协单位作业程序的要求办理施工许可手续（《项目工程情况和作业安全保障措施》和《地铁外协单位作业安全协议》）后，在施工负责部门的配合下，方可到车辆段/车站办理施工申请。

1.3.2 申报流程

1. 月计划

每月 19 日 17:00 前，各部门将下月需要申报的作业计划报施工管理工程师，内容包括作业类别、作业单位、作业日期、作业时间、作业范围、作业内容、供电要求、施工负责人及联系电话、防护措施、配合部门等。

2. 周计划

（1）每周一（遇节假日顺延或提前，具体时间由施工计划工作组商议确定）12:00 前，施工作业申报部门利用施工管理系统将周施工计划申报至施工管理工程师处（一号线车辆段或浑南停车场作业范围的施工作业先提报至场调处）。

（2）每周二（遇节假日顺延或提前，具体时间由施工计划工作组商议确定，下同）13:30，施工管理工程师组织召开一、二号线周施工计划协调会议。场调按申报的施工计划与施工负责部门协调，如无重点施工或施工计划无冲突，可不安排施工计划协调会议，按申报的施工计划编制；如需召开车场施工计划协调会，一号线场调与施工管理工程师合并召开周施工计划协调会议，二号线场调在浑南停车场组织召开（具体时间、地点由二号线场调提前一天通知）。

（3）根据提报计划的情况，在周施工计划协调会议上，施工管理工程师或场调组织相关施工负责部门和施工单位人员讨论、协调作业计划；对于安全上有特殊要求和规定的施工，应在施工计划协调会议上讨论并确定。

（4）根据周施工计划协调会议的结果，施工管理工程师编制《施工及行车计划通告》（正线部分），场调编制《施工及行车计划通告》（车场部分）。

（5）周三 12:00 前，场调将其编制的《施工及行车计划通告》（车场部分）发送给施工管理工程师，施工管理工程师对其进行审核、调整，确认无误后，汇总形成下周《施工及行车计划通告》。

（6）经安全保卫办公室安全监察工程师审核签字后，施工管理工程师于每周五（遇节假日顺延或提前，具体时间由施工计划工作组商议确定）17:00前发到分公司内各部门（外协单位由配合提报施工计划的施工负责部门转发，下同）。

3．日补充计划

施工开始前一天的15:30前（周六、周日和下周一的日补充计划应在周五的15:30前申报；3天及以上的大型节假日和节后第1个工作日的日补充计划应在放假前一天15:30前申报），由各部门收集、调整、汇总，并取得配合单位同意后，向施工管理工程师或场调申报。运营分公司施工负责部门使用施工管理系统提报日补充计划，外协单位提报计划的具体格式按《临时补修计划/日补充计划/施工变更/施工取消申报表》（见附录F）和《工程车、电客车等临时列车开行计划申报表》（见附录G）执行。

4．临时补修计划

各部门在取得配合单位同意后，周一至周五（工作日）于施工当日16:30前向施工管理工程师或场调申报；节假日全天、周一至周五 8:30—16:30 以外时间，在取得相关施工部门领导同意的前提下，施工负责部门应提前1小时向值班主任或场调申报，运营分公司施工负责部门使用施工管理系统提报日补充计划，外协单位提报计划的内容及格式要求按《临时补修计划/日补充计划/施工变更/施工取消申报表》执行。

1.4 施工计划的审核

1．周施工计划

（1）各施工负责部门负责施工计划的有关人员在提报施工计划前，审核本部门周施工计划是否相互冲突或存在问题，并进行修改。

（2）每周一下午施工管理工程师或场调根据各施工负责部门提报的下周施工计划进行审核，以便查找出相互冲突或存在问题的施工。

（3）每周三下午各施工管理工程师依据线别对周施工计划进行互审。

（4）每周三夜班值班主任对下周《施工及行车计划通告》（含正线和车场施工）进行审核。

（5）每周四 10:00 前，施工管理工程师将《施工及行车计划通告》（含正线和车场施工）发送给相关领导、安全保卫办公室安全监察工程师审核。

（6）每周五上午，安全保卫办公室安全监察工程师对《施工及行车计划通告》（含正线和车场施工）审核，同意后签字确认。

2．日补充计划、临时补修计划

（1）施工负责部门将需要申报的日补充或临时补修计划与周施工计划进行冲突审

核，如没有冲突即可提请申报，如有冲突需进行修改或不进行提报（因特殊情况需抢修的需提前与施工管理工程师或场调进行协调解决）。

（2）施工管理工程师（正线施工）或场调（车场施工）根据申报的日补充或临时补修计划，与周施工计划进行冲突审核，如有冲突则取消申报（因特殊情况需抢修的，计划提报施工负责部门在取得其他施工负责部门同意情况下，可进行相应调整）。

（3）施工管理工程师或场调在确认无冲突后，申报人利用施工管理系统将计划上报至施工负责部门、中心负责人处审核、确认。如外协单位申报的施工计划，须凭《临时补修计划/日补充计划/施工变更/施工取消申报表》至施工负责部门、中心负责人处审核、签字。

（4）施工管理工程师或场调再次审核日补充或临时补修计划，确认无冲突后，在施工管理系统中进行确认。如外协单位申报的施工计划，须凭《临时补修计划/日补充计划/施工变更/施工取消申报表》至施工管理工程师或场调处签字确认。

（5）当值值班主任协助审核日补充或临时补修计划，确认无冲突后，在施工管理系统中进行确认。如外协单位申报的施工计划，须凭《临时补修计划/日补充计划/施工变更/施工取消申报表》至值班主任处签字确认。

（6）调度指挥中心生产调控部分管施工副部长（或部长）对日补充或临时补修计划审批。如外协单位申报的施工计划，须凭《临时补修计划/日补充计划/施工变更/施工取消申报表》至生产调控部分管施工副部长（或部长）处签字确认。

（7）施工管理工程师或场调按照各级领导审批意见具体办理施工作业有关事项。

1.5　施工计划的签发

1. 周计划

周计划施工项目均由施工管理工程师签发《施工作业令》。

2. 日补充计划

A/C1类日补充计划施工项目由施工管理工程师签发《施工作业令》（见附录A、C）。

B1/B2类日补充计划施工项目由施工管理工程师或场调签发《施工作业令》（见附录B）。

3. 临时补修计划

A/C1类临时补修计划施工项目在工作日8:30—16:30时间段内，由施工管理工程师签发《施工作业令》，工作日其他时间段及节假日全天由值班主任签发《施工作业令》。

B1/B2类临时补修计划施工项目由施工管理工程师或场调或值班主任签发《施工作业令》。

1.6 施工计划的领取

仅适用于外协单位申报的已编入分公司施工周计划、日补充计划、临时补修计划的施工，可登记领取《施工作业令》原件。分公司各施工负责部门及经分公司授权的外协单位申请的各类施工计划，无须领取《施工作业令》。

1. 周计划

每周五（遇节假日顺延或提前，具体时间在上周的施工计划协调会议上确定）13:00—15:00，外协单位施工计划负责人员到施工管理工程师处登记领取下周周计划的全部《施工作业令》。

2. 日补充计划

在施工开始前一日的 16:00—17:00，外协单位施工计划负责人员到施工管理工程师或场调处登记领取日补充计划的《施工作业令》。周六、周日、下周一的《施工作业令》一并在周五登记领取。

3 天及以上大型节假日和节后第 1 个工作日的日补充计划的《施工作业令》，由外协单位施工计划负责人员于放假前一天 16:00—17:00，到施工管理工程师或场调处登记领取。

3. 临时补修计划

临时补修计划的《施工作业令》，原则上在施工开始前 3 小时，由外协单位施工计划负责人员到签发人员（施工管理工程师、值班主任或场调）处登记领取。

> **思政小课堂**
>
> **凡事预则立，不预则废。——《礼记·中庸》**
>
> "凡事预则立，不预则废。言前定则不跲，事前定则不困，行前定则不疚，道前定则不穷。"说的就是计划的重要性。大到对组织、人生长远规划的策划，小到工作、生活中的具体事情，无不需要进行策划。计划先行是一切事情成功的基础。凡事能提前则提前，提前可以给自己争取更多的选择和主动时间，推后只会被动，因而在生活中重要的事，只要提前有了打算就要提前做准备，遇到合适的时机就出手，如果没有提前准备可能会错失很多机会。

任务 2　施工作业令

2.1　定　义

施工作业令是允许在分公司管辖范围内进行施工的一种凭证。

2.2 分　类

施工作业令按作业范围可分为：正线使用、车辆段使用、车站使用作业令。

2.3 施工作业令内容

施工作业令的内容包括：作业类别、作业令号、作业单位、作业日期、作业时间、请销点车站（即主站）及人数、施工负责人及联系电话、作业范围、作业内容、供电要求、配合部门、防护措施、辅站等。

2.3.1 相关定义

1. 施工负责部门

施工负责部门指分公司内实施各项施工作业以及归口管理外部施工单位作业的责任部门，负责施工安全管理和监督。

2. 施工负责人

施工负责人是施工作业的组织者，负责施工请销点及施工安全管理的人员。原则上由分公司内部施工负责部门人员担任，特殊情况下，经分公司培训并取得《施工安全合格证》后，也可由外协单位人员担任。

《施工安全合格证》可作为分公司管辖范围内开展施工作业的凭证，取证培训由培训管理办公室统一管理。《施工安全合格证》培训项目包括施工安全管理、施工作业出清、接触网挂地线、气体灭火系统操作等，施工人员通过培训并考试合格，最终由培训管理办公室发放《施工安全合格证》。特殊情况下，长期委外单位的外协单位人员，如通过培训并考试合格，也可由培训管理办公室发放《施工安全合格证》，运营分公司《施工安全合格证》有效期为三年，外协单位《施工安全合格证》有效期为一年，有效期内如出现证件丢失等特殊情况，可提报培训管理办公室补办。证书到期前三个月，各中心可向培训管理办公室提报复审考试需求，考前由各中心、办公室联系培训项目负责中心领取考试复习资料，考试合格者证书续期有效，不合格者各科成绩作废，须参加下批次复审考试，仍不合格者须重新参加新办证书培训考试。

3. 施工联络人

同一施工计划需在多个作业点进行，除配备施工负责人外，各作业点须另配备一名施工作业的组织者，负责本作业点的请销点及施工安全管理工作。原则上由分公司内部施工负责部门人员担任，特殊情况下，经分公司培训并取得《施工安全合格证》后，也可由外协单位人员担任。

（1）各项施工均须设立一名施工负责人，每个辅站另设一名施工联络人。施工负责人/施工联络人职责如下：

① 负责施工人员、设备设施的管理。

② 负责配合与场调、值班员（行车岗）完成进出轨行区物资登记工作。

③ 办理请、销点手续。

④ 作业过程的组织与指挥。

⑤ 及时与车站/车辆段/停车场联系作业有关事项，必要时与控制中心相关调度联系。

⑥ 组织设置、撤销作业安全防护设施 [接触网停电及挂接地线应取得电力调度（以下简称电调）的许可]。

⑦ 负责出清作业区域，直至设备设施状态恢复正常。

（2）对施工负责人/施工联络人的要求：

① 熟知《行车组织规则》及本规定和有关规定。

② 熟悉该项施工的性质、内容、方法、步骤、要求等。

③ 具备该项施工相关的安全知识和技能。

④ 具备协调及管理外协单位施工人员的能力。

⑤ 定期参加有关施工安全的培训，取得《施工安全合格证》等有关资质。

4. 主　　站

施工负责人按照《施工及行车计划通告》进行登记请销点的车站称为主站，若同一施工计划需多站进行，其作业区含设备集中站时，主站原则上设在设备集中站，若作业区域不含设备集中站，主站设定按照施工负责部门提报计划的要求进行设定。

5. 施工请点

施工负责人向施工审批人员[值班员（行车岗）、车场调度（以下简称场调）、行车调度（以下简称行调）]办理施工申请登记，施工审批人员确认施工满足条件后（接触网停电类施工须确认施工区域接触网已停电），施工审批人员批准该施工开始。

6. 辅　　站

同一施工计划需在多个作业点同时进行时，施工联络人登记请销点的车站称为辅站，同一施工项目安排主站和辅站的总数原则上不超过 6 个。

7. 施工销点

施工作业结束后，施工负责人确认施工人员物资出清，向施工审批人员[值班员（行车岗）、场调、行调]办理施工结束登记（接触网停电类施工接触网仍处于停电状态），施工审批人员批准该施工结束。

2.3.2　请点规定

（1）对于 A 类作业，施工负责人须按施工计划规定的施工开始时间提前 15 min 到车站，配合值班员（行车岗）进行人员、物资的核对工作，并填写《车站进出轨行区物资登记簿》。

（2）对于 A 类作业，需由多个车站进入施工的作业项目，施工负责人除到主站按（1）办理外，还需核实辅站情况。施工联络人须在作业令规定施工开始时间前 15 min 到辅站办理登记手续，辅站值班员（行车岗）向主站值班员（行车岗）核实施工事项并请点。主站与辅站核对后，主站值班员（行车岗）向行调请点，接到行调允许施工的命令后，传达给施工负责人及辅站值班员（行车岗），辅站值班员（行车岗）接到主站值班员（行车岗）命令后，方可允许施工联络人开始该作业点的施工。

（3）对于 A 类作业，需在地铁大厦内进行的，须按规定办理完出入大楼手续后，由施工负责人到行调处登记请点，外协单位须持《施工作业令》到行调处请点。

（4）对于 A 类作业，需在主变电所内进行的，由施工负责人到就近车站值班员（行车岗）处登记请点，外协单位施工负责人须持《施工作业令》到就近车站值班员（行车岗）处登记请点。

（5）对于 B 类作业，施工负责人须按施工计划《施工作业令》规定的施工开始时间提前 15 分钟到场调室向场调请点。具体操作程序按《车场运作手册》的规定办理，经场调同意后，方可开始施工作业。

（6）对于 C 类作业，施工负责人到车站处登记请点，车站值班员（行车岗）批准后，方可开始施工作业。

（7）作业区域同时包含正线和车辆段/停车场线路的作业，原则上不进行异地请销点作业。

（8）作业区域同时包含一号线（含一、二号线联络线）和二号线线路的跨线作业，施工负责部门或外协单位到一号线车站请点，一号线行调在电话确定二号线行调同意施工后，方可批准该项施工并电话通知二号线行调及一号线有关车站，二号线行调通知二号线有关车站。具体可按《施工及行车计划通告》安排执行。

（9）施工负责人须按规定的作业时间办理相关手续，超过施工计划开始时间的，由行调或场调视情况决定是否取消该项作业。

（10）当日因特殊原因，施工作业计划需调整时，由施工管理工程师或行调通知各施工负责部门调度和相关车站或车辆段/停车场，各施工负责部门调度通知施工负责人。

2.3.3 销点规定

（1）对于 A 类作业，施工负责人在施工区域出清完毕后，向车站值班员（行车岗）销点，值班员（行车岗）核对出清轨行区的人员及物资与《车站进出轨行区物资登记簿》中登记的入轨行区的人员及物资一致后，值班员（行车岗）向行调销点。

（2）对于 A 类作业，当多站销点时，辅站施工联络人负责本段线路出清并报施工负责人后，在辅站销点；辅站值班员（行车岗）向主站值班员（行车岗）销点；施工负责人负责该项作业区域出清后，方可报主站值班员销点，主站值班员通知各辅站撤除防护措施后向行调销点。

（3）在地铁大厦、综合楼内进行的 A 类作业，施工负责人在作业完毕、设备设施恢复正常后向行调销点。

（4）在主变电所、车站内进行的 A 类作业，施工负责人在作业完毕、设备设施恢复正常后，通过车站值班员（行车岗）向行调销点。

（5）对于 B 类作业施工完毕后，施工负责人负责施工区域的出清后，向场调销点。

（6）对于 C 类作业施工完毕后，施工负责人负责施工区域的出清后，向车站值班员（行车岗）、场调处销点。

（7）的施工完毕后，施工负责人在施工区域出清完毕后，通过车站值班员（行车岗）向行调销点，行调与场调确认后，批准车站销点并通知场调。

（8）需异地销点的施工作业，施工负责人（联络人）应在《车站轨行区施工登记簿》备注栏中注明异地销点的地点、人数。登记该施工的车站要及时通知异地销点的车站。

（9）当施工作业只有一组人员进行时，需异地销点的，作业结束后，施工负责人向销点站登记销点，销点站经与施工负责人核对销点的施工内容、施工人数、地点全部无误后，记录施工负责人有效证件、姓名、作业代码、作业人数等，并向请点站核对无误后，准予销点，然后向行调报告销点。

（10）当施工作业有多组人员进行，需异地销点的，在所有组作业均结束后，由施工负责人向销点站登记销点，销点站经与施工负责人核对销点的施工内容、施工人数、地点全部无误后，记录施工负责人有效证件、姓名、作业代码、作业人数等，并向请点站核对无误后，准予销点，然后向行调报告销点。

2.3.4 安全防护要求

（1）所有在轨行区线路进行的施工，作业人员（包括外协单位）须自行携带安全防护用品，按要求戴安全帽、穿荧光衣，并根据作业性质及作业要求使用其他安全防护用品，施工负责人应指派专人担任安全员，做好有关安全防护工作。

（2）在正线轨行区同时进行多项动车作业时，应由动车作业区域两端车站在施工区域外方人防门内侧钢轨踏面处设置红闪灯进行安全防护。动车类施工请点后，站务人员须经过施工区域外到达动车作业区域两端车站设置红闪灯，红闪灯设置完毕后，站务人员与施工负责人确认人员出清后，施工负责人方可开始施工，施工结束后，车站人员与施工负责人确认红闪灯已撤除后，方可申请销点；以下两种情况可不设置红闪灯进行安全防护：在正线轨行区无人工作业且只进行一项动车作业；在正线轨行区无动车作业。

（3）在车场轨行区进行动车（B1 类）或非动车（B2 类）作业时，信号楼值班员在 TYJL-Ⅱ微机联锁上，对施工区域或来车方向设置（撤除）防护后，场调方可批准请点（销点）。施工人员请点后，应在施工区域两端或来车方向轨道上设置红闪灯进行安全防护。在车场轨行区进行日常调车作业、B3 类施工、试车线车辆调试等施工时，可不设置红闪灯进行安全防护。

（4）施工人员、车站人员应严格按规定摆放红闪灯，确保红闪灯状态良好；施工期间定期检查红闪灯是否按规定摆放、状态是否良好；按照站务部门设置站务部门撤除，施工部门设置施工部门撤除的原则，作业人员施工完毕后及时撤除红闪灯。

（5）施工作业须开行电客车、工程车、接触网作业车、钢轨打磨车、轨道牵引车等列车时，相关施工作业区域须封锁。封锁时间内由施工负责人负责施工人员及动车安全。需要动车时，须由施工负责人向司机下达指令，司机按施工负责人的指令执行。其他施工车辆及人员不得进入该封锁区域。

（6）施工作业过程中，虽无施工列车开行，但需进行更换钢轨、敷设或抢修过顶电缆等施工作业也应封锁线路。

（7）工程车配合施工时，必须工程车在前，施工人员在后，不得颠倒。工程车运行的前方和后方不得同时作业。非随车施工人员与工程车应有 50 米以上的安全间隔距离。

（8）组织电客车、工程车运行时，列车运行前方须保证至少一站一区间空闲。

（9）开行电客车、工程车进行施工作业时，封锁区域前方和后方须保证至少有一站一区间空闲。

（10）两列或两列以上电客车（或工程车）在同一线路进行不同施工作业时，两车间须保证至少两站一区间空闲。

（11）电客车（或带电运行车辆）和其他需接触网停电的施工在同一线路同时作业时，须间隔一个停电的供电分区作为安全防护距离。

（12）需送电（含反复停送电）施工和其他需接触网停电的施工在同一线路同时作业时，须间隔一个停电的供电分区作为安全防护距离。

（13）在线路安全防护要求与接触网安全防护要求同时存在的情况下，应选取较大值。

（14）侧式站台作业区域开行电客车（或工程车）时，非特殊情况下不安排邻线人工作业。

（15）距离 DC1500V 接触网小于 0.7 米的施工作业须申请接触网停电，施工期间须做好验电、在施工作业地点的两端挂接地线的安全措施，未做好安全措施，不得进行施工作业。

（16）施工负责部门在作业期间需要接触网停电或接触网停电挂接地线的，应在《施工及行车计划申报表》中明确提出要求，施工时要确认接触网确已停电并已挂好接地线才能开始作业。接触网停电挂接地线时，由供电操作人员或经过挂接地线培训的人员（至少 2 人）负责在该作业区域两端挂接地线。若无停电要求，接触网一律视为带电状态。

（17）施工作业过程中如要进行动火作业，须按照《消防安全管理规定》办理动火令，严禁在无动火令的情况下进行动火作业。

（18）需在站台板下、污水池、电缆井、气体灭火系统喷气后现场、集水池内部、水箱及其他易引起窒息、中毒和职业病危害等特征的密闭空间进行的施工作业，施工负责部门（外协单位的，须提报至施工负责部门）须将具体施工方案、安全措施及《安全关键点作业申请表》报所属中心和安全保卫办公室审批（必要时由分管副总经理审批），经审批后，方可到车站、车辆段/停车场申请施工。

（19）运营时间内车站公共区内的各项施工作业须做好防护措施，最大限度减少对乘客的影响。

> **思政小课堂**

若有战，召必回

张益朝是江苏宜兴人，1974年，也就是他出生的这一年，舅舅参军。慢慢长大的日子里，他偶尔会收到舅舅寄来的五角星、帽徽等物件。看着舅舅身穿军装帅气的照片，成为军人的梦想也在张益朝的心里萌芽。

1993年，张益朝顺利考上军校，开启了他的军旅生涯。2008年他34岁刚荣升二炮某旅副参谋长，因家庭原因，他递交了转业报告："国，和谐盛世；旅，科学发展；家，双亲久病；子，年幼羸弱。我从军十五载自认精忠报国，今因家中现实无奈申请转业。若有战，召必回！"

"若有战，召必回"这短短的六个字，字字铿锵有力，浓缩了一个老兵炽热的爱国情，厚重的责任感和使命感。

作为新时代的大学生我们应该如何爱国，我们要从中华优秀传统文化、革命文化和社会主义先进文化中汲取道德滋养，从英雄人物、革命前辈和"时代楷模"的身上感受道德风范，从自身内省中提升道德修养，又要学好科学知识，提升我们的思维能力、拓宽我们的视野和提高我们的人生境界。

任务3 施工组织

3.1 按施工性质、地点组织

（1）对于A类作业，须经行调批准后方可进行。

（2）对于B类作业，须经场调批准方可进行施工；如影响正线行车，场调须报行调批准。

（3）对于C类作业，须经车站值班员（行车岗）批准方可进行施工。

（4）场段内运用组合库内信号设备检修、轨道检修等施工，须经轮值工程师批准。

（5）各施工负责部门或外协单位的施工、检查作业，严格控制作业区范围及作业时间。

3.2 施工人员进站规定

进入车站施工时，施工负责人/施工联络人须持工作证、施工安全合格证、外协单位施工负责人须持施工安全合格证原件等有效证件进入车站请点，辅站登记可用作业令复印件/传真件。施工作业人员应在进站前与请销点车站联系，车站查验有效证件后开门放行。

3.3 施工人员进、出车站及请销点作业程序

施工人员进、出车站及请销点作业程序如表2-1所示。

表2-1 进/出站及请销点作业程序

序号	A类作业程序
1	施工负责人及施工人员凭有效证件进入车站，需关站后进入的，应事先联系
2	施工负责人出示相关工作证件，施工负责人向值班员（行车岗）申请办理施工登记手续，填写《车站进出轨行区物资登记簿》。多站请点的，施工负责人和施工联络人分别向主站和辅站值班员（行车岗）办理施工登记手续，辅站要向主站汇报，由主站统一负责请点
3	值班员（行车岗）根据施工负责人提出的施工申请，核对施工人员及物资，办理施工登记手续，在满足施工条件后办理请点
4	行调根据车站请点要求进行审核，达到施工条件后批准请点
5	如动车作业需设置红闪灯防护，值班员（行车岗）通知本站员工及相关车站设置防护
6	车站员工根据值班员（行车岗）的指示及要求设置防护，并及时报施工负责人红闪灯已设置完毕，人员出清轨行区
7	如需接触网挂接地线防护的施工作业，施工负责人安排挂接地线人员根据施工要求设置防护
8	开始施工
9	施工结束后，如动车作业需设置红闪灯防护的施工，施工负责人联系设置红闪灯车站值班员（行车岗）撤除防护，该车站撤除红闪灯防护后，报施工负责人已撤除，人员出清轨行区。如需接触网挂接地线防护的施工作业，施工负责人安排挂接地线人员根据施工要求撤除防护
10	施工负责人清点人数，出清线路，到值班员（行车岗）处办理销点手续
11	施工负责人填写《车站进出轨行区物资登记簿》，值班员（行车岗）核对施工人员及物资，值班员（行车岗）办理销点手续
12	行调批准销点，站务人员确认施工人员出站

3.4 施工时间要求

（1）A类施工最早开始时间应在当日所有运营列车出清拟施工作业区段、停电区段和安全防护区段。

（2）A类施工（含电客车、工程车开行计划）应于运营首班车出场40分钟前结束并出清线路，在有工程车返回的线路上施工时，有关作业须在运营首班车出场60分钟前完成，并出清线路。

（3）工程车开行计划有变更时，相关部门应于工作日当天 16:30 前通知施工管理工程师，节假日全天及工作日 16:30 以后通知值班主任；因工程车故障不能开车时，车辆中心轮值工程师应通知值班主任，由值班主任通知申请地施工负责部门。

3.5 有关配合作业的要求

（1）需其他部门或单位配合的施工，施工部门应主动在施工前和配合部门联系，并向配合部门详细说明配合的有关情况。

（2）配合部门须严格按配合要求提供配合，并按施工开始时间的要求提前做好准备，按时到场。

（3）施工部门在进行相关作业时，应加强与配合部门联系，并做好安全防护工作。

（4）施工部门需要动车作业时，施工部门须根据车辆配合部门每月底发给施工部门的检修计划进行提报施工计划，尽量规避施工作业与所用设备检修计划产生冲突，特殊情况（如抢修、抢险作业）除外。

（5）外协单位的工程车在分公司管辖线路上作业时，施工负责部门须联系车辆中心设备部，施工负责人与工程车司机共同添乘。施工作业前，外协单位需提供有效的车辆状态记录单，以保证车辆技术状态良好，在工程车运行前，外协单位施工车辆驾驶人员与工程车司机对机车及连挂车辆的技术状态做必要的检查，保证技术状态及制动作用良好；施工负责人检查确认装载的货物不超出车辆限界、装载牢固。

（6）外协单位的工程车在分公司管辖线路上作业时，施工负责部门须联系车辆设备部组织工程车司机添乘。在工程车运行前，工程车司机对机车及连挂车辆的技术状态做必要的检查，保证技术状态及制动作用良好；施工负责人检查确认装载的货物不超出车辆限界、装载牢固。

3.6 电客车调试、试验及新增购电客车（未交付使用）调车作业

电客车在车辆段、正线进行的车辆、信号等专业的调试、试验作业及新增购电客车（未交付使用）调车作业。作业部门安排一名有资质的人员担任调试、试验及新增购电客车（未交付使用）调车作业施工负责人。其职责如下：

（1）负责调试、试验人员/设备的管理；

（2）负责办理请、销点手续；

（3）负责组织、指挥、监督整个调试、试验作业过程，确保工作安全；

（4）发现危及行车、人身安全或司机未按规定操作或驾驶电客车（机车车辆）时，应该在第一时间内采取措施制止，并报告行调/场调，必要时停止该项作业；

（5）及时与车站、车辆段联系施工有关事项；

（6）组织设置、撤销作业安全防护设施；

（7）负责在施工结束后出清作业区域、恢复设备正常状态。

3.7 施工负责人及参与调试人员的要求

（1）施工负责人应熟悉和掌握《行车组织规则》《施工检修管理规定》等规章制度。

（2）参与调试、试验成员须明确参与本次作业的任务分工，在调试、试验作业过程中听从施工负责人的安排和指挥。

3.8 车辆段试车线电客车及工程车调试、试验的组织流程

（1）施工负责人到场调室办理请/销点手续，向场调请/销点。

（2）施工负责人须在规定的开始时间提前15分钟到达场调室办理请点手续，在调试过程中，施工负责人必须跟车进行调试作业（包括信号、工程车、电客车的任何调试、试验及投入运营服务前所做的准备工作）。

（3）调试、试验作业前，调试工作负责部门应制定相应的调试、试验方案，并组织所有参加调试人员学习，保证所有调试人员熟悉方案。

（4）调试作业开始前，施工负责人确认所有参加调试人员到位后，方可开始调试，否则司机有权拒绝进行调试，并立即汇报场调，按其指示执行。

（5）场调接受调试作业计划（包括车场、正线调试作业）时，必须与负责部门施工负责人落实好调试作业的驾驶模式、最高运行速度、车辆及设备状况、调试主要内容、作业时间、安全注意事项、跟车人员等。

3.9 正线电客车调试、试验作业组织流程

（1）施工负责人（外协单位施工负责人须持《施工作业令》）组织调试人员于规定的开始时间提前15分钟到达发车现场，人员组织妥当后，向行调（或场调）核对计划、汇报准备完毕、联系待发，接收调度命令，并办理请点手续。

（2）作业结束后，施工负责人办理销点手续。

3.10 车辆段新增购电客车（未交付使用）调车作业组织流程

由具备运营分公司正司机资格人员担任电客车司机，施工作业由新增购电客车所属部门主管工程师、电客车厂家安全负责人负责，共同制定书面调车作业计划、安全风险管控、跟车保障人员等内容，向场调出具书面计划，并申请新增购电客车的转线作业。

电客车调试试验中的其他要求：

（1）调试、试验过程中，若作业计划有改变，须由施工负责人通知所有作业人员。

（2）调试、试验过程中，所有作业人员不得离开作业现场。

（3）每次动车，司机须先确认符合行车条件，并且得到施工负责人同意。

（4）在作业过程中，施工负责人指令有误或存在安全隐患时，司机有权拒绝动车，并说明原因。

（5）遇恶劣天气（如暴雨、大雨、暴雪、大雾、雷电等），难以瞭望确认线路、道岔、信号等情况时，场调应停止车场内的调试作业，并通知相关部门施工负责人。

3.11 线路出清的有关规定

原则上不另安排人工线路出清。施工作业结束前，施工负责人安排已通过工务部组织的线路出清培训、考试的合格人员，完成施工区域内线路出清检查。

3.12 工程车开行的有关规定

工程车运行前，工程车司机对机车及连挂车辆的技术状态做必要的检查，保证技术状态及制动作用良好，施工负责人须对工程车辆附属设备（升降作业平台、接触网放线装置、起重机、辅助发电机、钢轨打磨系统、接触网检测系统、轨道检测系统等）进行作业前检查，必要时施工负责人亲自或派胜任人员对连挂车辆装载的货物进行检查，并安排人员进行添乘，确保装载牢固，并不得超出规定的车辆限界，经司机检查确认后，方准运行以保证施工作业正常使用。

（1）安排工程车作业时，须严格按照划分的区域安排作业，工程车须在计划时间内到达规定地点。

（2）工程车进入封锁区域施工时，除施工负责部门或外协单位自身要做好防护措施外，如封锁区间外线路存在其他动车施工及人工作业施工时，封锁区域两端的车站须在端门处钢轨踏面处设置红闪灯防护，以警示注意。

（3）工程车运行时，司机负责观察工程车前方线路出清情况。

（4）工程车进入封锁区域前的调车进路排列由行调负责，行调在指挥工程车运行时应严格确认工程车运行前方无施工作业。

（5）行调发布封锁线路命令时，如不特殊指明不含车站时，即为含车站站线范围。

（6）封锁区域内的工程车运行由施工负责人负责指挥。

3.13 工程车开行

（1）在车辆段/停车场转换轨，工程车司机须与行调试验无线手持台的性能；在运行中，工程车司机须加强与行调联系（如联系不上时通过车站转达），掌握工程车运行计划，确认进路。

（2）行调组织工程车正线运行时，应尽量避免分段行车；当前方施工作业未按时结束或因特殊情况须组织工程车分段运行时，行调（或经车站）通知工程车司机允许运行的起、止站，司机须复诵。

（3）工程车在封锁区域内作业，进路上的道岔不得转动，若因作业确需转动道岔时，应按调车方式办理。由施工负责人向司机提出，司机与行调联系动车计划，行调确认具备条件方可转动道岔并单锁后，通知司机动车。

（4）原则上工程车在区间内不允许甩挂作业。因施工、装卸货物的需要，工程车编挂平板车需在车站甩挂作业时，须经值班主任批准，做好安全防护及防溜措施并及时挂走。

3.14 外协单位作业流程

（1）《外协单位施工作业管理流程》见附录 H。

（2）外协单位须到安全保卫办公室签订《项目工程情况和作业安全保障措施》(附录 I) 和《地铁外协单位作业安全协议》。

（3）外协单位凭正式签署的《地铁外协单位作业安全协议》，到施工负责部门及相关配合部门完善作业手续，并进行作业前的准备工作。

（4）以上手续完备之后由施工负责部门向施工管理工程师或场调申报作业计划。

（5）施工管理工程师或场调审批同意后，外协单位按《施工及行车计划通告》开始施工作业。

> **思政小课堂**
>
> ### "合作共赢"打造人类命运共同体
>
> 在 2015 年第 70 届联合国大会讲话中，习近平总书记强调："当今世界，各国相互依存、休戚与共。我们要继承和弘扬联合国宪章的宗旨和原则，构建以合作共赢为核心的新型国际关系，打造人类命运共同体。"党的十九大报告再次呼吁各国人民同心协力"构建人类命运共同体"。
>
> "人类命运共同体"是中国领导人对走和平发展道路、奉行合作共赢的开放战略、恪守维护世界和平、促进共同发展外交宗旨的承诺，包括共同、综合、合作、可持续的安全观，公平、开放、包容、共赢的发展观，和而不同、兼收并蓄的文明交流，以及尊重自然、环境友好的生态文明。根据党的十九大报告，人类命运共同体的宗旨是"建立持久和平、普遍安全、共同繁荣、开放包容、清洁美丽的世界"。双边命运共同体、周边命运共同体以及新型国际关系都是人类命运共同体的组成部分。
>
> 人类的发展需要"团结、友谊、合作"，信号设备的日常检修何尝不是这样呢，从施工计划的申报到施工结束，都需要其他部门的相互帮助，积极配合，才能高质量地完成施工检修作业，从而有效地为列车的安全运行保驾护航。

任务 4　施工纪律

4.1 行调施工组织纪律

（1）安排施工作业前，须核对施工计划，确认无误后方可发布准许施工的命令。

（2）施工作业时，行调应及时处理施工中发生的问题，必要时向值班主任汇报。

（3）如施工负责部门或外协单位在施工过程中有违反施工纪律、无视施工安全管理的行为发生，行调有权终止该项施工，并及时向值班主任汇报。

4.2 电调施工组织纪律

（1）安排施工作业前，须核对施工计划，确认无误后（需行调至值班主任的施工应在行调签认后）方可批准施工。

（2）运营时间内出现无备用电源的非正常运行方式及应急运行方式，应通报行调和值班主任。

4.3 车站值班员（行车岗）施工组织纪律

（1）核对施工负责人相关资质证件，车站值班员（行车岗）做好进出轨行区物资的清点、登记工作、并核对施工负责人填写的《进出轨行区物资登记簿》的物资是否正确。

（2）与行调办理请、销点手续。

（3）做好施工安全防护工作。

4.4 各施工负责部门（含外协单位）组织纪律

（1）施工负责人在安排施工作业前，须核对施工计划，确认无误后按调度命令执行。

（2）对于已批准的施工，各施工部门应根据施工性质及相关规章制度制定相应的安全防护及应急措施。施工开始前，督促施工人员做好各项施工准备工作，保证施工按时进行，在施工过程中，协调解决出现的问题，确保施工任务按时完成。

4.5 施工现场作业纪律

（1）施工人员应严格按施工计划限定的时间、区段、内容进行施工。

（2）所有施工在特殊情况下需延长施工作业时间时，施工负责人应在计划结束前的 30 min 前向值班员（行车岗）/场调请示。影响正线、辅助线行车的施工，值班员（行车岗）/场调须向行调请示，得到同意后方可延长；影响车辆段/停车场行车的施工，得到场调同意后方可延长。

（3）施工人员应按规定做好施工防护措施，严禁违章作业，确保安全。

（4）施工人员须严格履行施工请销点制度。

（5）施工结束后，施工人员须清理好现场，将设备设施恢复到正常状态，撤除防护措施，做好料具、人员的出清工作。

4.6 对外协单位施工的管理要求

（1）外协单位进场作业前，应当按照外协单位作业流程的要求办理相关手续。

（2）未签订《地铁外协单位作业安全协议》的外协单位不得作业。若擅自作业，分公司将按相关考核标准和合同条款进行双重处罚，并对分公司相关责任部门进行月度和年度安全管理考核。

（3）与分公司签订《地铁外协单位作业安全协议》的外协单位人员须是该单位的法定代表人或授权委托人（持有该单位的授权委托书）。

（4）分公司各施工负责部门应对外协单位的作业安全进行督促和管理，对作业现场的违章情况应当提出整改措施和考核意见。

（5）外协单位作业发生违反本规定以及其他相关管理规定的，将予以被考核单位相应的处罚，同时对分公司施工负责部门予以相应的考核。

（6）长期（签订合同一年及以上）委外施工可比照分公司内部各部门施工执行，由施工负责部门负责日常监管及配合申报施工作业计划，由具备资质（经分公司培训合格并取得相关证件）的外协单位人员担任施工负责人，作业过程中施工安全由外协单位负责。

4.7 计划兑现率

计划兑现率是指在一定的统计周期内，实际完成的施工件数与计划完成的施工件数的比值。

4.8 施工时间使用率

施工时间使用率是指施工作业实际完成时间与计划时间的比值。

4.9 因故取消作业

因故取消作业是指因缺少完成该项作业的必要条件（如人员、工器具、物料等），导致该项施工作业无法正常完成,已提前按照规定流程向值班主任、施工管理工程师、场调申请施工作业取消的行为。

4.10 擅自取消作业

擅自取消作业是指指未按照《施工及行车计划通告》规定的时间和地点进行施工作业或到达施工现场后，因缺少作业人员、工器具、物料等，导致该项施工作业无法正常进行，又未按照规定流程向值班主任、施工管理工程师、场调申请施工作业变更或取消的行为。

> 思政小课堂

4.28 胶济事故

事故描述

2008年4月28日4时48分，由北京开往青岛的T195次旅客列车运行至山东省境内胶济铁路周村至王村间脱线，与烟台至徐州的5034次客车相撞造成特别重大交通事故。

主要原因

国务院"4·28"胶济铁路特大交通安全事故调查组于2008年4月29日上午在山东淄博成立，国家安监总局局长任调查组组长。事故调查组认为，胶济铁路特大交通事故是一起典型的责任事故，济南铁路局在这次事故中暴露出两点突出问题：

（1）用文件代替限速调度指令，漏发临时限速指令，从而造成事发列车在限速80 km/h的路段上实际速度居然达到131 km/h，超速60%（51 km/h），充分暴露了一些铁路运营企业安全生产认识不到位、领导不到位、责任不到位、隐患排查治理不到位和监督管理不到位的严重问题；反映了基层安全意识薄弱，现场管理存在严重漏洞。

（2）调度命令传递混乱，无组织无纪律。

济南铁路局2008年4月23日印发了《关于实行胶济线施工调整列车运行图的通知》，其中含对该路段限速80 km/h的内容。这一重要文件距离实施时间28日零时仅有4天，却在局网上发布。对外局及相关单位以普通信件的方式传递，而且把北京机务段作为了抄送单位。

这一文件发布后，在没有确认有关单位是否收到的情况下，2008年4月26日济南局又发布了一个调度命令，取消了多处限速命令，其中包括事故发生段。济南局列车调度员在接到有关列车司机反映现场临时限速与运行监控器数据不符时，2008年4月28日4时02分济南局补发了该段限速80 km/h的调度命令，但该命令没有发给T195次机车乘务员，漏发了调度命令。而王村站值班员对最新临时限速命令未与T195次司机进行确认，也未认真执行车机联控。与此同时，机车乘务员没有认真瞭望，失去了防止事故的最后时机。以上惨痛的事故告诉我们一定要遵章守纪，按规定进行作业。

任务5　施工考核

5.1　对外协单位的考核

根据分公司与外协单位签订的合同约定及相关规章制度，分公司有权根据外协单位施工作业违规的性质、责任大小以及所产生的后果进行通报并进行处罚。考核旨在增强外协单位安全作业意识，维护正常的安全生产和工作秩序。

考核细则如下：

（1）施工原因影响运营或造成设备损坏影响运营行车的，影响 5 min（含）以上 15 min 以下的，除照价赔偿外，处以 2 000 ~ 20 000 元罚款；

（2）施工原因影响运营或造成设备损坏影响运营行车的，影响运营 15 min（含）以上的施工，处以 20 000 元以上罚款，并按公司相关规定严肃处理。

（3）在施工区域内对其他设备未采取保护措施，造成其他设备损坏的，除照价赔偿（或原样修复）外，另加收设备原值 10% 的处罚（每次不低于 1 000 元）。由此所造成的间接损失，视情况赔偿。

（4）凡有下列行为之一，但未造成后果的，处以 20 000 元的罚款，工期内累计三次出现下列行为之一的，追加 30 000 元罚款：

① 无施工计划或未经行调或场调批准擅自进入轨行区施工。

② 已列入施工计划的施工作业项目擅自取消。

③ 在车站、车辆段作业完毕撤离后在轨行区内留下影响行车安全的设备、设施、机具、材料或垃圾等。

④ 未经分公司有关部门或人员批准，擅自摇动道岔或拆卸道岔设备。

⑤ 作业过程中影响分公司工程车、电客车运行或其他设备设施运行，造成安全隐患。

⑥ 未按相关规定设置或撤除车辆防溜设施。

⑦ 不办理延时申请，拖延时间继续施工或作业完成后不按时销点，导致施工销点时间延误的。

⑧ 超限运输或越区施工。

⑨ 在站台、车辆段内堆放的材料侵入限界。

【案例】

某站轨行区放有供电部门接触网施工使用的梯子，由于梯子带有轮子，正常存放时要将梯子固定好，以免发生移动。某天，物业工作人员因更换轨行区内的广告牌需借用供电部门的梯子，使用完毕之后归还到了原位，但是没有将梯子固定。第二天凌晨第一趟轧道车驶入该站时，由于振动导致梯子侵限。下一趟列车驶入该站时直接将列车的车门玻璃撞碎，造成严重的经济损失。

⑩ 未经批准在密闭空间内进行施工作业，未按规定申请动火令而进行动火作业。

⑪ 动火作业现场无防范措施或措施不足以防范火灾的发生。

⑫ 作业现场内发生火灾并造成损失或影响。

⑬ 作业现场不按用电管理规定，存在私拉乱接、擅自使用超负荷的电器设备。

⑭ 作业现场存在谩骂、殴打、威胁、恐吓工作人员的相关事件。

⑮ 作业现场施工人员酒后作业的。

⑯ 作业现场存在严重违章违纪作业等重大安全隐患。

⑰ 未签订《外协单位作业安全、消防、治安内保协议》进场作业。

⑱ 周计划兑现率低于60%或日补充计划兑现率低于80%。

⑲ 其他影响运营安全或违反本规定要求，情节严重。

（5）凡有下列行为之一，但未造成后果的，处以10 000元的罚款，工期内累计三次出现下列行为之一的，追加20 000元罚款：

① 未按要求在现场作业区域设置安全防护措施，如围栏、红闪灯或带红白相间条纹的反光标志（牌）。

② 施工人员未按规定戴安全帽、穿荧光衣。

③ 作业现场未按规定配备消防器材或消防器材损坏已不能正常使用。

④ 向轨行区乱扔垃圾或撤离施工区域后没有及时清理施工垃圾。

⑤ 在车站、设备房等场所吸烟或随地大小便等不文明行为。

⑥ 对限期整改的事项，责任单位未执行。

⑦ 施工管理不力，对其他作业单位造成干扰。

⑧ 进行的施工内容与批准的施工内容不相符。

⑨ 施工负责人未提前15分钟到达请点地点或未在施工计划开始时间前办理完成请点手续。

⑩ 利用施工管理系统进行请销点操作时，代替其他岗位人员进行操作的。

⑪ 施工请销点过程中，存在冒名顶替施工负责人行为的。

⑫ 施工请点后不进行作业，以完成施工兑现率为目的的。

⑬ 施工登记过程中，未按请销点登记要求核对施工人员相关证件、对轨行区物资登记审核不力的。

⑭ 施工作业配合部门配合不力，导致施工作业无法完成。

⑮ 已列入施工计划的施工作业项目因故取消。

⑯ 周计划兑现率低于90%或日补充计划兑现率低于100%。

⑰ 其他影响运营安全的行为。

外协单位违反施工规定时，分公司施工负责部门应及时填写《处罚考核通知单》，交由安全保卫办公室核实及考核。所有处罚金均从分公司同外协作业单位签订的合同款中扣除。对各种施工的违规行为，任何单位/员工均有权向调度指挥中心值班主任、施工管理工程师和安全保卫办公室安全监察工程师进行举报或投诉，可由调度指挥中心值班主任、施工管理工程师出具考核意见，安全保卫办公室负责核实并监督考核情况。其他未尽事项由施工计划工作组研究决定。

5.2 施工考核实施

（1）外协单位有违规、违章施工的，施工负责部门及个人，应及时上报安全保卫办公室和调度指挥中心。

（2）外协单位违规、违章施工违反本规定的，参照《运营事故处理规则》构成事故的由安全保卫办公室负责调查，不构成事故的由外协单位施工负责人部门负责调查，按照《地铁外协单位作业安全协议》对施工单位进行处罚，所处罚金均从分公司同外协作业单位签订的合同款中扣除。

（3）外协单位有违规、违章施工的，施工负责部门、培训主管部门和施工管理部门可对其进行再次教育及相关培训。

（4）对违反上述施工考核细则的分公司内施工人员，分公司内各部门须按照分公司《员工绩效考核实施细则》中的相关条款，对该施工作业的施工负责人处以绩效考核扣分处罚，情节严重的建议给予相关人员公司级处分。

（5）施工负责人连续 12 个月内累计违反考核条款两次的，将取消其《施工安全合格证》，并在 3 个月后可再次向培训管理办公室申请考取《施工安全合格证》。

复习思考题

1. 简述施工的定义。
2. 施工计划如何分类？
3. 简述施工计划的申报流程。
4. 简述施工进出站的流程。
5. 简述施工请销点的流程。
6. 简述施工负责人的职责。
7. 简述周计划的审批流程。
8. 简述日补充计划的申报时机以及审批流程。

项目三　信号应急预案及处置

项目描述

应急处置是城市轨道交通信号安全生产过程中的最后一道屏障。为规范应急处置流程，缩短故障延时，减少对运营秩序的影响，提高信号设备故障处置的应急反应能力和处置水平，应制定完善各类应急预案，定期组织开展培训和应急演练。

本项目主要描述在行车过程中信号设备（转辙机、电源、联锁等）发生故障时，应该启动怎样的应急预案，以及各部门及中心对应岗位的处置流程。

知识目标

- 了解应急预案的意义及作用。
- 掌握信号设备发生故障时启动应急预案的条件。
- 掌握信号设备发生故障时应急预案的响应等级。
- 掌握不同等级下应急处置流程和各个岗位的作业程序。

能力目标

- 能处理简单的故障。
- 具有良好的沟通能力。
- 具备应急处理能力和良好的心理素质。
- 能准确地描述故障的现象，做好上报工作。
- 熟知信号设备故障下的处置流程。

思政目标

- 能够和多个部门相互配合，各司其职。
- 在平日的学习生活中培养学生的团结协作能力。

任务 1　应急预案概述

1.1　意义及作用

1.1.1　应急预案的意义

应急预案有助于识别风险隐患，了解突发事件的发生机理，明确应急救援的范围和体，使突发事件应对处置的各个环节有章可循。主要有以下三个方面的意义：

（1）有利于对突发事件及时作出响应和处置。

（2）避免发事件扩大或升级，最大限度减少突发事件造成的损失。

（3）有利于提高从业人员居安思危的风险防范意识。

1.1.2　应急预案的作用

（1）可以科学、规范突发事件应对处置工作。通过明确各级组织或个人在应急体系中的职能，以便形成精简、统一、高效和协调的突发事件应急处置机制。

（2）可以合理配置应对突发事件的相关资源。通过事先合理规划、储备和管理各类应急资源，在突发事件发生时，按照预案明确的程序，保证资源尽快投入使用。

（3）可以提高应急决策的时效性和科学性。突发事件具有紧迫性、信息不对称性和资源有限性等特点，需要快速做出决策。应急预案能够准确研突发事件的规模、性质、程度，并合理进行决策，为应对突发事件提供了科学的思路和方法，从而减轻其危害。

1.2　应急预案的分类及内容

1.2.1　应急预案的分类

应急预案按照处置类制度层级分为Ⅰ级、Ⅱ级、Ⅲ级。各层级制度定义分别为综合应急预案、专项应急预案和现场处置方案。

1.2.2　应急预案的主要内容

1. 综合应急预案

综合应急预案是应对各类运营突发事件（火灾、恐怖袭击等）的综合性文件，总体阐述本单位运营突发事件的应急工作原则、应急组织机构及职责、预警信息、应急响应及保障措施等内容。

2. 专项应急预案

专项应急预案是综合应急预案的细化，主要针对重大风险、关键设施设备故障等某一类型或某几种类型的运营突发事件，明确风险分析、应急指挥机构及职责、处置程序和措施等内容。

3. 现场处置方案

现场处置方案根据不同运营突发事件类型，针对具体的场所、设施设备等明确现场作业人员的应急处置流程、处置措施、安全注意事项等内容。一般包括道岔转辙设备、轨道电路、信号机、计算机联锁、列控系统、电源设备、电缆等。

1.3 应急演练及培训

通号中心信号专业应建立应急演练制度，结合实际情况采用实战演练、桌面推演等方式，组织开展应急演练。同时，通过演练来验证、评价应急预案内容的针对性、实用性和可操作性，实现应急预案的动态优化和科学规范管理。

各级部门定期组织开展应急演练，涉及铁路运输安全的应急演练应有针对性。例如，每年在汛期、暑期、冬季等季节时段来临前，应开展防洪、防暑、除冰扫雪等针对性演练；根据薄弱环节，针对性地开展单项设备故障应急演练；积极开展跨中心、跨专业、跨线路等结合不同部门设备故障的联合抢修应急演练。

应急预案作为应急管理的重要内容，应纳入各级人员的日常培训。通过编发培训教材、举办培训班、开展工作研讨等方式，对应急预案实施密切相关的应急抢修人员组织开展应急预案培训。

思政小课堂

宁可十防九空、不可失防万一

2021年7月17日至23日，河南省遭遇历史罕见特大暴雨，发生严重洪涝灾害，特别是7月20日郑州市遭受重大人员伤亡和财产损失。

由于受到强降雨的影响，7月20日18时许，郑州地铁5号线列车行经海滩寺街站时，洪水突然倒灌进海滩寺街站和沙口路站隧道内，甚至蔓延到行驶至此的5号线列车车内，部分人员被困在列车上。

这次灾害虽为极端天气引发，但集中暴露出许多问题和不足，主要集中在以下六个方面：一是应对部署不紧不实；二是应急响应严重滞后；三是应对措施不精准不得力；四是关键时刻统一指挥缺失；五是缺少有效组织动员；六是迟报瞒报因灾死亡失踪人数。地铁运营部门也存在司机和行车调度员沟通不及时的问题，行调没能做出准确判断，导致错失最佳救援时机。

作为未来城市轨道交通的工作人员，我们应当加强对自然灾害的预测和预警，加强对灾害应对能力的培养，只有这样，我们在关键时刻才能充分评估风险，并采取适当的安全措施，更加有力地应对和降低自然灾害带来的伤害。希望我们能够从这次事件中吸取教训，共同努力，为构建一个更加安全、和谐的社会作出贡献。

任务 2　应急响应

2.1　城市轨道交通信号设备故障的特征及危害性

列车运行期间的震动、线路老化、线路接头松动、系统软件出现错误、板卡老化等问题可能造成设备故障，严重时甚至危及行车安全。

道岔、联锁、列车自动监控系统、电源系统故障是信号故障中的主要问题，一旦发生严重故障，列车只能降模式运行，甚至采用电话闭塞法组织行车，对故障区段及全线行车组织将造成影响，如列车延误、越站、抽线等，部分车站可能会出现突发大客流，需采取限流、关站等形式进行客流控制，严重影响运营效率。一般遇到上述情况，应根据应急预案启动对应等级的应急响应，各部门及中心的工作人员也要明确不同响应等级下的岗位职责，多中心联动进行后期响应处置。

2.2　应急响应的等级

根据信号系统联锁设备失效影响范围及采用电话闭塞法组织行车的区段，以及故障处理时间的长短来决定是否启动应急预案，如果故障在 20 min 之内处理完成，不需要应急响应。如通号中心现场预计 20 min 内故障无法恢复时，应及时上报调度指挥中心，调度指挥中心可根据响应分级，做好应急响应准备。预案启动后按以下情况分为三级：

Ⅰ级：中央和本地自动监控系统（ATS）均无法监控列车运行或联锁故障（2 个不连续或 3 个以上联锁区联锁功能失效）错误持续 60 min（含）以上。

Ⅱ级：中央和本地自动监控系统（ATS）均无法监控列车运行或联锁故障（2 个不连续或 3 个以上联锁区联锁功能失效）错误持续 20 min（含）至 60 min（不含）；2 个连续联锁区联锁功能部分或全部失效持续 20 min（含）以上。

Ⅲ级：1 个联锁区联锁功能部分或全部失效（如道岔失表或 ATS 不能显示道岔实际位置）持续 20 min（含）以上。

2.3　应急组织机构及职责

2.3.1　应急组织机构组成

应急领导组，调度指挥中心、现场指挥部、综合协调组、应急宣传组、技术专家组、站务救援队和通号中心救援队。其中只有Ⅰ级、Ⅱ级响应时，才成立现场指挥部。

2.3.2　各应急组的组成及岗位职责

1. 领导组

1）成员

组长：党委书记、总经理。

组员：党委副书记、副总经理、副总工程师。

2）岗位职责

（1）决策现场指挥提出的对地铁运营组织有较大影响事件的处置方案。

（2）协助集团公司及市有关部门调查处置分公司信号突发事件。

（3）发生Ⅰ级突发事件时，组长根据工作实际情况赶赴控制中心或抢险现场；分管调度指挥中心副总经理赶赴控制中心；抢险主导中心分管领导赶赴抢险现场，指导现场指开展抢险工作。

（4）发生Ⅱ级突发事件时，抢险主导中心分管领导赶赴抢险现场，指导现场开展抢险工作。

2. 现场指挥部

发生Ⅰ、Ⅱ级突发事件时，由现场指挥组织建立现场指挥部，原则上设置于突发事件现场附近；发生Ⅲ级事件时，不成立现场指挥部，由现场指挥组织各专业救援队开展抢险工作，必要时综合保障组提供支援。

1）作用

现场指挥部是事发现场控制及管理的协调中心，负责事发现场的总体控制，统筹各综合保障组对专业救援队的支援工作，抢险过程中应保证事发现场信息的有效沟通，配合做好集团公司、政府部门等上级组织的应急处置工作。

2）现场指挥部构成

成员包括现场指挥、救援队队长和综合保障组组长，其中现场指挥又包括临时现场指挥和现场指挥，现场指挥到达现场前，由临时现场指挥在调度指挥中心指挥下行使现场指挥权，根据事件级别承担事件全过程处理或前期处理的指挥工作，临时现场指挥产生原则如下：如果突发事件在线路上那么车站值班站长承担临时现场指挥，如果突发事件发生在车辆段由场调担任临时指挥。

3）现场指挥的确定原则

（1）在Ⅰ级突发事件情况下，由通号中心主任（或授权人员）担任现场指挥。

（2）在Ⅱ级突发事件情况下，由通号中心级干部（或授权人员）担任现场指挥。

（3）在Ⅲ级突发事件情况下，由通号中心设备所属部门（副）部长级干部（或授权人员）担任现场指挥。

4）现场指挥的职责

以全力保证乘客及抢险人员安全为前提，以先通后复为目标，结合现场工作需要调整工作重心和工作地点。

（1）选择在控制中心或故障发生位置附近设置现场指挥部，并将位置及联系电话告知调度指挥中心。

（2）保持与调度指挥中心及外部单位信息沟通，掌握突发事件处置进度，并协调各项应急配合事宜。

（3）组织人员记录和保存突发事件材料和证据，便于事后调查分析。

（4）负责研究抢险方案，对地铁运营组织有较大影响事件的抢险方案应报应急领导组批准后实施。

（5）协调综合保障组和现场指挥（抢险负责人）开展设备设施抢险，合理安排人员进入事发区域。

（6）负责与外部单位和抢险负责人确认故障现场恢复条件，并组织做好运营恢复前的准备工作。

（7）负责现场信息通报工作。

3. 通号中心信号救援队

1）信号救援队组成成员

通号中心信号救援队由通号中心级干部、部门级干部、工程师及班组检修员等人员构成。

2）岗位职责

（1）应急响应时，由通号中心现场指挥指定人员担任救援队长，负责本专业救援队开展抢险工作，到达现场后，将救援队出动情况（包括人员构成和到位等情况）报现场指挥，并应佩戴"队长"袖标。

（2）在队长带领下做好本专业设备设施的抢险、性能检查试验和线路出清等工作，做好人员防护，并在现场指挥的统一指挥下实施抢险。

4. 站务中心救援队

1）站务救援队成员

站务中心救援队由站务中心级干部、部门级干部、相关专业工程师、中心站（副）站长、值班站长及其他相关人员构成。

2）岗位职责

负责本专业救援队开展抢险工作，到达现场后，将救援队出动情况（包括人员构成和到位等情况）报现场指挥，并应佩戴"队长"袖标。响应级别不同，担任队长的人选不一样，如表3-1所示。

表3-1 站务中心救援队队长人选

响应级别	队长人选
Ⅰ	由站务中心主任（或授权人员）担任
Ⅱ	由站务中心级干部（或授权人员）担任
Ⅲ	由站务中心部（副）长级（或授权人员）干部担任

思政小课堂

"最后一道关，荣辱一把闸"

——英雄司机杨勇

杨勇，中共党员，生前系中国铁路成都局集团有限公司贵阳机务段动车组司机。

2022年6月4日，杨勇值乘贵阳北至广州南D2809次列车。当列车运行至贵广线榕江站进站前的月寨隧道口处时，他发现线路异常，果断采取紧急制动措施。列车撞上突发坍塌侵入线路的泥石流坍体脱轨，在线路挡墙和轨道结构综合防护下避免了颠覆坠落，杨勇却不幸殉职，年仅46岁。国铁集团追授杨勇"中国铁路优秀共产党员"称号。前不久，贵州省人民政府评定杨勇为烈士。

"最后一道关，荣辱一把闸。"这是动车组司机杨勇在生命最后时刻用实际行动践行的承诺。车内监控视频记录下，险情发生的电光石火之间，杨勇没有片刻犹豫，在5秒之内果断一把将制动手柄推到了底。他用这"最后一把闸"筑起生命的屏障，守护了车上151名乘客和工作人员的生命安全，却唯独没能救下自己。危难关头见英雄，关键时刻显担当。评定杨勇为烈士，是对英雄司机英勇无畏、临危不乱、恪尽职守的颂扬，传递着舍己为人、舍生取义的价值理念。

千钧一发时的力量，源自日复一日的敬业坚守。列车事故抢险现场发现的动车组司机手账上，杨勇坚定的笔迹清晰可见："没有错停，只有盲行；停车免责，盲行重处。"厚厚的手账内页几乎被写满，记录着每一趟车出乘前的运行关键点和安全预想内容，内容翔实，一丝不苟。一字一句写下的是忠于职守的担当，每一次履职尽责都是在护卫群众生命安全。值乘动车组以来，杨勇连续安全值乘900余趟、走行近40万公里。在同事口中，他永远是工作中严于律己、注重细节的楷模。正是平凡岗位上不平凡的坚持与磨砺，赋予了他处变不惊的心理素质与精湛高超的专业技能，让本能变成壮举，使凡人化身英雄。

生死攸关之际的果断处置，背后是一切为了人民的赤诚情怀。杨勇还有另一个身份——一名退役武警战士。在战友的回忆里，他性格内敛不张扬，干工作踏实认真，总能出色完成各项任务。杨勇服役时的班长说，"军旅生涯在他的骨子里烙下了革命军人心系人民、舍生忘死的使命担当"。为保护乘客英勇无畏、不惧牺牲，展现了永不褪色的军人情怀，映照着一名共产党员始终把人民放在心中最高位置的坚定信念。

一个有希望的民族不能没有英雄，一个有前途的国家不能没有先锋。从不顾个人安危、冰湖勇救老人的山东威海乳山市公安局辅警张鑫圆，到江苏常州张开双臂救下从4楼坠落女子的73岁保安伏国林，再到浙江诸暨奋不顾身跳江救人的退役军人蔡祖宁……平凡铸就伟大，英雄来自人民，许许多多像杨勇一样出身平凡的英雄人物、英雄群体，用危急时刻的英雄壮举诠释着崇高、传递着温情、凝聚起力量。

崇尚英雄才会产生英雄，争做英雄才能英雄辈出。缅怀烈士、褒奖英雄，就要把英烈的精神发扬光大，让更多人化感动为行动，从英雄们的嘉德懿行中汲取砥砺奋进的精神养料，不断激发全社会向上向善的正能量。

我们作为一名信号工，岗位虽然小，但是责任重大，要学习杨勇同志的忠于职守，不畏牺牲，始终把人民放在心中最高位置的坚定信念。

任务 3　专项故障应急处理

道岔、联锁、列车自动监控系统、电源系统故障是信号故障中的主要问题,一旦发生严重故障将影响运营效率。我们把以上设备故障,称为信号设备专项故障。按照故障对运营效率产生的影响程度,故障应急处置流程可分为:前期处置和应急响应。前期处置的时间一般不大于 20 min,超过 20 min 就要启动应急预案,不管是哪种应急处置流程一般都是按照"先通后复"原则进行应急处置。

当信号检修人员、司机、站务人员、信号楼值班员等岗位人员,通过道岔状态、行车指示灯及监控系统发现信号设备显示异常,上报调度指挥中心后,未达到预案启动条件时,按照响应准备要求,开展前期处置工作。

3.1　前期处置

当确认 1 个联锁区联锁部分功能失效(如道岔失表或 ATS 不能反映道岔实际位置)时,故障影响区域需根据实际情况调整行车组织。下面根据具体案例来学习故障应急处置流程。

(1)行调向值班员(行车)(以下简称行值)、司机等岗位发布调度命令,各岗位依据相应规定办理行车手续。

(2)站务人员加强巡视,若故障发生在早晚高峰期间,站务人员应及时疏导乘客,维持运营秩序,视情况做好限流措施。

(3)当信号抢修人员接到抢修命令后,5 min 之内准备好材料、工器具和通信工具,赶赴故障现场进行前期勘查,按照"先通后复"的原则进行故障处理,其他抢修人员准备好抢修材料和物资后,尽快赶往现场参与抢修,到达现场后,10 min 之内初步判断出故障原因、事件影响和拟采取的抢修措施,开展抢修工作。

(4)由事发线路通号中心部长级干部(或授权人员)向调度指挥中心反馈故障原因及预计恢复时间,调度指挥中心提前做好行车准备。

接下来举几个例子,详细地看一下处置程序:

【案例一】

车辆段(停车场)发生道岔失表故障时,应急处置程序如表 3-2 所示。

表 3-2　车辆段(停车场)发生道岔失表故障时的应急处置程序

序号	岗位	作业程序
1	车场调度员	负责组织车场行车工作
2	信号楼值班员	(1)做好手摇道岔准备,得到车场调度指令后,赶赴现场进行手摇道岔操作,加装钩锁器,确认进路; (2)如果故障道岔发生位置,影响正常收发车,应及时上报调度指挥中心

续表

序号	岗位	作业程序
3	信号专业负责人	（1）当信号抢修人员接到抢修命令后，5 min 之内准备好材料、工器具和通信工具，赶赴故障现场进行前期勘查，按照"先通后复"的原则进行故障处理； （2）到达现场后，10 min 之内初步判断出故障原因、事件影响和拟采取的抢修措施，开展抢修工作； （3）信号专业负责人对现场情况进行确认分析，及时将现场处置情况上报车场调度及调度指挥中心，并提前做好启动应急预案准备
4	行车调度员	（1）与信号楼值班员、场调保持联系，提前做好启动应急预案的准备； （2）如果故障道岔发生位置，影响正常收发车，调度指挥中心视情况调整列车运营
5	通号部部长	向调度指挥中心反馈故障原因及预计恢复时间，调度指挥中心提前做好行车准备

【案例二】

正线线路发生道岔失表故障时，应急处置程序如表 3-3 所示。

表 3-3　正线线路发生道岔失表故障时的应急处置程序

序号	岗位	作业程序
1	控制中心（OCC）	（1）组织通过中央级 ATS、车站级 LCW 对故障道岔定反位操作一次； （2）命令站务人员进行手摇道岔，视情况调整行车间隔
2	站务人员	（1）故障道岔所属车站值班站长负责组织开展前期故障处置工作； （2）站务人员做好手摇道岔准备，站务人员得到调度指挥中心命令后，利用行车间隔赶赴现场进行手摇道岔操作，加装钩锁器； （3）站务人员做好现场防护工作，实施人工现场办理进路
3	司机	司机根据行调通报的延误信息播报列车延误广播，安抚乘客

【案例三】

正线线路发生无车占用红光带故障时，应急处置程序如表 3-4 所示。

表 3-4　正线线路发生无车占用红光带故障时的应急处置程序

序号	岗位	作业程序
1	控制中心（OCC）	（1）采取变更折返策略、人工办理进路等方式进行行车调整； （2）行调与站务确认红光带/棕光带/紫光带区域已无车占用； （3）行调确认后续列车已扣停且无车接近红光带区域后报值班主任； （4）经值班主任授权，行调通知站务，由站务与信号人员联控确认预计轴直接复位区段编号无误

续表

序号	岗位	作业程序
2	站务人员	（1）向行调报告，信号工作人员判断具备使用直接计轴复位条件； （2）复位操作后，站务人员确认故障是否恢复，报调度指挥中心
3	信号专业负责人	（1）信号人员在信号设备室判断具备使用计轴直接复位条件后报站务人员； （2）对设备进行计轴复位

3.2 应急响应

经过前期现场处置后，故障持续 20 min 仍未得到有效控制，启动应急响应。应急响应又根据故障联锁区的故障程度及抢救时长分为Ⅰ、Ⅱ、Ⅲ 3 个等级。

3.2.1 信号设备故障应急处置的流程

确定应急响应等级→召开应急会议→信息上报→信息公开。

1. 确定应急响应等级

根据联锁区故障的数量以及故障处理的时间来确定启动哪级响应。

2. 召开应急会议

信号故障发生后由现场指挥组织救援人员在现场召开紧急应急会议，研究制定故障抢修实施方案。

3. 信息上报

1）上报流程

信号故障发生后，现场或监控人员立即向上级或属地管理中心报告，接报人员安排确认后立即向调度指挥中心报告，调度指挥中心接报或发现信号故障后，立即按规定通报相关人员。

2）上报内容

（1）报告人姓名、部门、职务、发生时间（包括时、分）。

（2）发生地点（包括道岔位置、计轴区段、场段、正线及区间等）。

（3）列车车次（或车体号）。

（4）故障事故概况、对运营的影响及初判原因。

4. 信息公开

（1）党委工作办公室负责加强舆论监控，做好舆论引导。

（2）站务人员利用车站广播播报相应应急处置的广播，提醒乘客配合客运组织，做好票务处理工作。

（3）安全保卫办公室联络集团公司、有关政府部门和单位，按分工做好应急信息报送工作。

3.2.2 信号设备故障应急处置措施

（1）当信号设备故障为Ⅰ级响应时，调度指挥中心对故障影响区域采用电话闭塞法组织行车或停运措施；Ⅱ级响应时，调度指挥中心对故障影响区域采用电话闭塞法组织行车；整个应急处置程序如表3-5所示。

表3-5 Ⅰ级、Ⅱ级响应应急处置程序

序号	岗位	作业程序
1	控制中心（OCC）	（1）调度指挥中心接报信息及时向行值、司机等岗位发布改用电话闭塞法命令； （2）行调视情况开展列车定位工作，完成各联锁区列车定位时间
2	站务人员	（1）车站根据列车满载率、站内拥挤度等现场情况，按照"由下至上、由内到外"的原则，逐步或越级采取站台、站厅、出入口客流控制措施和票务应急措施； （2）换乘站出现换乘大客流时，车站某处出现客流拥堵点，造成站台、站厅、上下楼梯、出入口通道、换乘通道等处人员通行缓慢，且客流呈继续增加趋势可能造成出现多处拥堵点短时间内无法缓解，由换乘站向控制中心申请启动线控； （3）如换乘站出现多处客流拥堵点，造成站台、站厅、上下楼梯、换乘通道等处局部客流通行受阻，且客流呈继续增加趋势可能造成人员积压无法通行，由换乘站报控制中心，控制中心报线网控制中心申请启动网控； （4）若车站/列车现场秩序混乱，对乘客生命财产造成较大威胁或造成大面积恐慌，无法维持正常运营秩序甚至全线停运等情况，需要车站组织乘客紧急疏散； （5）站务在初期疏散期间，安排站内无抢修任务的驻站工班人员及物业人员参与客流疏散工作，工班人员及物业人员须无条件服从
3	司机	司机根据调度命令行车，加强行车瞭望
4	信号工作人员	（1）在获得控制中心调度抢修授权后，信号软件故障原则上应在30 min内完成故障处理，信号硬件故障原则上应在60 min内完成故障处理； （2）抢修结束后，信号人员协助行车人员在20 min内恢复ATS/LCW人机界面的异常显示状态（如联锁异常锁闭，道岔非正常表示等）
5	技术专家	对信号系统进行分析评估，预测事态发展、影响范围，如预测故障无法短时间内处置完成，持续时间即将达到60分钟，应及时通知安全保卫办公室
6	应急宣传组	通过服务热线、官方微博等平台做好乘客出行问询的解答工作。必要时根据实际情况进行官方信息的发布工作，做好媒体应对和舆论引导工作。官方信息发布后，车站、服务热线等根据官方发布信息对乘客问询进行解答
7	综合协调组	督促各应急处置机构人员履行应急抢险工作职责
8	后勤保障组	协调抢险人员、物资的交通保障

（2）当 1 个联锁区联锁功能部分或全部失效（如道岔失表或 ATS 不能显示道岔实际位置）持续 20 min（含）以上，采用Ⅲ级响应。Ⅲ级响应的应急处置流程如表 3-6 所示。

表 3-6　Ⅲ级响应的应急处置流程

序号	岗位	作业程序
1	控制中心（OCC）	（1）调度指挥中心接报信息及时向行值、司机等岗位发布改用电话闭塞法命令； （2）行调视情况开展列车定位工作，完成各联锁区列车定位时间；
2	站务人员	（1）车站根据列车满载率、站内拥挤度等现场情况，按照"由下至上、由内到外"的原则，逐步或越级采取站台、站厅、出入口客流控制措施和票务应急措施； （2）换乘站出现换乘大客流时，车站某处出现客流拥堵点，造成站台、站厅、上下楼梯、出入口通道、换乘通道等处人员通行缓慢，且客流呈继续增加趋势可能造成出现多处拥堵点短时间内无法缓解，由换乘站向控制中心申请启动线控； （3）如换乘站出现多处客流拥堵点，造成站台、站厅、上下楼梯、换乘通道等处局部客流通行受阻，且客流呈继续增加趋势可能造成人员积压无法通行，由该换乘站报控制中心，控制中心报线网控制中心申请启动网控； （4）若车站/列车现场秩序混乱，对乘客生命财产造成较大威胁或造成大面积恐慌，无法维持正常运营秩序甚至全线停运等情况，需要车站组织乘客紧急疏散； （5）站务在初期疏散期间，安排站内无抢修任务的驻站工班人员及物业人员参与客流疏散工作，工班人员及物业人员须无条件服从
3	司机	司机根据行调通报的延误信息播报列车延误广播
4	信号工作人员	信号专业救援队根据故障情况判断，采用处置措施，减少对运营的影响
5	技术专家	对信号系统进行分析评估，预测事态发展、影响范围，如预测故障无法短时间内处置完成，持续时间即将达到 60 分钟，应及时通知安全保卫办公室
6	应急宣传组	通过服务热线、官方微博等平台做好乘客出行问询的解答工作。必要时根据实际情况进行官方信息的发布工作，做好媒体应对和舆论引导工作。官方信息发布后，车站、服务热线等根据官方发布信息对乘客问询进行解答
7	综合协调组	督促各应急处置机构人员履行应急抢险工作职责
8	后勤保障组	协调抢险人员、物资的交通保障

3.2.3　信号设备应急处置注意事项

（1）事件险情扩大，分公司没有能力、无法采取措施组织救援和无力控制事态时，需要扩大应急，及时报请相关部门支援，在政府应急救援队伍进入现场之前，积极组织开展自救。

（2）带电作业时，作业人员必须佩戴绝缘手套、绝缘胶鞋，使用绝缘工具，禁止佩戴手表、金属手链等易导电物品。

（3）抢修作业人员下轨行区作业时，必须穿戴好安全帽、反光背心等安全防护用品，使用前须检查检修工具及安全防护用品是否完好，禁止使用不良工具和不合格安全防护用品。

（4）特殊工种作业应严格按国家相关规定执行。

（5）通号中心确保早晚高峰期间工班有人值守，严禁空岗，保证信号系统发生故障后能够及时响应。

思政小课堂

城市"摆渡人"

2021年11月7日，在辽宁省气象灾害监测预警中心发布暴雪红色预警后，一场冻雨打着头阵席卷沈城。一时间，沈阳地铁各场段的地面设备逐渐被冰雨包裹。为保障极端天气下列车的正常运行，沈阳地铁立即启动应急预案，加派工作人员除雪除冰，同时为了避免接触网及道岔结冰影响第二天地铁列车发车作业，取消了11月7日夜间列车的回库安排，提前将列车存放于正线，保证次日地铁正常发车。

那一夜，全线网共200余名夜班司机睡在了地铁运营线路上。他们或在地铁车厢内，或在站内走廊和衣而眠、枕戈待旦。第二天凌晨3时，大家纷纷起床，提前到岗，在正线上按规定做好列车检查及岗前准备等工作。5时30分，200余名司机驾驶着首班列车鸣笛起航。

地铁全线网各线路列车准时抵达、精准停靠……这一切离不开司机的平稳驾驶、调度员的有序指挥，也离不开信号工在"幕后"的付出。在地铁运营中，信号检修员是"小而强大"的存在，他们几乎一直身处线网"暗处"。但在这次迎战暴风雪的战役中，信号工的背影却闪亮得让人难忘。

我们通常认为地铁列车在地下隧道里运行，但实际上，地铁每天都要在地面上跑一小段从正线到车辆段的路。降雪时，最让人担心的就是这段"回家"的路被冰雪覆盖。如果列车的接触网和道岔都被冰雪冻住，第二天列车很可能就供不上电，或是轨道因结冰积雪过深而无法行驶。如果车憋在库里发出不来，会给市民雪天出行造成极大困难。带着这样的担忧，11月7日正在值班的信号工作人员看到天下冻雨，立即拿着除冰铲和扫帚去除冰扫雪。地铁"回家"的必经之路共有17组转辙机，需要用雪铲一点点除冰。当大家栖居而息，安睡而眠时，正是他们在夜间巡视、除雪除冰，奋斗在地铁安全的第一线上。

在这场大雪中，沈阳地铁的调度员们坚守在调度前线指挥列车、协调施工、监控设备、信息收发的各岗位各司其职，坚守如初。各车站的站务人员从11月7日晚间开始便开启了循环扫雪模式，定期清扫出入口积雪，铺设防滑垫，加强积冰和站内积水清理。

每一个看似平凡的岗位都承载着特定职责和使命。每一次突发事件的有序处理都需要很多人的默默付出和相互配合。他们用无畏的坚守，诠释着地铁人的担当与信仰，在平凡的岗位上，谱写着不平凡的赞歌。

复习思考题

1. 应急预案的意义及作用是什么？
2. 简述应急预案的分类。
3. 应急响应的等级有哪几种？
4. 启动Ⅱ级应急响应的条件是什么？
5. 现场指挥确定的原则是什么？
6. 假如车辆段道岔发生失表故障时，需要马上采取应急响应吗？如果不启动应急响应，需要哪些岗位参与前期处置工作？各岗位的作业程序是什么？
7. 信号设备应急处置的注意事项是什么？

项目四　信号故障现场处置

项目描述

项目三描述了信号设备发生故障时，公司各个部门应该如何联动应急响应。本项目主要讲解具体某种信号设备发生故障时的现象，现场信号工作人员的岗位职责、信息汇报、处理措施，以及故障处理注意事项等。

知识目标

- 了解信号专业从检修员到中心主任（经理）的岗位职责。
- 熟悉掌握正线、车辆段、车载、ATS/DCS 以及电源等其他信号设备故障时的故障处置流程。
- 熟悉掌握不同设备故障时的现象及影响。

能力目标

- 能准确地准备应急抢修工具。
- 会根据故障现象判断故障范围。
- 会按照作业流程，处理现场发生的故障。
- 能准确地描述现场设备的故障现象，做好上报工作。

思政目标

- 培养学生的应急处置能力。
- 提升学生的综合能力，同时具备过硬的技术和心理素质。

任务 1　信号设备故障现场处置概述

信号设备发生故障时，要按照平时的故障演练计划执行，快速组成信号救援队。信号救援队在现场要快速做出判断，对故障进行救援，以免对列车运营造成影响。信号救援队在救援过程中也要及时登记、汇报和组织处理，严格执行"三不动""三不离""四不放过""七严禁"等基本安全制度和作业纪律。

1.1　信号救援队的组成

救援队队长：通号中心主任及副主任，信号 1、2 部部长及副部长。
救援队队员：信号工程师、信号工班长及副工班长、信号检修员。

1.2　信号救援队职责

（1）通号中心主任或副主任：协调并调动中心各专业抢修人员，向公司领导汇报故障信息，确定现场抢修方案，指挥现场抢修工作。

（2）信号部长：协调并调动部门各专业抢修人员，向中心领导汇报故障信息，视故障具体情况，协调物资办公室出库所需备品备件等物资。如需设备厂家提供现场技术服务且需发生费用，请示通号中心分管领导批准后，联系设备厂家人员到现场提供技术服务。

（3）信号副部长：负责确定现场抢修方案，指挥现场抢修工作，协调其他工程师前往现场进行援助；在事故发生后负责及时了解、收集本部门受损情况。组织事件原因调查、分析。

（4）信号工程师：负责现场设备抢修工作、技术指导，并及时将现场信息及时上报给部长及副部长，负责预案结束后的设备检查、恢复；负责统计负责区域设备损坏情况。

（5）信号检修工长及副工班长：负责现场设备抢修工作，负责协调工班其他人员前往现场进行故障抢修，在预案结束后协助信号工程师对设备检查、恢复。

（6）信号检修员 A：负责现场设备抢修工作，将设备状况及时地上报给信号检修工长、信号工程师及通号中心生产调度，负责设备的恢复工作。

（7）信号检修员 B：负责应急抢修工具的准备工作及携带应急工具赶往现场。

1.3　现场处置信息传递过程

信号故障发生后，信号生产调度立即通知故障所属地的信号检修员、信号检修工长、信号工程师到现场处理故障，并将现场情况上报给部长/副部长。

在设备故障抢修过程中，信号检修员、信号检修工长/副工长、信号工程师、部长/副部长应及时互相沟通，并且随时向上级领导报告。

设备恢复后，现场抢险人员应及时向信号生产调度报告设备修复情况。

现场处置信息传递过程如图 4-1 所示。

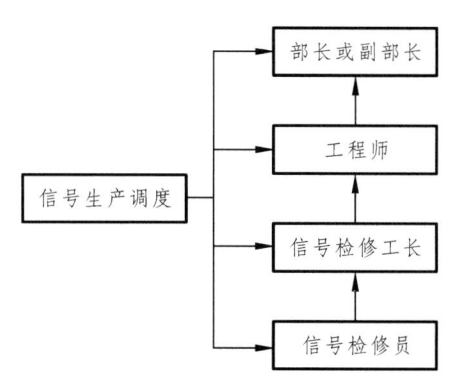

图 4-1　现场处置信息传递过程

1.4　信号设备故障的类型

信号设备故障的类型有很多，按照大类可以分为以下几种：联锁系统故障、计轴设备故障、列车运行防护设备故障、列车自动监控系统（ATS）故障、转辙机故障、信号设备电源故障、DCS 设备故障、轨道电路故障。本项目将介绍上面几种设备故障时的处置措施。

思政小课堂

信息传递方式的变化

1. 喊　叫

喊叫是人类最原始的通信方式。远古时代人们在狩猎时，通过喊叫驱赶猎物并告诉同伴猎物逃窜的方向。在遇到危险时，通过喊叫的方式给其他伙伴警报。

2. 号角/击鼓/敲钟

随着人类社会的不断进步和发展，喊叫的方式已经满足不了人们传递信息的需求。早在 3 000 年前，人类的祖先就用击鼓传令的方式传递信息。先人们把铜制的大鼓、大钟放在一定高度的特制架子上，一旦有敌人侵袭或者重大事件，鼓手就敲出不同鼓点，进行联络和防卫。

3. 烽　火

烽火是古代边防军事通信的重要手段，烽火燃起表示国家出现战事。古代在边境建造烽火台，通常台上放置干柴，遇有敌情时则燃火以报警，通过山峰之间的烽火迅速传达讯息。古有周幽王为博褒姒一笑，烽火戏诸侯而失信于天下，导致周朝衰败的典故。

4. 信　鸽

信鸽被称为"空中天使"，并且有着非凡的归巢能力，是我国历朝历代最普遍的通

077

信方式。被誉为"鸽子王国"的法国，在普法战争时就使用了信鸽传递军情，解除了巴黎的危机。

5. 邮驿传信

驿站以京城为起点，以放射状态发展到全国，从而形成了四通八达的网状结构。所谓的邮驿就是皇帝为了传递文书而设立的交通站，每隔一段路程就有一处驿站，送信人员接力送信，把皇帝的政令书信传递到各地。发展到后来，有很多大臣也靠驿站传递信件。早在春秋战国时期，社会动荡，诸侯们为了争夺霸主地位，四处征战，此时人们传递战报主要依靠马匹，距离短时由一人传递；如果距离较远，则到了驿站时由专人接力送信。

秦始皇统一天下，设立了"十里一亭"制度。每一亭都设有亭长，大汉开国之君刘邦就是亭长出身。这些亭长除了管理当地治安以外，还兼有公文通信之责。

6. 电　报

电报是一种最早用电的方式来传送信息的、可靠的即时远距离通信方式，于19世纪 30 年代从英国和美国发展起来。电报信息通过专用的交换线路以电信号的方式发送出去，该信号用编码代替文字和数字，通常使用的编码是莫尔斯电码。

7. 邮政通信

20 世纪 50 年代，邮政通信是人们主要的联系方式，邮政通信是现代通信的一部分，以实物传递为基础，通过对文字、图片、实物的空间转移传递信息。

8. BP 机（Call 机）

1983 年，上海用户使用的只是模拟信号 BP 机，用户只能接收呼叫信号，须致电寻呼台才能查询到回电号码。次年在广州开通的数字寻呼台解决了这个难题。早期的 BP 机全是进口产品，品牌包括摩托罗拉、松下等。后来，国内企业浪潮与摩托罗拉合作，开发出汉字 BP 机，让用户不用满大街找电话就可以知道呼叫内容。随着价格的一再降低，到 20 世纪 90 年代末，BP 机已经是一个普及化程度很高的产品。但作为第一代的即时通信工具，BP 机更像一个过渡的角色，随着手机的普及，BP 机逐渐淡出市场。

9. 固定电话

20 世纪 90 年代末，固定电话开始走进千家万户，人们足不出户就可以跟家人朋友沟通联系，只是当时的长途话费比较贵。

10. 手机出现

2000 年开始，手机逐渐走进人们的生活，不再是昂贵奢侈的商品。诺基亚、摩托罗拉、西门子、索尼等众多手机品牌为人们熟知。

11. 智能手机

世界公认的第一部智能手机是 IBM Simon（西蒙个人通信设备）。此后，智能手机作为一项新兴技术风靡全球并迅速占领无线市场。2007 年，乔布斯发布第一代 iPhone，拉开了智能手机的序幕。2011 年以后，各大智能手机品牌百家齐放。有相当一部分人拥有一部以上的手机。

任务 2　正线信号设备故障现场处置

正线信号轨旁设备比较多，在这里，正线信号轨旁设备特指联锁设备、计轴设备和转辙机。

2.1　联锁系统故障

联锁指为了保证铁路车站行车和调车作业的安全，在信号机、道岔和进路之间通过技术手段建立的相互制约关系。

联锁系统由 6502 电气集中联锁系统和计算机联锁系统，但是目前 6502 电气集中联锁系统几乎被淘汰，在城市轨道交通当中，大多数采用计算机联锁系统。计算机联锁系统的类型有很多，目前在城市轨道交通当中一般正线上使用比较多的有 Microlok Ⅱ 型联锁系统、iLOCK 型计算机联锁系统、EI32-JD 型计算机联锁系统等，车辆段使用比较多的有 TYJL-Ⅱ、iLOCK、BiLOCK 等型号，还有厂家自研的多种计算机联锁系统。

2.1.1　正线联锁设备故障

1. 现象及影响

正线联锁系统故障，会影响本集中站管辖区的信号设备正常使用。故障区域内出现地面信号无显示、道岔无表示、列车无法正常获得速度码等现象。

2. 正线联锁系统故障处置流程

正线系统故障处理流程图如图 4-2 所示。

1）正线 Microlok Ⅱ 联锁系统故障处置流程

接报正线某联锁区联锁系统故障后，队员（信号检修员 B）准备应急工器具，队员（信号检修员 A）应立即前往该站车控室，通过 ATS 上的报警信息以及故障现象对故障类型、故障影响范围进行初步判断，同时将故障情况汇报给队员（信号检修工长/副工长）及队员（信号工程师），然后前往信号设备室查看联锁机状态，判断联锁机供电是否正常，查看联锁机是否切换至备机，如备机正常工作，则夜间申请临时施工点对故障进行修复，如主、备机都故障，查看联锁机采集是否正常，如不正常进行修复，如采集正常，对联锁机进行重启，如重启后故障仍未恢复，查看联锁机各板卡工作状态，根据指示灯显示判断故障板卡，用备用板卡进行更换，直至故障彻底恢复。

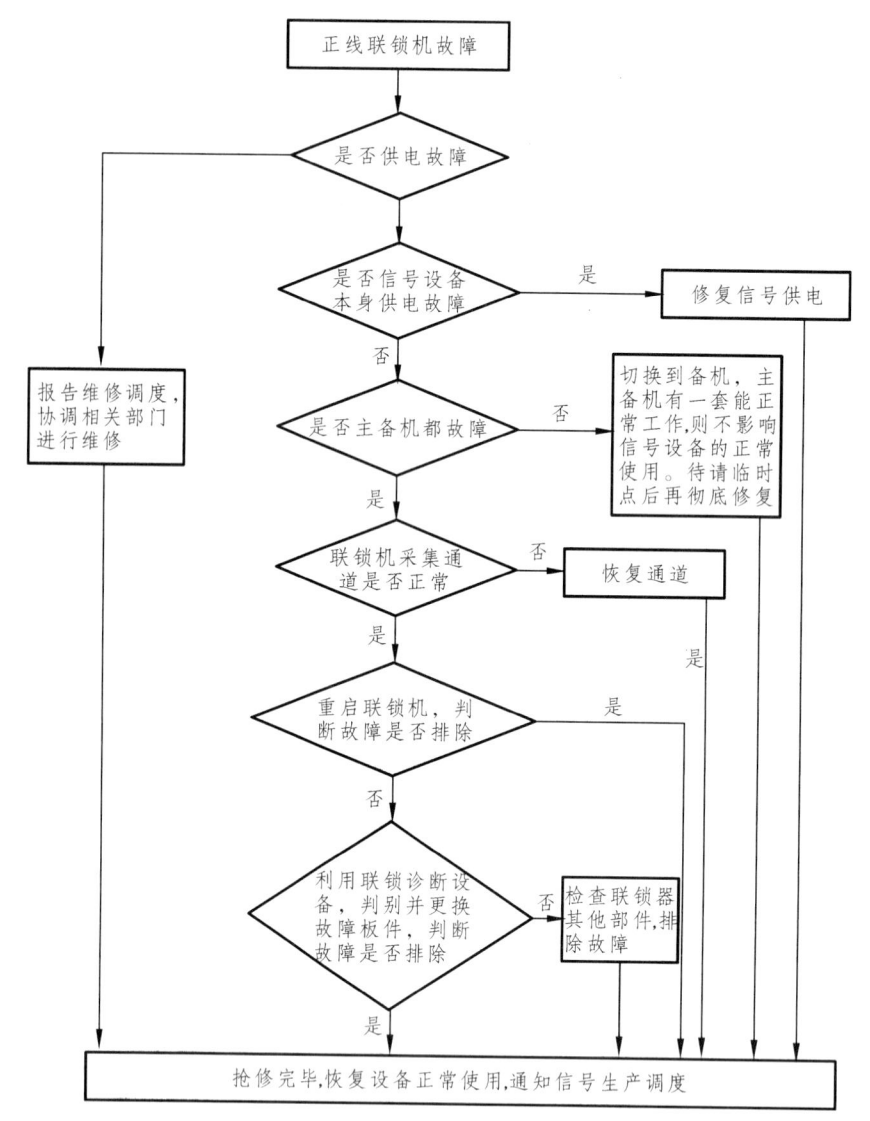

图 4-2 正线系统故障处理流程

2）正线 iLOCK 联锁系统故障处置流程

接报信号 iLOCK 型计算机联锁系统故障，队员（信号检修员 B）准备应急工器具，队员（信号检修员 A）应立即前往车控室查看 HMI 状态，根据 HMI 显示的故障报警对故障类型、故障影响范围进行初步判断，同时将故障情况汇报给队员（信号检修工长/副工长）及队员（信号工程师），然后前往信号设备室查看联锁 A/B 机、SDM 状态。按"先通后复"原则用最快的方式处理故障，首先判断是否正常切换至备机工作，如备机正常工作联锁功能正常，则夜间申请临时施工点对故障进行修复，如主、备机都故障，确认信号设备供电正常后分别依次重启联锁 A/B 机、SDM，如重启后故障仍未恢复，查看 SDM 网络状态、诊断记录及联锁机各板卡工作状态，根据指示灯显示判断故障板卡，用备用板卡进行更换，直至故障彻底恢复。

3）正线 EI32-JD 联锁系统故障处置流程

接报信号 EI32-JD 型计算机联锁系统故障，队员（信号检修员 B）准备应急工器具，队员（信号检修员 A）应立即前往车控室查看现地工作站状态，根据现地工作站显示的故障报警对故障类型、故障影响范围进行初步判断，同时将故障情况汇报给队员（信号检修工长/副工长）及队员（信号工程师），然后前往信号设备室查看联锁 A/B 机、维护工作站状态。按"先通后复"原则用最快的方式处理故障，首先判断是否正常切换至备机工作，如备机正常工作联锁功能正常，则夜间申请临时施工点对故障进行修复，如主、备机都故障，确认信号设备供电正常后分别依次重启联锁 A/B 机、维护工作站，如重启后故障仍未恢复，查看维护工作站网络状态、诊断记录及联锁机各板卡工作状态，根据指示灯显示判断故障板卡，用备用板卡进行更换，直至故障彻底恢复。

2.1.2 案例分析

以下是通号中心关于 2019 年 10 月 24 日××站 ATS 显示 MFA、MFB、PSD 报警故障的分析。

1. 事件经过

10:24 当班人员接通号中心生产调度电话，调度指挥中心维修调度报 10:16 ATS 显示全运路站联锁区通信中断，约 10 s 自动恢复。

10:33 当班人员查看信号设备，发现联锁机 A 机主机主用倒切至备用，初步分析故障点在联锁机 A 机备机上。

10:35 当班人员下载××站联锁机 A 机主、备机日志，并对联锁机日志进行分析、研究，初步判断故障点为联锁机 A 机备机通信板故障，计划申请夜间临时作业令对联锁机 A 机进行故障排查。

2. 调查结果及原因分析

次日 1:10 对联锁机 A 机主机进行测试，联锁机 A 机备机主用时，故障现象浮现。

次日 1:30 对 XXX 站联锁机 A 机备机通信板进行更换，更换结束后，反复试验设备运行正常，确定故障原因为联锁机 A 机主机通信板故障。

综上所述，故障原因为××站联锁机 A 机备机通信板故障，因全运路站联锁机 A 机备机通信板故障导致××站 ATS 显示 MFA、MFB、PSD 报警。

正线联锁为月检，依照检修计划最近一次检修为 10 月 8 日。不存在检修超期未检的情况，人员操作和人员处理符合规范，无问题。

3. 整改及应对措施

（1）每月进行联锁 Events（事件）、Errors（错误）日志下载，分析异常告警信息，进行故障预防性维护工作。

（2）提升正线工班人员分析联锁日志能力。

（3）对原检修规程联锁机带电进行倒切测试（倒切两次），增加一次倒切测试，确保能够及时发现老化故障板卡。

2.2 计轴设备故障

2.2.1 西门子设备故障

1. 故障现象及影响

计轴设备是在正线上用来监督列车位置的一种设备，计轴设备发生故障后，故障区段出现红光带，非折返区段不影响 CBTC 模式列车运行，非 CBTC 列车无法排列经由故障区段的列车进路，已开放的允许信号将转换为禁止信号。

2. 故障处理流程

当计轴设备发生故障时，故障原因有计轴系统室内机柜板卡故障、室外轨道箱电路板故障或车轮传感器损坏等。该种故障不会自行消除，需信号人员进行维修。西门子设备故障处理流程如图 4-3 所示。

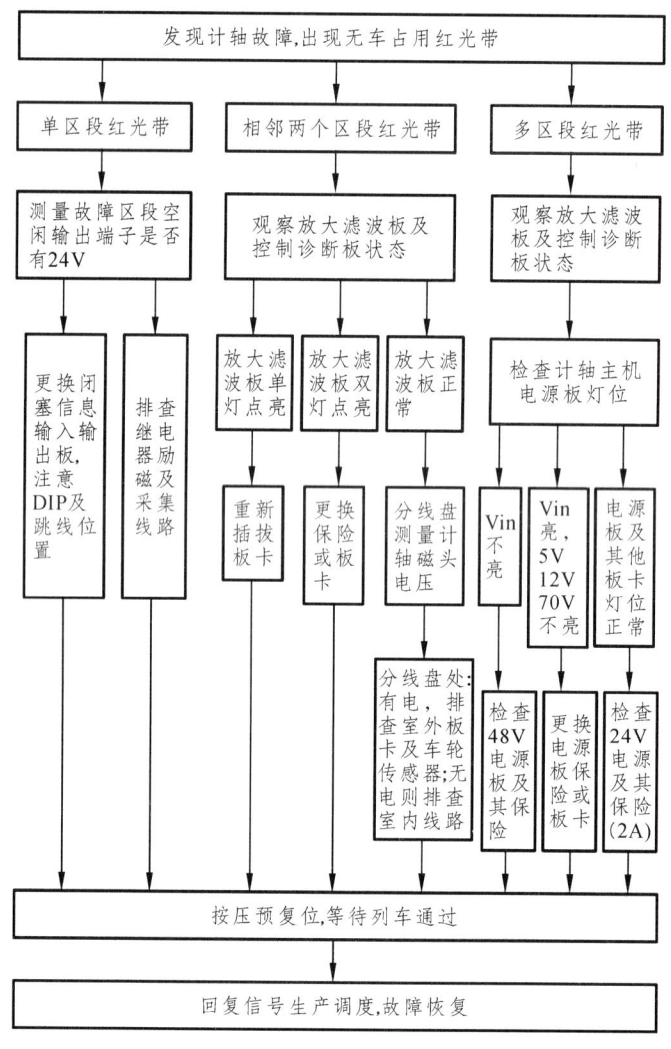

图 4-3 西门子设备故障处理流程

接报区段红光带故障后,队员(信号检修员 B)准备应急工器具,队员(信号检修员 A)应立即前往该站车控室,根据故障现象进行初步判断。

1)若单个区段 GJ 落下

(1)测量空闲输出端子 24 V 直流电是否正常,检查闭塞信息板状态;若无 24 V 直流电,则证明闭塞信息板故障。

(2)若有 24 V 直流电,则排查继电器配线及相关采集电路。

2)若相邻两个区段 GJ 落下

(1)观察计轴主机放大滤波板,控制诊断板灯位状态。

(2)若放大滤波板轮询灯单灯稳定点亮,则重新插拔放大滤波板,按下预复位,待列车通过;若放大滤波板轮询灯双灯稳定点亮,则更换放大滤波板保险或直接更换板卡;分线盘处测量两个区段间计轴磁头电压,若无电压,则对放大滤波板进行更换,若有电压,则判断为室外故障。

(3)控制诊断板 0~5 灯点亮,根据故障代码表进行判断。

3)若多个区段 GJ 落下

(1)如果计轴主机电源板"VIN"不亮,则计轴主机输入电源 48 V 故障,需排查 48 V 电源输入及保险(10 A)熔断情况。

(2)如果计轴主机电源板"VIN"亮,"5 V""12 V""70 V"不亮,则更换计轴主机电源板。

(3)如果计轴主机电源板及其他板卡各灯位正常,则查看 24 V 继电器电源及保险(2 A)熔断情况。

3. 西门子计轴设备故障处理注意事项

(1)严禁触摸电路板上的导线、导体、元件和插头插座。

(2)拿电路板时,应拿电路板的边缘或是前面板,将电路板从计轴主机拔出时,应使用专用工具。

(3)更换闭塞信息输入\输出板前,必须记下故障板卡的 DIP 开关及跳线位置,备件的 DIP 开关及跳线应与原板卡一致。

(4)在故障处理过程中,数据处理板 PAB 灯点亮,则直接进行重启计轴单元操作。重启计轴单元时,须确保所影响的计轴区段无列车通过。

2.2.2 泰雷兹计轴设备故障

1. 故障处理流程

故障原因有计轴系统室内机柜板卡故障、室外电子单元盒板卡故障或车轮传感器损坏等。该种故障不会自行消除,需信号人员进行维修。故障处理流程如图 4-4 所示。

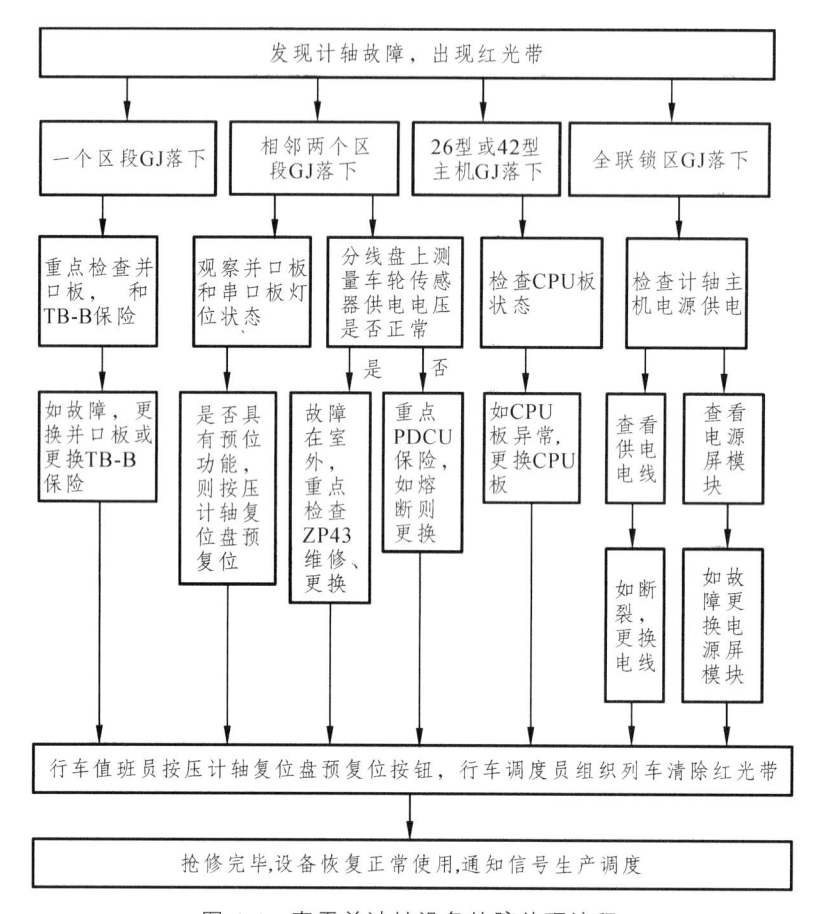

```
                    发现计轴故障，出现红光带
        ┌──────────────┬──────────────┬──────────────┐
   一个区段GJ落下   相邻两个区段   26型或42型    全联锁区GJ落下
                    GJ落下         主机GJ落下
        │              │              │              │
   重点检查并      观察并口板     分线盘上测量   检查CPU板   检查计轴主
   口板，和        和串口板灯     车轮传感器    状态        机电源供电
   TB-B保险        位状态         供电电压
                                  是否正常
                                  是 / 否
   如故障，更      是否具有预     故障在室外，  如CPU板    查看供    查看电
   换并口板或      位功能，则     重点检查      异常，更    电线      源屏模
   更换TB-B        按压计轴复     ZP43维修、    换CPU板               块
   保险            位盘预复位     更换          重点PDCU
                                                保险，如熔
                                                断则更换
                                                           如断裂，   如故障
                                                           更换电线   更换电
                                                                     源屏模块
        └──────────────┴──────────────┴──────────────┘
        行车值班员按压计轴复位盘预复位按钮，行车调度员组织列车清除红光带
                    │
        抢修完毕，设备恢复正常使用，通知信号生产调度
```

图 4-4　泰雷兹计轴设备故障处理流程

接报区段红光带故障后，队员（信号检修员 B）准备应急工器具，队员（信号检修员 A）应立即前往该站车控室，根据故障现象进行初步判断，若单个区段 GJ 落下，检查并口板状态，如故障进行更换；若相邻两个区段 GJ 落下，观察并口板灯位和串口板检测点通信灯是否正常，分线盘上测量车轮传感器供电电压是否正常，区分室内外故障，如确定是室内故障，可在运营期间联系行车调度员进行处理，如确定是室内并口板或串口板故障，需更换对应板卡。如确定是室外故障，需停运后对室外设备进行处理。若多个区段 GJ 落下，检查计轴主机 CPU 板状态，计轴主机供电是否正常，如 CPU 板故障需进行更换。如计轴主机供电异常，需检查计轴主机供电电源。

泰雷兹计轴设备直接复位操作：同时旋转与按压相对应故障区段并口板上的钥匙和按钮，时间为 0.5～6 s，启用直接复位功能。

2. 泰雷兹计轴设备故障处理注意事项

（1）严禁反复按压预复位按钮时，按压预复位按钮时间应为 0.5～6 s。

（2）拿电路板时，应拿电路板的边缘或前面板，将电路板从计轴主机拔出时，应使用专用工具。

（3）更换 CPU 板时，必须找到与原版本相同的程序卡放置 CPU 板内，再进行更换。

（4）运营期间原则禁止使用直接复位功能。如调度要求使用直接复位功能时，必须与行车调度人员确认故障相对应的区段无车后，再进行操作。

2.2.3 科安达计轴设备故障

1. 故障现象及影响

由于城市轨道交通信号没有统一的标准，所以计轴区段故障时，在控制台上的显示也不尽相同，有的地铁上显示棕光带，有的显示红光带。

1）故障区段为无岔区段

在 ZC、联锁及 ATS 设备工作正常的前提下，该故障区段在现地工作站上显示为棕光带或红光带。此时不影响 CBTC 列车和点式通信车在该区段的连续通过；不影响故障后第一列非通信车通过该区段，当第一列非通信车通过后，可能影响后续 CBTC 车、点式通信车和非通信列车的通过，棕光带或红光带不能复位。为保证运营，规避复位失败的风险，必须要使用有通信的列车进行压过受扰区段来配合复位操作。

2）故障区段内有道岔

（1）故障区段显示为棕光带或红光带，若邻近区段无车占用，在 CBTC 模式下，道岔可正常扳动，进路可正常排列。

（2）若邻近区段有车占用，ZC 判断故障区段有车占用，则道岔不可再扳动。但是，由于进路已经提前触发，道岔已经处于规定位置，信号为开放，所以，对正常的列车折返没有任何影响。

2. 故障处理流程

科安达计轴设备故障处理流程如图 4-5 所示。

1）计轴磁头受扰故障

计轴受扰并非计轴设备自身故障，造成计轴受扰的原因有失电后恢复供电、非列车轮对铁磁设备对车轮传感器干扰等。

当队员（信号检修员）接到故障报修后，应立即前往该站车控室，通过 ATS 界面上显示初步判断故障影响及处置方式，如果是非岔区受扰，由行车调度员与相关车站确认故障区段空闲后，行车调度员命令车站行车值班员进行计轴受扰区段的预复位操作，再安排列车通过受干扰区段清除棕光带。

如果是岔区受扰，如果道岔位置与所需进路不一致，则需站务人员手摇道岔至正确位置并密贴，加钩锁器锁闭。行车调度员与相关车站确认故障区段空闲后，行车调度员命令车站行车值班员进行计轴受扰区段的预复位操作，安排列车通过受干扰区段清除棕光带。如故障未恢复，则需要等待信号人员到现场查找处理故障。

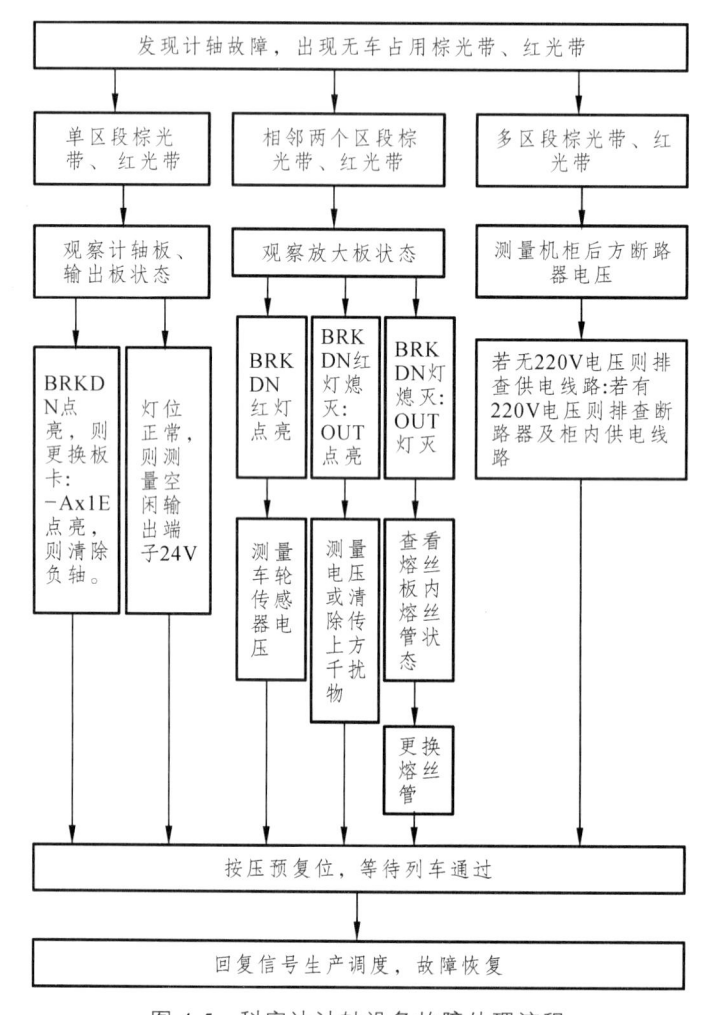

```
                发现计轴故障,出现无车占用棕光带、红光带
                        │           │           │
              ┌─────────┘           │           └─────────┐
              ▼                     ▼                     ▼
        单区段棕光              相邻两个区段棕          多区段棕光带、红
        带、红光带              光带、红光带            光带
              │                     │                     │
              ▼                     ▼                     ▼
        观察计轴板、            观察放大板状态          测量机柜后方断路
        输出板状态                                      器电压
              │                     │                     │
         ┌────┴────┐         ┌──────┼──────┐              ▼
         ▼         ▼         ▼      ▼      ▼        若无220V电压则排
    BRKD       灯位      BRK    BRK    BRK     查供电线路;若有
    N点        正常,     DN     DN红    DN灯    220V电压则排查断
    亮,则      则测      红灯    灯熄    熄灭:    路器及柜内供电线
    更换板     量空      点亮    灭:     OUT     路
    卡;        闲输             OUT    灯灭
    -AxlE      出端              点亮
    点亮,      子24V
    则清除                 ▼      ▼      ▼
    负轴。                测量   测量   查看
                          车轮   电压   熔丝
                          传感   清除   板熔
                          器电   传感   管状
                          压     上方    态
                                 干扰
                                 物      ▼
                                       更换
                                       熔丝
                                       管
              │           │           │
              └───────────┼───────────┘
                          ▼
                按压预复位,等待列车通过
                          ▼
                回复信号生产调度,故障恢复
```

图 4-5　科安达计轴设备故障处理流程

如受扰区段不影响行车,可暂不处理,待运营结束后,由信号维修人员处理。

2）计轴设备本身故障

故障原因有计轴系统室内机柜板卡故障、室外轨道箱配线或车轮传感器故障等。该种故障不会自行消除,需信号人员进行维修。

接报区段棕光带或红光带故障后,队员（信号检修员 B）准备应急工器具,队员（信号检修员 A）应立即前往该站车控室,根据故障现象进行初步判断。

（1）单区段无车占用棕光带或红光带:

① 查看室内计轴输出板、计轴板灯位状态:BRKDN 点亮则更换板卡;-AxlE 点亮则按压 RESET 按钮,清除负轴状态。

② 若板卡灯位均正常,则测试机柜后方空闲输出端子是否有 24 V 电压:

若无 24 V 直流电压,则更换输出板;若有 24 V 直流电压,则排查电路及采集线路。

（2）相邻两个区段无车占用棕光带或红光带：

查看室内计轴放大板灯位状态，根据灯位显示进行处理，同时在分线盘处测量车轮传感器电压，根据电压判断故障类型（见表4-1）。

表4-1 根据车轮传感器电压判断故障类型

电压值 U/V	故障类型
8.39≤ U≤9.96	车轮传感器占用
9.75≤ U≤10.25	车轮传感器开路
0≤ U≤5.29	车轮传感器离轨

（3）多区段无车占用棕光带或红光带：
① 查看室内计轴机柜电源板灯位状态。
② 测量机柜后方断路器电压值。
（4）整个联锁区计轴故障：
① 报信号专业人员，确认是计轴主机故障时，要求立即组织抢修。
② 如果是全区棕光带显示，对 CBTC 列车运行无影响，注意监控好列车无线定位的位置显示。
③ 如果是全区显示棕光带或红光带，则必须采用站间电话联系法，人工办理闭塞来组织行车。此时，需人工下线路手摇道岔办理进路。

3. 科安达计轴直接复位操作流程

科安达计轴直接复位操作流程如图4-6所示。

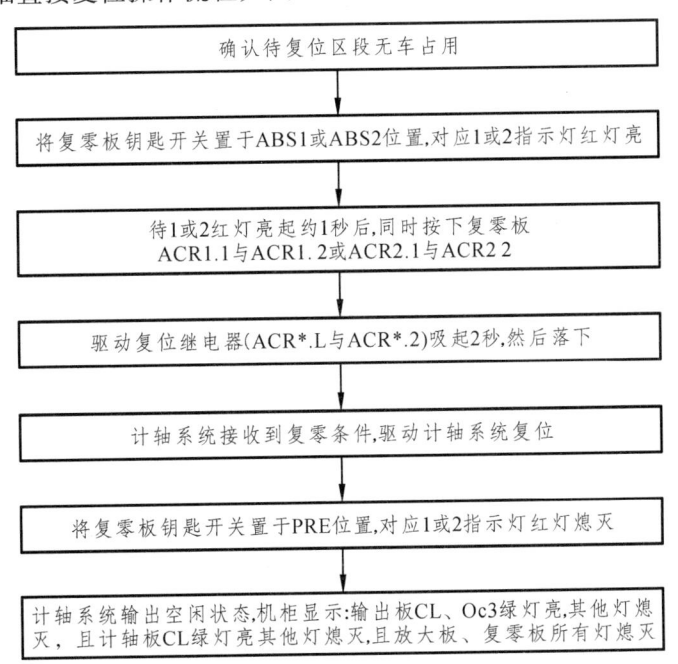

```
确认待复位区段无车占用
        ↓
将复零板钥匙开关置于ABS1或ABS2位置,对应1或2指示灯红灯亮
        ↓
待1或2红灯亮起约1秒后,同时按下复零板
ACR1.1与ACR1.2或ACR2.1与ACR2.2
        ↓
驱动复位继电器(ACR*.1与ACR*.2)吸起2秒,然后落下
        ↓
计轴系统接收到复零条件,驱动计轴系统复位
        ↓
将复零板钥匙开关置于PRE位置,对应1或2指示灯红灯熄灭
        ↓
计轴系统输出空闲状态,机柜显示:输出板CL、Oc3绿灯亮,其他灯熄灭,且计轴板CL绿灯亮其他灯熄灭,且放大板、复零板所有灯熄灭
```

图4-6 科安达计轴直接复位操作流程

2.2.4 案例分析

通号中心关于 5 月 21 日 A 站至 B 站计轴区段无车占用红光带故障的说明如下。

1. 事件经过

5 月 21 日 22:47 调度报 A 站至 B 站下行区间 T1601、T1603 区段无车占用红光带（见图 4-7），工班人员到达现场后查看该计轴设备发现 C1601 磁头点放大滤波板单通道受扰，经工班人员对计轴主机进行重启，故障区段预复位成功，待打磨车压过后故障恢复。

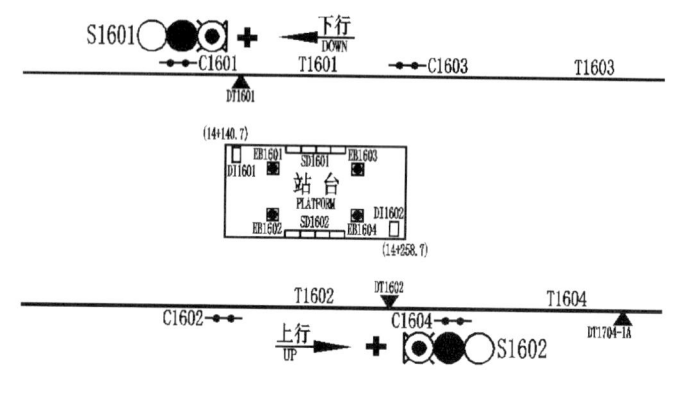

图 4-7 故障界面

2. 调查结果及原因分析

5 月 21 日 T1601、T1603 区段故障恢复后，信号工班立即组织人员对该区段计轴故障进行分析，分析结果为因计轴磁头 C1601 磁头点单通道受扰导致的无车占用红光带（见图 4-8），现场处理人员在按压预复位未成功后对该计轴主机进行重启，待打磨车车压过后红光带消失，故障恢复。

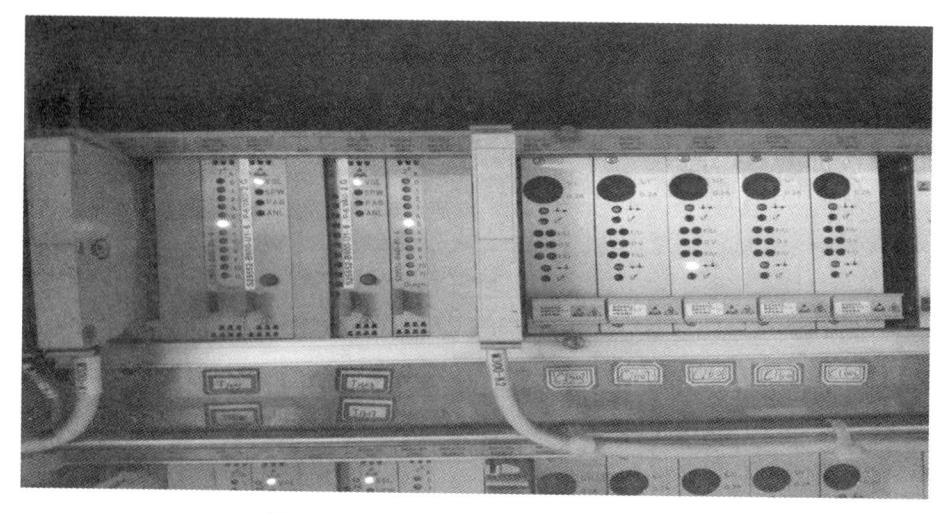

图 4-8 C1601 放大滤波板单通道受扰

正线计轴为半年检，依照检修计划最近一次检修为室外计轴设备 2019 年 5 月 4 日，室内计轴设备为本年六月份进行半年检，不存在检修超期未检情况，人员操作和人员处理符合规范。

3. 整改及应对措施

（1）针对 C1601 偶发性磁头单通道受扰，工班将安排人员巡检过程中注意观察设备运行情况。

（2）在半年检中注重检查此磁头点的设备运行状态。

2.3 正线转辙机故障

转辙机是用来转换道岔位置，转换到位时并将道岔锁在规定位置，防止外力转换道岔。在城市轨道交通当中，一般正线上使用 ZDJ9A/B 型电动转辙机，有时还会采用双机牵引，车辆段一般使用 ZD6-D 型电动转辙机，大多数为单机牵引。

2.3.1 故障现象及影响

当车站行车值班员或者行车调度员在 ATS 及 LCW 上发现道岔失去表示，不能正常转换，并经过多次试验后仍不能恢复正常，而其他信号设备状态均正常时，可初步判断为道岔转辙机发生故障。正线转辙机发生故障后，可能产生列车紧急停车、进路无法排列等影响。

2.3.2 故障处置流程

正线转辙机故障的处置流程如图 4-9 所示。

故障发生后，队员（信号检修员 B）准备好材料、工器具和通信工具，及时赶赴故障现场。队员（信号检修员 A）到达后进行初步判断，确认故障影响范围，同时将故障情况汇报给队员（信号检修工长/副工长）及队员（信号工程师），通过在分线盘测量电压值判断故障地点。如故障在室内，则尽快组织修复；如果故障在室外，需下轨行区进行故障处理，则按规定办理作业手续，做好安全防护，按抢修流程进行抢修。完成作业后，确保人员、工具和材料出清轨行区；如需工电中心配合作业，则通过信号生产调度通知工电中心抢修人员配合。

2.3.3 转辙机故障处理注意事项

（1）在道岔设备上进行更换配件、钢轨钻孔等轨行区作业时，必须两人以上操作并做好防护，注意及时避让列车。

（2）操纵道岔前，须保证人员处于安全位置，双动道岔须确认两端辙叉处无障碍物。

（3）故障处理完毕后，应对转辙机进行定反位操作实验，确保室内外显示一致，并且确保尖轨与基本轨密贴达到标准。

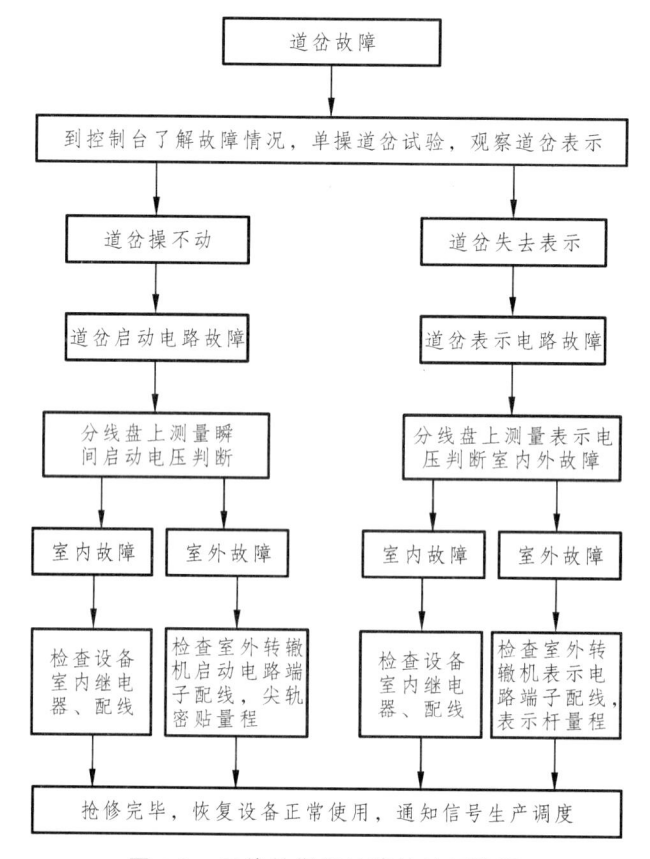

```
                        ┌──────────────┐
                        │   道岔故障    │
                        └──────┬───────┘
                               ↓
              ┌─────────────────────────────────────┐
              │ 到控制台了解故障情况，单操道岔试验，观察道岔表示 │
              └──────┬──────────────────────┬───────┘
                     ↓                      ↓
              ┌──────────┐          ┌──────────┐
              │ 道岔操不动 │          │ 道岔失去表示│
              └─────┬────┘          └─────┬────┘
                    ↓                     ↓
            ┌──────────────┐     ┌──────────────┐
            │ 道岔启动电路故障│     │道岔表示电路故障│
            └──────┬───────┘     └──────┬───────┘
                   ↓                    ↓
          ┌───────────────┐    ┌──────────────────┐
          │分线盘上测量瞬   │    │ 分线盘上测量表示电 │
          │间启动电压判断   │    │压判断室内外故障    │
          └──┬─────────┬──┘    └──┬────────────┬─┘
             ↓         ↓          ↓            ↓
         ┌──────┐  ┌──────┐   ┌──────┐    ┌──────┐
         │室内故障│  │室外故障│   │室内故障│    │室外故障│
         └──┬───┘  └──┬───┘   └──┬───┘    └──┬───┘
            ↓         ↓          ↓           ↓
         ┌──────┐ ┌────────┐  ┌──────┐  ┌────────┐
         │检查设备│ │检查室外转│  │检查设备│  │检查室外转│
         │室内继电│ │辙机启动电│  │室内继电│  │辙机表示电│
         │器、配线│ │路端子配线│  │器、配线│  │路端子配线，│
         │       │ │，尖轨密贴│  │       │  │表示杆量程 │
         │       │ │量程     │  │       │  │          │
         └───┬──┘ └────┬───┘  └──┬───┘  └────┬───┘
             └─────────┴──────────┴───────────┘
                              ↓
              ┌─────────────────────────────┐
              │抢修完毕，恢复设备正常使用，通知信号生产调度│
              └─────────────────────────────┘
```

图 4-9 正线转辙机故障的处置流程

（4）如需进入轨行区必须按规定流程办理作业手续，做好安全防护后方可进入轨行区。

（5）信号抢修人员接到折返站道岔失表故障时，统一听从调度指挥，与站务人员一同进入轨行区查看设备状态。

2.3.4 案例分析

通号中心关于 2019 年 8 月 21 日 XXX 站 W5201、W5203 号道岔定位红闪故障的说明如下。

1. 事件经过

0:40 信号 2 部 XXX 工班配合工务 2 部对 XXX 站 W5203 号道岔进行道岔检修作业，并将 W5203 号道岔杆件拆卸，作业令号为 2A2-20-07。

3:45 工班人员对 W5203 号道岔杆件安装完毕，并对 W5203 号道岔进行测试，测试过程中发现 W5203/W5201 号道岔定位红闪失表。

3:47 在轨行区工班人员对 W5203 号道岔进行检查，未发现机械存在卡阻问题，怀疑电路问题。

3:58 工班人员将此情况向工班长李某进行汇报。

4:10 工班人员对 W5203 号道岔电路进行查找，未发现问题。

4:35 工程师崔某、工班长李某、副工长高某分别到达现场，对现场技术指导。

4:40 经测试表示电路，判断故障点在 W5201 号道岔位置。

4:45 进入轨行区，对 W5201 号道岔转辙机进行查看，发现 W5201 号道岔转辙机内部有潮气，并且接点伴有水珠。

4:50 经对 W5201 号道岔转辙机电路进行测试发现电压低于正常参数 64V，怀疑因转辙机内部潮气较大造成的故障。

5:00 对 W5201 号道岔转辙机内部水珠进行擦拭，并且进行参数测试，电压参数正常，室内 W5201 号道岔定位表示继电器吸起。

5:08 对 W5201 号道岔进行搬动测试，定反位表示正常。

2. 调查结果及原因分析

经过调查，故障原因为 W5201 号道岔转辙机内部受潮，造成接点接触不良电压偏低，导致 W5201 号道岔定位失表，而当日凌晨蒲田路工班只在 W5203 号道岔处配合工务 2 部进行道岔检修，未对 W5201 号道岔进行检修，所以不存在因施工原因造成的 W5201/W5203 号道岔定位红闪故障。

正线非折返转辙机为月检，依照检修计划最近一次检修为 8 月 1 日。不存在检修超期未检情况，人员操作和人员处理符合规范，无问题。

3. 整改及应对措施

（1）夜间申请临时作业令，更换 W5201 号道岔转辙机。

（2）提升正线工班人员分析转辙机故障能力。

（3）在每年汛期（7月—9月），每月增加 1 次转辙机密封情况专项巡检工作，确保转辙机状态正常。

任务 3　车辆段信号设备故障现场处置

车辆段信号设备主要包括联锁设备、轨道电路、转辙机和信号机，这里主要介绍前三种设备的故障处置流程。

3.1　车辆段联锁系统故障

3.1.1　场段联锁系统故障现象及影响

车辆段联锁系统故障，会导致车辆段信号设备不能正常工作，如控制台屏幕显示不正常、地面信号无显示、道岔无表示、进路不能排列、影响场段正常收发车及调车等作业等故障。

3.1.2 段联锁系统故障处置流程

车辆段联锁系统故障处理流程如图4-10所示。

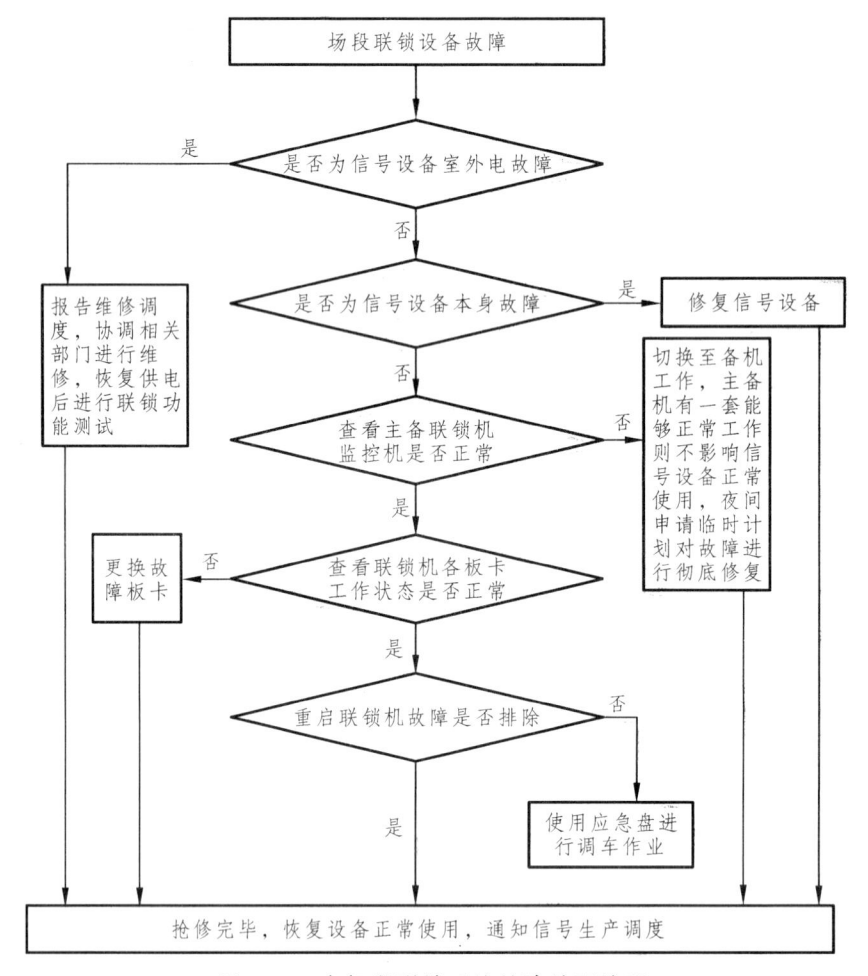

图4-10 车辆段联锁系统故障处理流程

接报信号场段联锁系统故障，队员（信号检修员 B）准备应急工器具，队员（信号检修员 A）应立即前往信号楼查看控制台状态，根据控制台显示的故障报警对故障类型、故障影响范围进行初步判断，同时将故障情况汇报给队员（信号检修工长/副工长）及队员（信号工程师），然后前往信号设备室查看监控机、联锁机状态，按"先通后复"原则用最快的方式处理故障，首先判断是否正常切换至备机工作，如备机正常工作联锁功能正常，则夜间申请临时施工点对故障进行修复，如主、备机都故障，确认信号设备供电正常后分别依次重启联锁 A/B 机，监控 A/B 机，如重启后故障仍未恢复，查看联锁机各板卡工作状态，根据指示灯显示判断故障板卡，用备用板卡进行更换，直至故障彻底恢复；如重启后故障未修复且场段需要进行调车作业及收发车作业时可紧急启动应急盘。

3.2 轨道电路故障处置流程

在城市轨道车辆段/停车场，车-地之间不需要传递行车信息，一般使用轨道电路用来监督列车的位置。

3.2.1 故障现象及影响

发生此故障时，在联锁机控制台屏幕上相应区段会出现异常显示，无法建立相关进路。

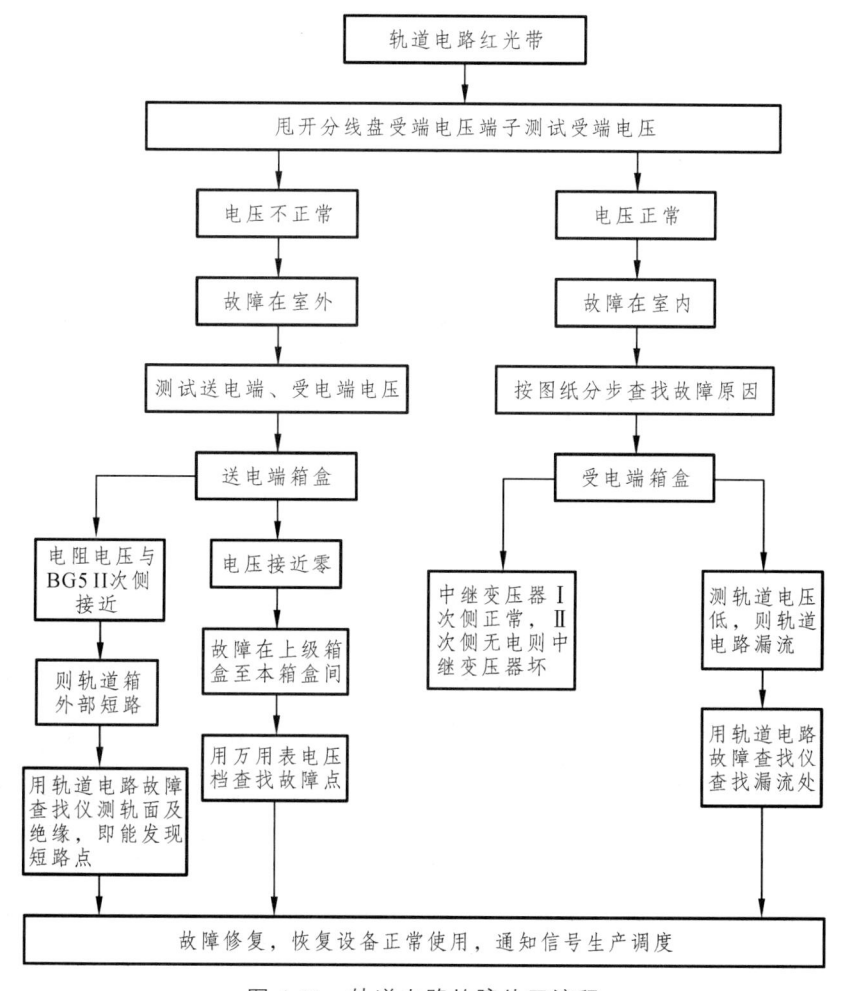

3.2.1 轨道电路故障处置流程

轨道电路故障处置流程如图 4-11 所示。

图 4-11 轨道电路故障处置流程

接报信号车辆段/停车场轨道电路故障，队员（信号检修员 B）准备应急工器具，检修员 A 应立即前往控制台了解故障情况，确定故障影响范围，通过观察光带颜色初步判断故障情况汇报给队员（信号检修工长/副工长）及队员（信号工程师）。

随后队员（信号检修员 B）应携带电流表前往分线盘处，通过甩线的方式对回楼电压和送电端电压进行测量，通过测量的电压值判断故障位置，若故障点在室内，按图纸分布查找故障原因，若故障点在室外，需进入轨行区进行处理，应立刻办理施工手续，做好安全防护，准备好工器具和通信工具，进入轨行区进行故障处理，测量送电端和受电端变压器一次侧、二次侧电压、轨面电压、限流电阻电压，判断故障类型和位置，如是断路故障，使用万用表电压挡查找故障点，如是短路故障，通过甩线或使用轨道电路故障查找仪查找短路点并进行修复。

3.2.3 轨道电路故障注意事项

（1）处理轨道电路故障时，必须使用绝缘工具。

（2）轨道电路故障原因未查清楚前，严禁采用调高送电端电压方式处理故障，防止轨道占用状态下显示区段空闲。

3.2.4 案例分析

关于 5 月 19 日某车辆段 4BG 无车占用红光带的调查报告如下。

1. 事件概述

2021 年 5 月 19 日 15:46 工班接调度电话报某车辆段 4BG 无车占用红光带。

15:48 工班人员到达信号楼查看故障现象，ATS 界面显示 4BG 紫光带，同时工班人员通过 MSS 查看 4BG 轨道电压曲线，发现 13:46 左右 4BG 轨道电压由 22 V 骤降至 2 V 左右（见图 4-12）。

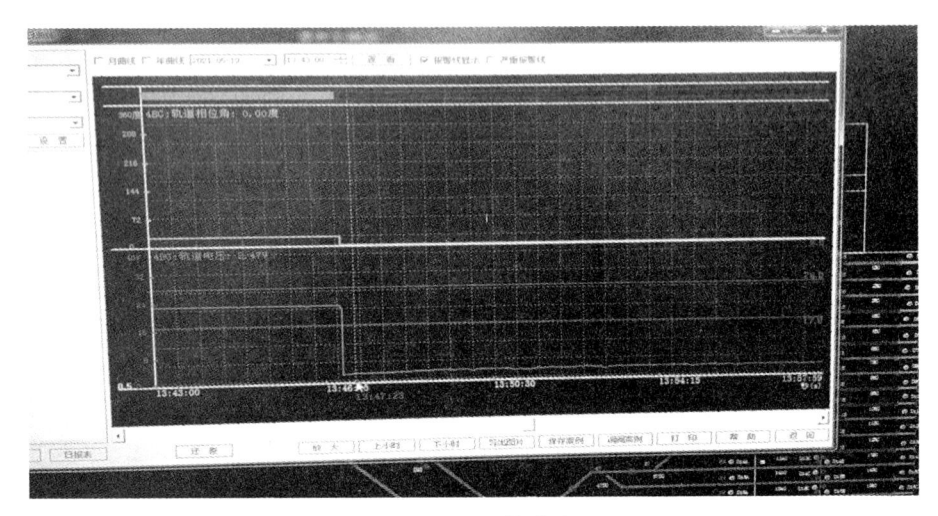

图 4-12　4BG 轨道电压

15:50 查看 4BG 继电器状态，GJ 落下。
15:51 工班人员携带抢修工具前往库内。

16:04 现场打开轨道箱盒发现 1 A 断路器跳闸（见图 4-13）。

图 4-13 断路器跳闸

16:08 将断路器合闸，询问信号楼，该区段仍然红光带。

16:10 测量电压：送电端一次侧为 212 V，二次侧为 5.5 V，限流电阻两端电压为 4.8 V，轨面电压为 0.58 V；受电端一次侧为 0.06 V，二次侧为 3.9 V，限流电阻两端电压为 0.45 V，轨面电压为 0.52 V。

16:15 对钢轨进行检查。

16:45 对轨端绝缘节进行检查，发现绝缘节处有铁毛刺（见图 4-14）。

图 4-14 绝缘节处有铁毛刺

16:48 询问室内，4BG 此时红光带。

16:49 将铁毛刺拨开，询问室内，4BG 红光带消失，测量电压，电压值恢复到正常状态，轨面电压为 3.2 V，限流电阻两端电压为 2.3 V（见图 4-15）。

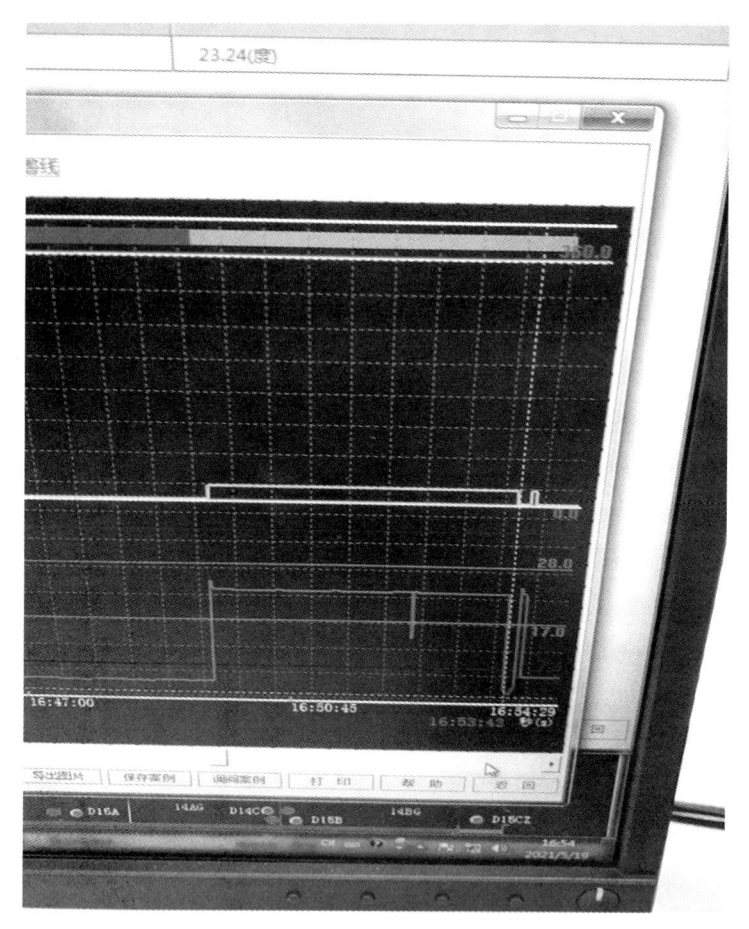

图 4-15 电压值恢复正常

16:53 为模拟故障现象，再次将铁毛刺搭接，4BG 再次出现红光带，测量电压，恢复前电压值相同；多次模拟，均出现相同现象。

17:20 确认此次 4BG 无车占用红光带原因为钢轨轨端有铁毛刺短接在 4AG，造成短路，导致 ATS 界面出现紫光带。

17:35 回复调度故障原因。

2. 事件影响

故障发生在运用库内 B 段，未对运营车造成影响。

3. 原因分析

故障原因为 4BG 轨端绝缘节处钢轨有铁毛刺，造成短路，导致 ATS 界面出现紫光带。

4. 处理措施

对铁毛刺进行去除。

5. 整改措施

由于近期出现两次该区段故障，工班人员进行进一步排查：

（1）联合工务对轨端绝缘节拆卸进行查看，未发现绝缘破损现象，去除钢轨毛刺。

（2）将正常运行的 3BG 箱盒内的变压器，限流电阻，节能器，与 4BG 内的对调，对调后 3BG、4BG 均正常。

（3）检查 4BG 上级电缆绝缘，对 4BG 的 GJZ，GJF 电缆进行检查，2 根电缆间绝缘良好，对地绝缘良好。

（4）对 4BG 箱盒内部配线拆开检查，未发现破损，绝缘测试良好。

（5）将断路器断开，测量各元件电压，未发现有外电混入。

（6）工班人员利用 MSS 每 2 小时对 4BG 轨道电压曲线进行查看，如有异常应及时处理。

（7）组织工班人员对全场范围内轨道绝缘节处进行排查，发现不良处及时联系工务进行处理。

3.3 ZD6-D 型电动转辙机故障处置流程

接报信号车辆段/停车场转辙机故障，队员（信号检修员 B）准备应急工器具，队员（信号检修员 A）应立即前往控制台了解故障情况，进行单操道岔试验，观察道岔电流表指针状态、道岔表示，判断故障类型，通过在设备室观察继电器动作状态对故障进一步作出判断，同时将故障情况汇报给队员（信号检修工长/副工长）及队员（信号工程师）。

随后，队员（信号检修员 B）应携带万用表前往分线盘处，通过在分线盘测量电压值判断故障地点，若故障点在室外，需进入轨行区进行处理，应立刻办理施工手续，做好安全防护，准备好工器具和通信工具，进入轨行区进行故障处理。在抢修过程中需及时将故障原因、修复方案和故障影响反馈给车场调度；如需工务部配合作业，则通知信号生产调度协调。如果在故障抢修期间需要行车，由信号楼值班人员到现场人工将道岔手摇至正确位置并密贴，确认道岔位置正确后加钩锁器。

故障处置注意事项同轨道电路故障。

任务 4　列车运行防护设备故障现场处置

由于列车防护设备的厂家有很多，设计理念有所区别，这里主要以浙江众合科技有限公司的信号系统产品为主，列车防护设备主要车载控制器 CC、ATP 和外围设备，外围设备又包括转速计（速度传感器）、数字加速度计和模拟加速度计、信标读取器和天线、司机操作显示单元 TOD 和车载移动通信设备 MR 和天线等。

4.1 故障现象及影响

如果单列车上的硬件（如车载计算机、速度传感器、加速度计等）发生故障，可能会触发 EB 或 FSB，司机应按相关规定处理，如果无法恢复正常运行，需要降级到 NRM 模式运行，将影响运营效率。

如果轨旁列车运行防护设备（如 ZC、无线 AP、信标等硬件）发生故障，可能导致在一个或多个区段内列车无法与轨旁建立通信，或得不到移动授权、无法获得速度码，无法建立 ATO、ATP 或者 IATP 模式，需要调整运营组织模式，可能会影响行车间隔。

4.2 故障处置流程

列车运行防护设备故障处置流程如图 4-16 所示。

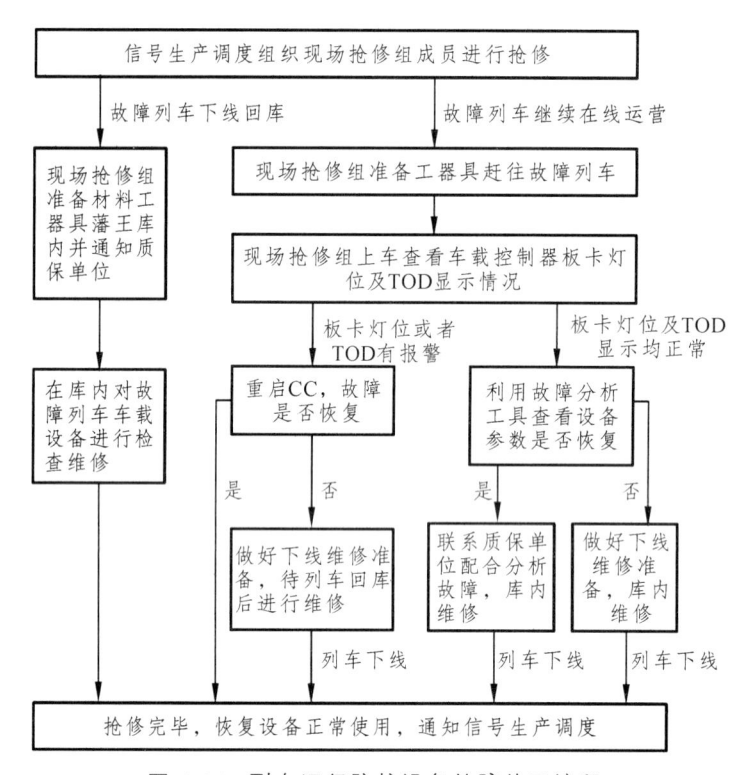

图 4-16 列车运行防护设备故障处置流程

4.2.1 单列车发生故障处置流程

接报信号车载故障，队员（信号检修员 B）准备应急工器具，队员（信号检修员 A）应详细了解故障现象、时间、地点、车体号，并准备工器具、备件在就近地点登乘故障列车。登乘后根据车载设备显示对故障类型、故障影响范围进行初步判断，同时将故障情况汇报给队员（信号检修工长/副工长）及队员（信号工程师）。

根据板卡指示灯显示判断故障原因是否为板卡死机造成，如确定为死机造成，则对车载计算机（CC）进行重启，查看设备是否恢复正常，如板卡依旧显示故障状态，则用备用板卡进行更换，直至故障彻底恢复。

由于速度传感器、查询应答器主机故障在正线不具备处理条件，判定上述故障原因后应及时回复行车调度员，如行车调度员决定将故障列车下线进行维修，不继续承担运营任务，信号抢修组应及时做好在库内抢修准备，同时准备好抢修工具及备件。

4.2.2　多列车发生故障处置流程

故障发生后，由就近的信号正线检修工长、信号车载检修工长和相关队员（信号工程师）携带抢修材料和工器具前往故障地点进行抢修，通过 FTM 判断故障地点，查看故障设备板卡灯位显示状态，由抢修组对设备进行维修。

4.3　设备故障处理注意事项

（1）重启车载机柜时，断开后再闭合的间隔不小于 40 s。
（2）车载机柜不得带电插拔板卡。
（3）不可用力强行插拔板卡，如遇阻力，须先查明原因，排除后再插拔。
（4）进行车下设备维护时，维护人员必须佩戴安全帽、防砸鞋、反光背心，并在列车两端放置红闪灯，防止其他人员进行升弓作业。

4.4　案例分析

通号中心关于 2022 年 1 月 12 日 202 车加速度计故障的调查报告如下。

1. 事件概述

2022 年 1 月 12 日 8:26，10904 次/202 车在××站上行站台出站后列车定位丢失触发 EB，缓解后只能以 NRM 模式运行。造成该车××站上行站台累计发车延误 2 分 15 秒。故障处置流程如下：

8:28 二号线车载工班接到通号调度故障通知，通过查看后台监控 202 车 6 车端车载测速系统工作异常（见图 4-17），建议下线。

8:37 二号线车载工班联系调度建议不要尝试重启 CC 机柜，直接安排下线。

8:49 受 202 车在上行线定位丢失、只能以 NRM 模式运行影响，该车在下一站站台累计发车延误 5 分 48 秒。

9:40 车载工班在库内接 202 车进行故障处理。

11:15 经车载日志和车载专用监控软件判断出故障点为 6 端的数字加速度计 2 和模拟加速度计 2，经更换加速度计和加速度计校准后故障消除，并安排 202 车夜间跟随末班车验证后，列车恢复正常。

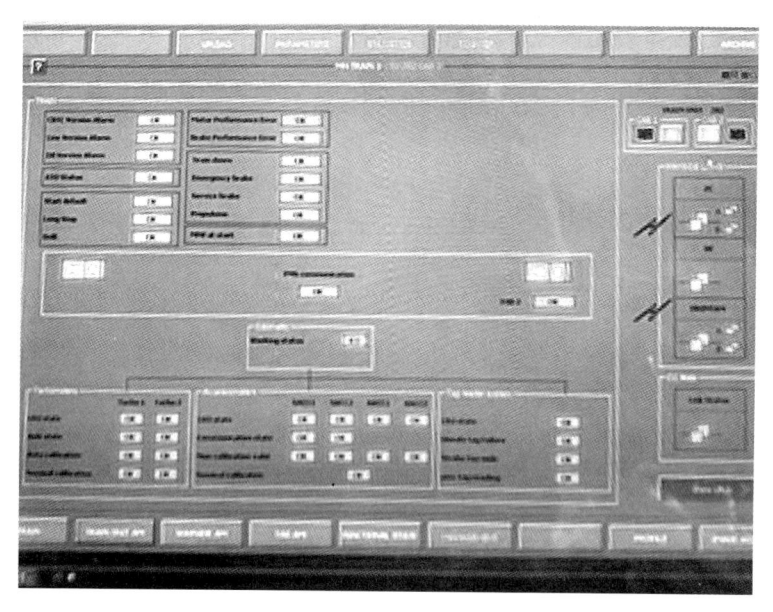

图 4-17　车载后台监控报警

2. 事件影响

因 10904 次/202 车在上行线定位丢失、只能以 NRM 模式运行，受此情况影响全运路站终到晚点 4 列次，最长晚点 10 分 21 秒。

3. 原因分析

对列车日志数据进行分析：1 月 12 日 8:25:52 发生加速度自锁故障导致列车丢失定位触发 EB（见图 4-18 箭头所示）。

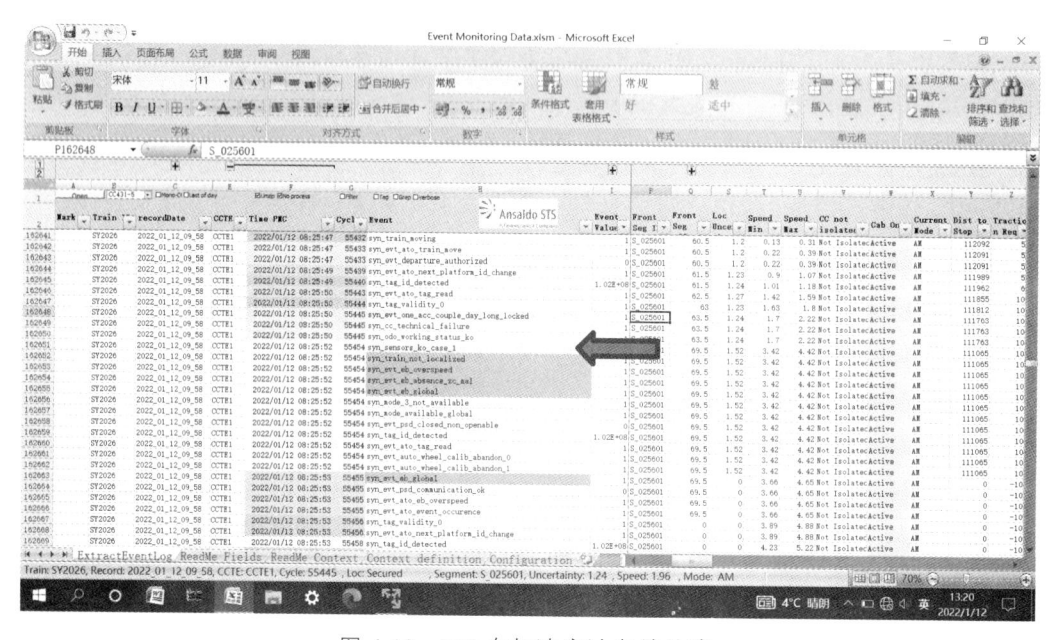

图 4-18　202 车加速度计自锁故障

连接车载专用监控软件，经查看加速度计 3 组合报警，从而确认故障点为数字加速度计 2 和模拟加速度计 2（见图 4-19）。（组合方式为数字 1 和模拟 2、数字 2 和模拟 1、数字 2 和模拟 2。）

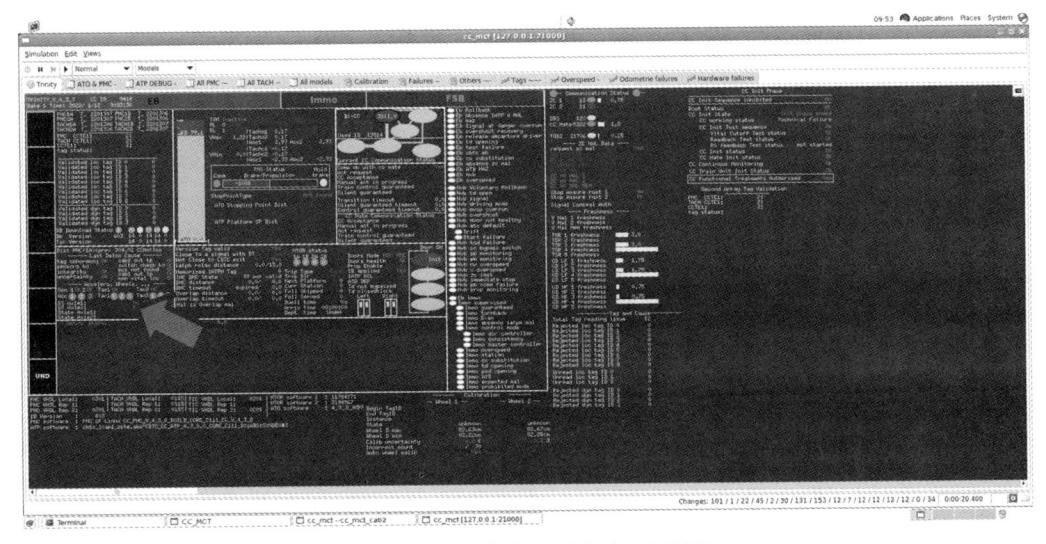

图 4-19　车载专用监控软件界面

将数字加速度计 2（见图 4-20）和模拟加速度计 2 进行更换，更换后进行加速度计校准，故障消除。库内对车载设备进行检查，状态均正常，安排 202 车夜间跟随末班车进行验证。

图 4-20　故障加速度计

加速度计检查为季检，上次检查日期为 12 月 6 日。不存在超期未检情况，人员操作和人员处理符合规范，无问题。

晚点原因分析：因为加速度计故障，××站发车晚点 2 分 14 秒；在后面的三站站台司机尝试转 RM 建立信号模式，每站约多用时 20 s。由于使用 NRM 模式要求限速 60 km/h，所以站间距长的区间延误时间较长，各站均造成 10~30 s 不同程度的晚点。

4. 整改措施

（1）为应对加速度计突发故障，车载工班在监控到加速度计故障时须第一时间联系通号调度，建议电客车不要尝试建立信号模式，直接使用 NRM 模式下线。

（2）目前信号 2 部数字加速度计库存 11 个，模拟加速度计库存还有 9 个，备件数量满足运营需求。近两年来加速度计类故障均为老型号加速度计自锁导致，通号中心将会逐年对老型号加速度计进行更换。

（3）在下次上线时通过 FTM 每一小时对列车运行状态进行监控，发现问题及时与车辆、调度、乘务沟通。

任务 5　列车自动监控系统（ATS）故障现场处置

列车自动监控系统简称 ATS，不同设备厂家 ATS 实现的功能和设计理念有所不同，本教材将讲述两种不同厂家的设备，分别是浙江众合科技有限公司和卡斯柯设备生产厂家。

5.1　浙江综合科技 ATS 设备故障

5.1.1　故障现象及影响

1. 中央 ATS 故障

中央 ATS 工作站无法正常监控全线或某个联锁区，而集中站 ATS 工作站均正常。

2. 集中站 ATS 故障

集中站 ATS 工作站无法正常监控本联锁区，而中央 ATS 工作站正常。

3. 中央 ATS 和集中站 ATS 同时故障

中央 ATS 和集中站 ATS 工作站同时无法正常监控。

5.1.2　处置流程

ATS 故障处置流程如图 4-21 所示。

1. 中央 ATS 故障

接报中央 ATS 故障，队员（信号检修员 B）准备应急工器具，队员（信号检修员 A）应立即前往 OCC 控制大厅查看中央 ATS 设备状态，根据设备显示状态，判断故障类型、故障影响范围，并进行初步故障原因判断，同时将故障情况汇报给队员（信号检修工长/副工长）及队员（信号工程师）。检查中央 ATS 工作站及相关工作站、服务器运行状态，检查 OCC 设备是否掉电，车站工作站是否正常工作，如确定只有 OCC 工作站故障，则尝试重启、清理工作站，或更换工作站相应故障备件；如相关服务器故障，依照现场情况选择及时修复故障，或待夜间施工修复故障。直至故障完全修复。

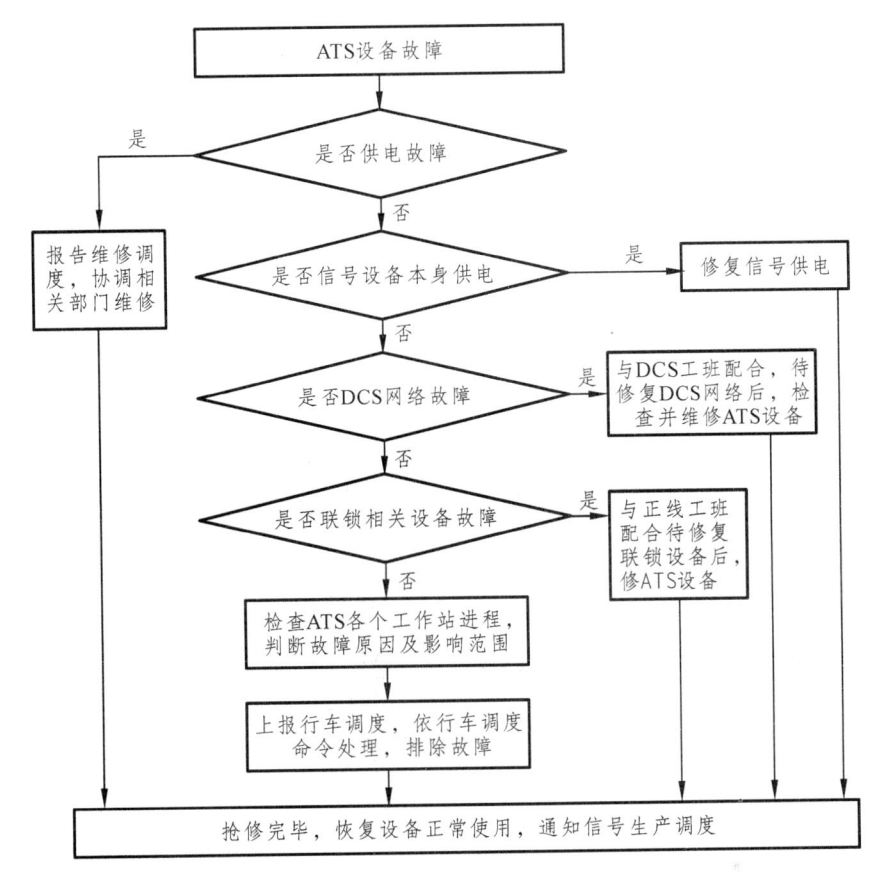

图 4-21　ATS 故障处置流程

2. 集中站 ATS 故障

接报集中站 ATS 故障，队员（信号检修员 B）准备应急工器具，队员（信号检修员 A）应立即前往 OCC 控制大厅查看相关 ATS 设备工作状态，判断故障类型、故障影响范围，并进行初步故障原因判断，同时将故障情况汇报给队员（信号检修工长/副工长）及队员（信号工程师）。在确定集中站 ATS 工作站业务已成功倒切至备用工作站后，尝试远程重启、清理工作站。如故障仍未修复，联系车站相关人员重启本地工控机。如故障仍未修复，则带齐备件到现场检查、更换相应故障备件；直至故障完全修复。

3. 中央 ATS 和车站 ATS 同时故障

接报集中站 ATS 故障，队员（信号检修员 B）准备应急工器具，队员（信号检修员 A）应立即前往 OCC 控制大厅查看相关 ATS 设备工作状态，判断故障类型、故障影响范围，并进行初步故障原因判断，同时将故障情况汇报给队员（信号检修工长/副工长）及队员（信号工程师）。在确定某站场区域 ATS 已不可监控时，尝试远程倒切、清理、重启相关设备，直至故障完全修复。

5.1.3　列车自动监控系统（ATS）故障处理注意事项

执行清理、倒切、重启操作，应根据故障的实际情况，避免进一步扩大故障影响。

5.1.4　案例分析

浙江综合科技 ATS 界面显示异常问题处理方案如下。

1. 问题说明

2022 年 9 月 15 日 ATS 软件包配置包升级后，早出车时列车刚压入站台轨道后，站台显示列车车门开启状态，实际列车车门并未开启，现场删除并重新赋予车次窗（或首站开关门作业）后，后续列车到站该问题消失，恢复正常（见图 4-22）。

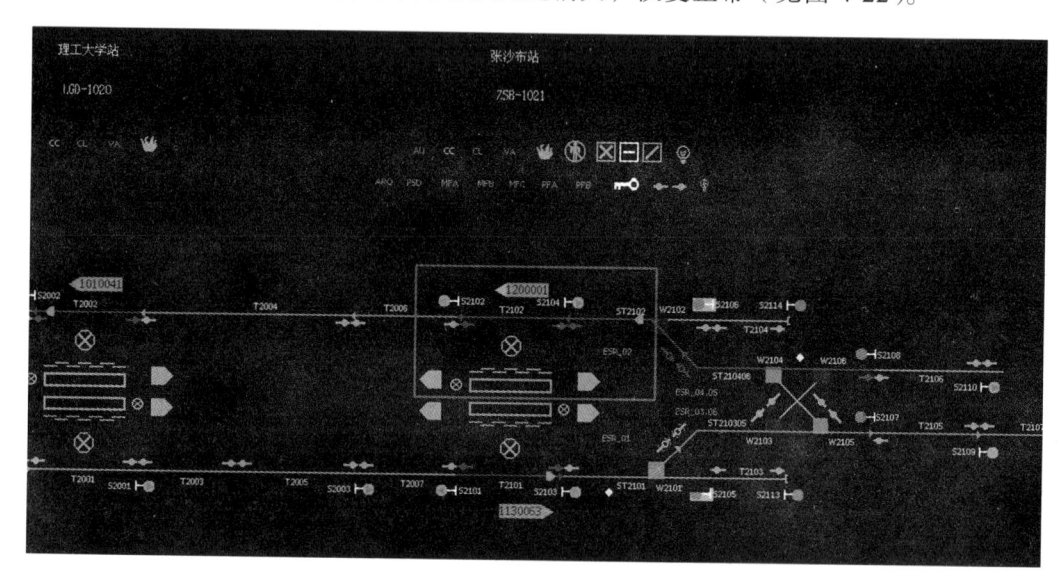

图 4-22　故障界面

2. 初步分析

经过回放及日志查看，日志数据中正常记录了列车车门关闭状态信息（实际车门也是关闭状态），但 ATS 界面上却显示列车车门开门状态信息。详情如图 4-23 所示。

初步分析此问题是由于服务器初始化后，列车门状态的丢失，导致该问题的出现。

3. 现场处理方案

现场临时处理方案如下：

（1）将上线列车车次窗删除并重新赋予，更新车次窗信息更新后，该问题消失。

（2）上线列车首站显示异常，在首站进行车门的开关门作业后，后续到达各站该问题会消失。

（3）上述两种方法操作后，对于下线列车不需要将车次窗删除。

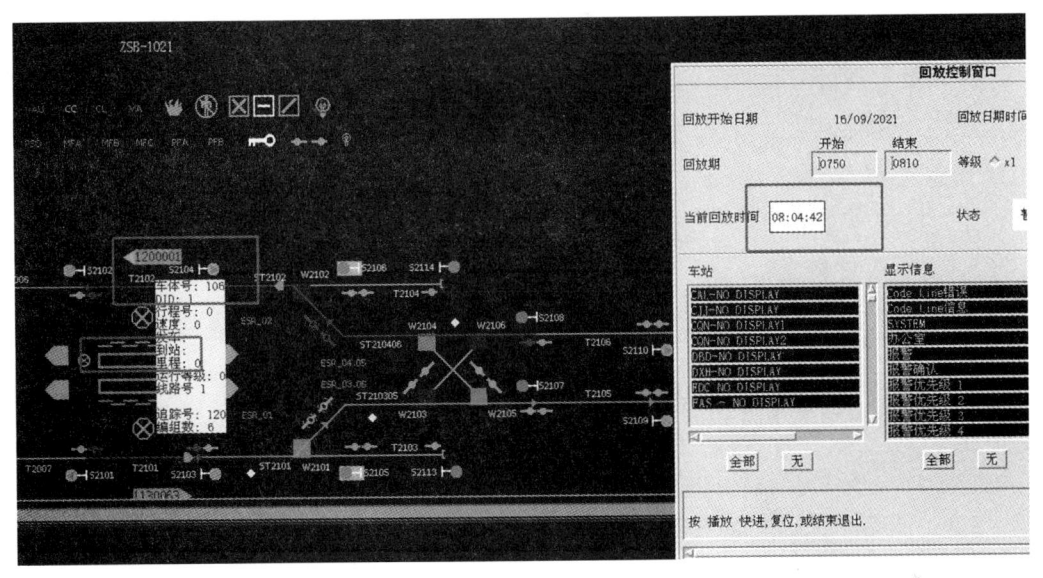

图 4-23 列车车门开门状态信息

4. 现场服务器维护方案

1) 主机、通信服务器维护处理

关闭主机服务器：将主机服务器按照后备、备用、主用的顺序进行软件关闭，清理 tmp 缓存文件，并对其进行 cold_start -b users；每台服务器的关闭时间要间隔 5 min。

关闭通信服务器：将通信服务器按照后备、备用、主用的顺序进行软件关闭，清理 tmp 缓存文件，并对其进行 cold_start_files；每台服务器的关闭时间要间隔 5 min。

启动服务器：首先启动主用主机服务器，待主用主机服务器启动后间隔 5 min 启动备用主机服务器，等待主机服务器全部启动后，再依次启动主用通信服务器，待主用通信服务器启动 5 min 后，启动备用通信服务器。

trace 数据记录：

（1）打开 dbg 窗口；

（2）抓取日志指令：

trace f_cbtc_veh_ind

trace f_onboard_ind

（3）出现 ATS 错误显示为车门打开后，保证该车运行两个区间后，再对车次窗删除重新添加，然后让列车再运行一个区间之后，收集日志结束，执行 no-trace。

（4）记录站台、时间、PVID、车次等信息。

（5）收集的日志：回放、主用通信服务器日志、trace 日志。

2) 常规数据验证

进路及控制权限验证：排列各联锁区直向进路（非动道岔进路），查看进路显示及生成情况。

服务器数据验证：验证各服务器软件、进程及相关信息验证（详情见附表一）。

3）问题验证

由轨道车进行问题验证，观察早上轨道车压入站台轨道后车门显示状态，若该问题仍存在，将启用临时处理方案，将车次窗删除并重新赋予，或不做任何操作，列车首站显示异常后，进行开关门作业，列车到达后续各站，就不会出现该问题。同时下线列车回库后不需要删除车次窗，这样列车再次上线后也不会出现该问题了。

5.1.5 应急处置

（1）维护后由天津众合智控厂家进行现场保障，出现问题及时处理，减小问题影响范围。

（2）次日出车后出现相关问题后第一时间收集日志，采用上述临时处理方案，进行现场保障。

5.2 卡斯柯信号 ATS 设备故障

设备故障处理流程如图 4-24 所示。

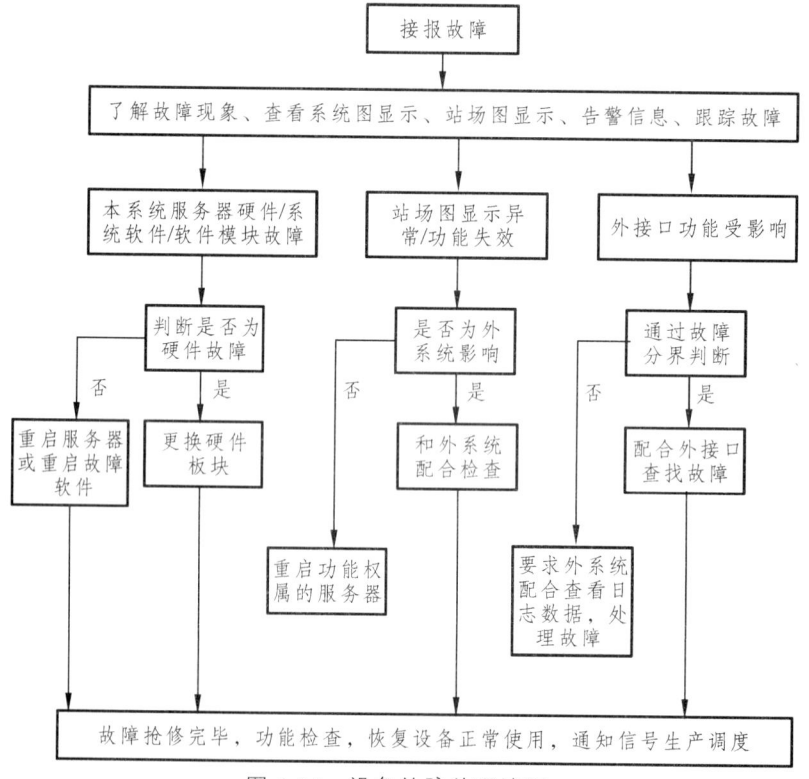

图 4-24 设备故障处理流程

5.2.1 ATS 系统中央应用服务器瘫痪故障应急处置

1. 故障现象

（1）中央 MMI 和大屏幕显示大部分或所有联锁区灰显。

（2）各联锁站车站 HMI 显示正常，设备图标状态显示"控制中心"图标灰显。

（3）各联锁站车站 HMI 弹出"与中心连接中断，建议转换到站控模式"的告警。

（4）ATS 与乘客资讯系统（PIS）、有线广播系统（PA）、应急控制中心系统（TCC）、无线通信系统（RADIO）、综合监控系统（ISCS）等接口功能不可用。

2. 故障处置流程

（1）故障确认

接报设备故障后，队员（信号检修员 B）准备应急工器具，队员（信号检修员 A）及时确认故障现象。查看 DCS 网管服务器是否有报警（区分中央 DCS 设备故障）。

立即前往 ATC 设备房确认中央 ATS 故障情况，查看并记录应用服务器故障信息。

（2）汇报

将故障现象及检查信息汇报队员（信号检修工长/副工长）及队员（信号工程师）。

（3）故障处理

对故障进行初步排查，首先排查电源是否正常，如需更换电源模块，应关闭设备电源。

查看两台应用服务器若同为主机或同为备机，则重启有死机现象的一台。若重启不成功，则尝试重启另一台应用服务器，并将故障情况向队员（信号检修工长/副工长）及队员（信号工程师）汇报。如能判断为硬件故障，则准备抢修备品。一台应用服务器重启成功，立即通知行调恢复正常运营模式，交付使用。

（4）现场联络

现场队员（信号检修员）在队员（信号检修工长/副工长）及队员（信号工程师）未到达前，作为现场联络人，负责故障信息传递。

（5）处理汇报

处理完毕后向信号生产调度汇报故障情况和处理结果。

5.2.2　ATS 系统车站 LATS 瘫痪故障应急处置程序

1. 故障现象

中央 MMI 和车站 HMI 上显示故障联锁区站场图灰显或者进路自排延迟/无法自排，站场图信息显示错乱（列车位置和运行方向与实际不符，车次窗丢失、延迟或重叠，部分区段光带显示粉红光带、棕色光带等）。

中央 MMI 显示"集中站××：LATS 与中心连接断开"告警信息。

故障车站 HMI 上主要设备视图两个"车站服务器"图标均显示红色或灰色，弹出告警"与 LATS 失去联系，建议切换到紧急站控模式"。

列车运行正常，车站 DTI 无显示，车站/列车自动广播及 PIS 延迟或失效。

2. 故障处置流程：

（1）故障确认

接报设备故障后，队员（信号检修员 B）准备应急工器具，队员（信号检修员 A）在 ATS 维护台及时确认故障现象。查看 DCS 网管服务器是否有报警（区分联锁三层交换机故障）。

正线值班人员查看 LATS 设备状态。

（2）汇报

将故障现象及检查信息汇报队员（信号检修工长/副工长）及队员（信号工程师）。

（3）故障处理

正线值班人员对故障进行初步排查，首先排查电源是否正常。

正线值班人员尝试重启一台 LATS，如重启不成功，再重启另外一台，如仍不成功汇报队员（信号检修工长/副工长）及队员（信号工程师）。队员（信号检修员 B）准备抢修备品。一台 LATS 重启成功，通知行调恢复正常运营模式，交付使用。

（4）现场联络

队员（信号检修员）在队员（信号检修工长/副工长）及队员（信号工程师）未到达前，作为现场联络人，负责故障信息传递。重启过程中，向队员（信号检修工长/副工长）及队员（信号工程师）汇报处理情况。

（5）处理汇报

处理完毕后向中心调度汇报故障情况和处理结果。

5.2.3 ATS 系统中央数据库服务器瘫痪应急处置程序

1. 故障现象

（1）当天时刻表未加载成功前故障现象

ATS 详细设备状态图中数据库状态灯显示灰色或红色故障。

自动和人工都无法加载时刻表。

报警记录及报告分析查询功能失效。

（2）当天时刻表已加载成功后故障现象

ATS 详细设备状态图中数据库状态灯显示灰色或红色故障。

运行图窗口关闭后将无法打开当天实际运行图。

报警记录及报告分析查询功能失效。

2. 故障处置流程

（1）故障确认

接报设备故障后，队员（信号检修员 B）准备应急工器具，队员（信号检修员 A）及时确认故障现象。查看 ATS 维护台详细设备状态图数据库状态灯，查看主用应用服务器报文是否出现数据库连接异常报文信息。

立即前往 ATC 设备房，检查判断工作状态。

（2）汇报

将故障现象及检查信息通知队员（信号检修工长/副工长）及队员（信号工程师）。

（3）故障处理

对故障进行初步排查，首先排查电源是否正常，如需更换电源模块，应关闭下设设备电源。

然后检查数据库服务器 A 机和 B 机：

OracleOraDb11g_home1TNSListenterLISTENER_DB1/DB2、OracleServiceATS1/ATS2 两个服务器是否启动。

检查数据库服务器网络状态，并采用 PING 命令 PING 网络状态，然后尝试重启两台数据库服务器。

重启两台数据库服务器，并将故障概况向队员（信号检修工长/副工长）及队员（信号工程师）汇报。如能判断为硬件故障，则准备抢修备品。一台应用服务器重启成功，立即通知行调恢复正常运营模式，交付使用。

（4）现场联络

队员（信号检修员）在队员（信号检修工长/副工长）及队员（信号工程师）未到达前作为现场联络人，负责故障信息传递。

（5）处理汇报

处理完毕后向信号生产调度汇报故障情况和处理结果。

5.2.4　ATS 系统通信前置机瘫痪应急处置程序

1. 故障现象

中央 MMI 上无法监控供电臂状态、所有车站 PIS（乘客资讯系统）无显示、所有车站无自动广播，影响无线调度台使用。

中央 MMI 弹出"通信前置机中断"的告警信息。

2. 故障处置流程

（1）故障确认

接报设备故障后，队员（信号检修员 B）准备应急工器具，队员（信号检修员 A）及时确认故障现象，查看详细设备状态图。

立即前往 ATC 设备房，检查判断工作状态。

（2）汇报

将故障现象及检查信息通知队员（信号检修工长/副工长）及队员（信号工程师）。

（3）故障处理

对故障进行初步排查，首先排查电源是否正常，如需更换电源模块，应关闭下设设备电源。

查看两台通信前置机软件运行是否正常，若不正常则进行重启。

若重启不成功，则尝试重启另一台，并将故障概况向队员（信号检修工长/副工长）及队员（信号工程师）汇报。如能判断为硬件故障，则准备抢修备品。一台通信前置机重启成功，立即通知行调设备恢复正常，交付使用。

（4）现场联络

队员（信号检修员）在队员（信号检修工长/副工长）及队员（信号工程师）未到达前，作为现场联络人，负责故障信息传递。

（5）处理汇报

处理完毕后向信号生产调度汇报故障情况和处理结果。

5.2.5 ATS系统网关计算机瘫痪故障应急处置程序

1. 故障现象

所有CBTC模式运行的列车占用的区段变为粉红色光带显示，CBTC模式运行的列车不受影响，中央MMI上列车驾驶模式及方向信息无法显示。

中央MMI弹出"网关计算机（或ATC接口机）断开"告警。

2. 故障处置流程

（1）故障确认

队员（信号检修员）查看HMI或ATS维护台详细设备状态图网关计算机状态灯，查看ATS维护台有无弹出式"网关计算机（或ATC接口机）断开"告警。

立即前往信号设备房，检查判断工作状态。

（2）汇报

将故障现象及检查信息通知队员（信号检修工长/副工长）及队员（信号工程师）。

（3）故障处理

对故障进行初步排查，首先排查电源是否正常，如需更换电源模块，应关闭下设设备电源。

检查网关计算机网络状态，并采用PING命令测试网络状态，然后再检查时钟是否同步，并将故障概况向队员（信号检修工长/副工长）及队员（信号工程师）汇报。

若重启不成功，则尝试重启另一台网关计算机，并将故障概况向队员（信号检修工长/副工长）及队员（信号工程师）汇报。如能判断为硬件故障，则准备抢修备品。一台网关计算机重启成功，立即通知行调恢复正常运营模式，交付使用。

（4）现场联络

队员（信号检修员）在队员（信号检修工长/副工长）及队员（信号工程师）未到达前，作为现场联络人，负责故障信息传递。

（5）处理汇报

处理完毕后向信号生产调度汇报故障情况和处理结果。

任务 6 DCS 设备故障现场处置

DCS（Data Communication Subsystem，数据通信子系统）是通信系统最重要的子系统，是连接行车调度指挥中心与车站、车站与车站之间信息传输的主要手段，是组建轨道交通通信网的基础和骨干，包括 ZC 与其他各系统之间的有线通信和车-地之间的无线通信。DCS 系统又包括很多设备，设备厂家也不尽相同，目前市场上使用比较多的厂家有思科、赫斯曼、华为等。以下以思科的产品为例进行说明。

6.1 故障现象及影响

DCS 设备发生此故障时，可能会导致 ATS 系统显示异常、ATS 不能监控故障区域信号设备，列车无法建立 ATO、ATP 模式，部分联锁区或全线信号系统瘫痪等故障。

6.2 处置流程

DCS 设备故障处置流程如图 4-25 所示。

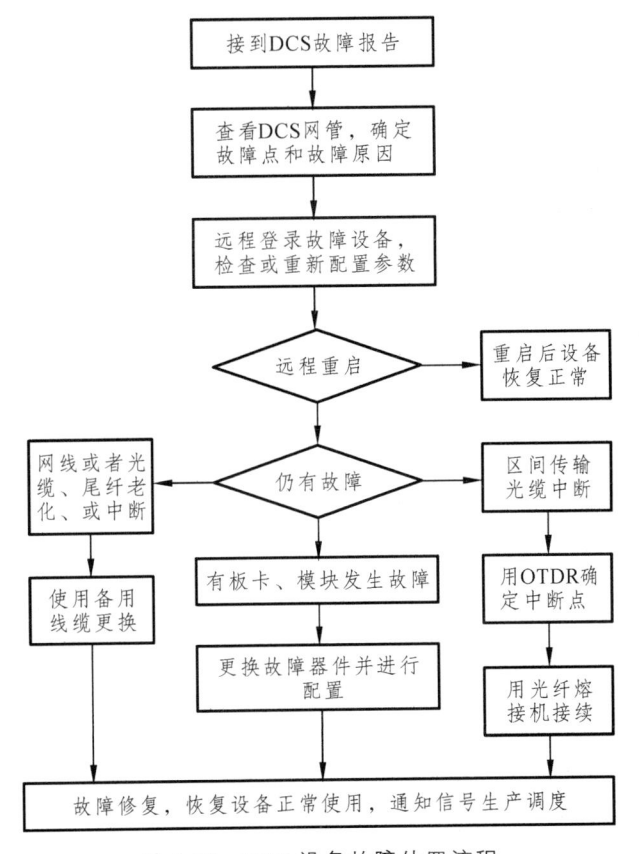

图 4-25 DCS 设备故障处置流程

接到 DCS 故障报告，队员（信号检修员 B）准备应急工器具，队员（信号检修员 A）应立即查看 DCS 网管，确定故障点和故障原因，远程登录故障设备，检查日志或重新配置参数，远程重启，重启后检查设备是否恢复正常，仍有故障继续排查。

出现板卡、模块发生故障，取备件更换故障器件并进行配置。若无备件，及时联系厂家人员。出现网线或者光缆、尾纤老化或中断，使用备用线缆更换。出现区间传输光缆中断，用光时域反射仪确定中断点然后用光纤熔接机接续。故障修复，恢复设备正常使用，通知信号生产调度。

6.3 设备故障注意事项

（1）对板卡进行拆装时，信号检修员需轻拿轻放、小心操作并佩戴防静电手带、换下的部件应装入防静电袋内。

（2）使用 OTDR 测量光纤时，需要断开与光板相连的尾纤，防止 OTDR 发射的光功率过大，造成光板过载损坏。

（3）禁止使用超过光功率计最大量程的光信号。

6.4 AP 死机故障案例分析

以 HYM-AP1710A 为例，我们在网管系统中发现了 AP 的告警，如图 4-26 所示，首先要确认该 AP 所连接的交换机端口，查询"SYL-1-AP 布点方案.xls"，确认该 AP 所连接的交换机为怀远门 3400 交换机 F0/7 端口，然后查询"SYL-1-IP 分配.doc"得到怀远门 3400 交换机的管理地址 172.17.2.121，Telnet 至该交换机做进一步故障处理。

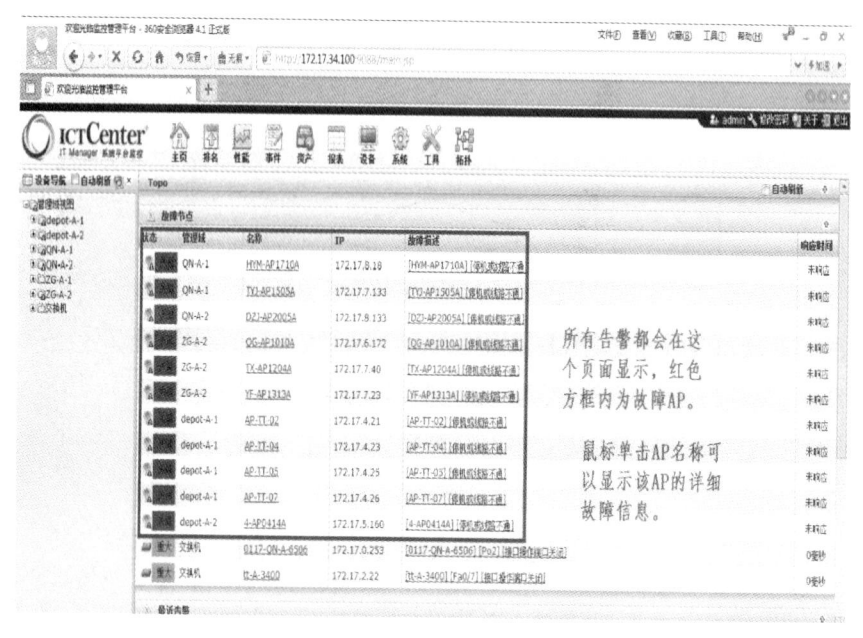

图 4-26 告警显示

Username：cisco123（Telnet 后会提示输入用户名与密码）
Password：（用户名为 cisco123 密码为 admin+123）
0118-HYM-A-3400>en（然后进入高级模式）
Password：（输入进入高级模式的密码 cisco）
0118-HYM-A-3400#shipintbri（查看交换机所有端口工作情况）
InterfaceIP-AddressOK?MethodStatusProtocol

Vlan1unassignedYESNVRAMupup

Vlan100172.17.2.121YESNVRAMupup

FastEthernet0/1unassignedYESunsetupup

FastEthernet0/2unassignedYESunsetupup

FastEthernet0/3unassignedYESunsetupup

FastEthernet0/4unassignedYESunsetupup

FastEthernet0/5unassignedYESunsetupup

FastEthernet0/6unassignedYESunsetupup

FastEthernet0/7unassignedYESunsetupup

……

从显示的结果来看，AP 所连接的端口工作正常，状态与协议均为 UP 状态，这样可以确认 AP 基本正常，排除掉电的可能，需要进一步查询。如果端口状态与协议状态显示为 down，则 AP 可能掉电或损坏。

查看 AP 相应端口的 MAC 地址状态：

0118-HYM-A-3400#shmacaddress-tableinterfacef0/7

如果 AP 工作正常　　　，本行会显示相应 AP 的 MAC 地址，例如：

VlanMacAddressTypePorts

30027.0d58.08baDYNAMICFa0/1
TotalMacAddressesforthiscriterion：1

这里如果没有 MAC 地址输出，则进入下一步检查。

查看交换机所有端口光模块的状态：

0118-HYM-A-3400#shintstatus
PortNameStatus 状态 VlanDuplexSpeedType
Fa0/1connected13full100100BaseLX-FESFP
Fa0/2connected13full100100BaseLX-FESFP
Fa0/3connected13full100100BaseLX-FESFP
Fa0/4connected13full100100BaseLX-FESFP
Fa0/5connected13full100100BaseLX-FESFP
Fa0/6connected13full100100BaseLX-FESFP
Fa0/7connected13full100100BaseLX-FESFP

端口模块一般为 3 个状态：①connected 已连接、工作正常；②disabled 已关闭、未插入模块；③err-disable 模块工作异常。

我们看到相应的端口模块都工作正常，此时基本可以确认为 AP 故障，重启 AP 机箱的电源，如果重启 AP 机箱电源后 AP 故障没有排除，则基本可以确认为 AP 硬件故障，需要更换 AP；如果端口状态为 err-disable 状态，则证明交换机端口出现问题，需要重启交换机相应的端口。

端口模块状态为 err-disable 状态需要的操作：

0118-HYM-A-3400	#configt 进入 config 模式
0118-HYM-A-3400（config）	#intfacef0/7 进入 F0/7 端口
0118-HYM-A-3400（config-inf）	#shutdown 关闭端口
0118-HYM-A-3400（config-inf）	#noshutdown 启动端口

重新启动端口后，将 AP 机箱也重启一下，10 分钟后 AP 可恢复工作。

任务 7　其他设备故障处置流程

7.1　正线信号设备电源故障

7.1.1　故障现象及影响

正线信号电源设备断电会造成信号设备停用，影响一个或多个联锁区正常运营，出现中央 ATS（MMI）工作站断电区域灰显、故障区域内的列车无速度码、ATS 和 LCW（HMI）工作站黑屏、地面信号无显示等现象。待供电恢复后，断电影响区域会出现计轴红光带，按计轴受扰故障进行处理。控制中心信号设备断电会导致中央 ATS 工作站黑屏，无法监控。

7.1.2　处置流程

正线信号设备电源故障处置流程如图 4-27 所示。

接报信号设备断电故障后，队员（信号检修员 B）准备应急工器具，队员（信号检修员 A）应立即前往车控室/信号楼查看设备状态，对故障进行初步判断，然后前往信号电源室，查看电源屏 Ⅰ、Ⅱ 路供电状态，对故障进行判断。

1. 外电故障

由相关部门队员（信号检修员 A）对故障进行处理，在信号电源室内时刻观察 UPS 蓄电池供电模式的后备时间，并积极联系行车调度员，询问供电恢复时间，若供电恢复时间过长，对信号设备进行下电处理，以免在恢复供电时，瞬间电流对信号设备造成冲击。同时，在等待的过程中应积极联系队员（信号检修工长/副工长）及队员（信号工程师）前往现场，待供电恢复后对计轴红光带进行处理。

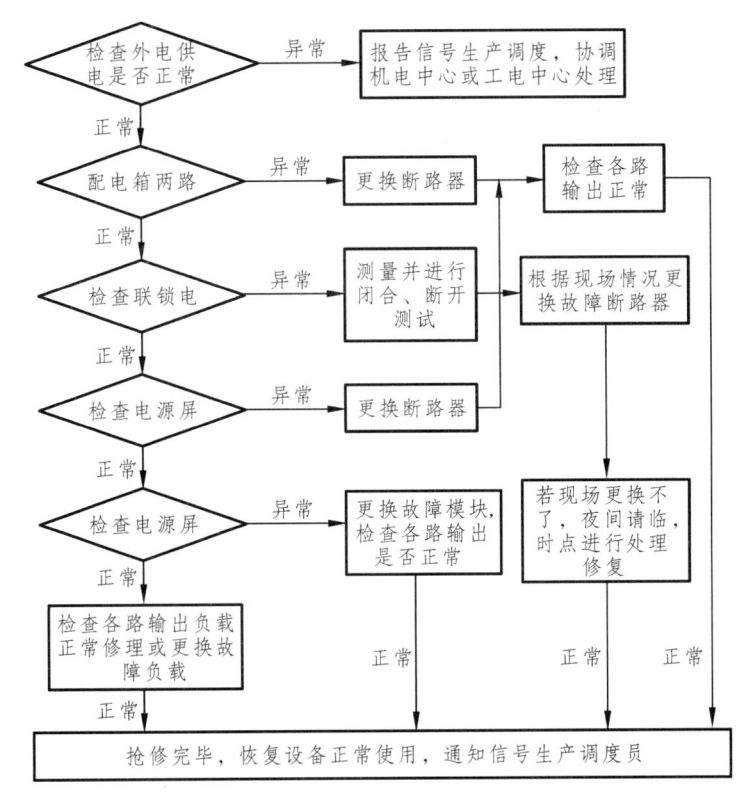

图 4-27　正线信号设备电源故障处置流程

2. 信号电源屏、UPS 故障

信号人员判断故障是由信号设备故障造成后，处置流程如下：

（1）判断两路输入断路器是否正常，不正常进行更换。

（2）若输入断路器正常，则检查 UPS 输出是否正常，不正常则将 UPS 置旁路状态，待运营结束后进行处理。

（3）若 UPS 输出正常，则检查电源屏各输出断路器是否正常，不正常则更换断路器。

（4）若电源屏各输出断路器正常，则检查电源屏模块是否正常，不正常则更换故障模块。

（5）若电源屏模块正常，则检查各路输出负载是否正常，不正常则对故障负载进行修理或更换。

7.2　车辆段信号设备电源故障

7.2.1　故障现象及影响

车场/车辆段信号设备断电会造成信号设备停用、无法监控列车位置、道岔无法操纵、进路无法开放等现象。

7.2.2 处置流程

车辆段信号设备电源故障处置流程如图4-28所示。

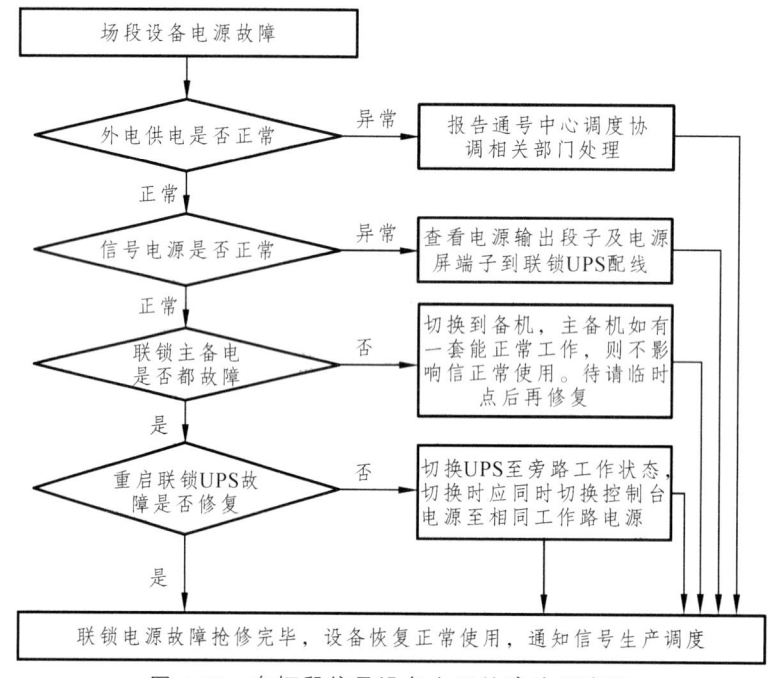

```
        场段设备电源故障
              │
              ▼
         外电供电是否正常 ──异常──▶ 报告通号中心调度协
              │                    调相关部门处理
             正常
              ▼
         信号电源是否正常 ──异常──▶ 查看电源输出段子及电源
              │                    屏端子到联锁UPS配线
             正常
              ▼
         联锁主备电           否    切换到备机，主备机如有
         是否都故障  ────────▶   一套能正常工作，则不影
              │                    响信正常使用。待请临时
             是                    点后再修复
              ▼
         重启联锁UPS故        否    切换UPS至旁路工作状态，
         障是否修复  ────────▶   切换时应同时切换控制台
              │                    电源至相同工作路电源
             是
              ▼
    联锁电源故障抢修完毕，设备恢复正常使用，通知信号生产调度
```

图4-28 车辆段信号设备电源故障处置流程

信号人员判断是联锁 UPS 设备故障后，应按"先通后复"原则快速处理故障。若主机故障且已经切换至备机工作，且联锁功能正常，可在运营结束后提报临时计划对故障单元进行修复；若主备机均故障，联锁功能失效，需查看联锁 UPS 输入端是否正常，切换联锁 UPS 至旁路状态，运营结束后申请临时计划对联锁 UPS 进行排查。

7.2.3 案例分析

通号中心关于2021年7月7日×号线××站联锁区PFA故障的报告如下。

1. 事件经过

（1）故障时间

2021 年 7 月 7 日 4:22。

（2）故障现象

×号线××站联锁区 ATS 显示 PFA 报警。

（3）故障影响

本次故障未影响运营。

（4）故障处置

4:24 工班人员接通号中心信号2部生产调度报×号线××站联锁区PFA故障报警。

4:27 工班人员立即前往设备室查看电源设备，发现电源屏漏流检测板报警。

4:30 工班人员查看电源图纸，发现电源屏漏流检测板故障导致漏流报警。

4:40 工班人员对漏流检测板进行更换，更换后进行测试，设备运行正常。

2. 调查结果及原因分析

综上所述，2021 年 7 月 7 日×号线××站联锁区 PFA 故障的原因为：漏流检测板老化导致漏流检测板故障，电源屏设备检修周期为季检，最近一次检修为 2021 年 4 月 18 日，下次检修周期为 2021 年 7 月 13 日，不存在超期未检情况。

3. 整改及应对措施

（1）严格按照 2021 年 5 月 19 日部门下发的《关于信号设备预防性维护的通知》执行。

（2）组织工班人员学习电源屏常见报警故障分析，提升电源屏设备故障处置能力。

（3）漏流检测板对电源屏线缆漏流起到监测作用，故障时不会对运营造成影响，所以采用故障修方式进行更换。

7.3 大屏幕设备故障

7.3.1 故障现象及影响

（1）单块屏幕发生故障，如光机引擎或光机控制器故障，可能单块屏幕黑屏，部分光源故障会出现偏色现象。

（2）大屏系统主控服务器、拼接处理器、图像控制器、桌面服务器、一二号线控制电脑故障，会导致多块屏幕无图像显示，调度无法通过大屏幕系统监视有关信息。

7.3.2 处置流程

大屏幕设备故障处置流程如图 4-29 所示。

接报大屏显示故障后，队员（信号检修员 B）准备应急工器具，队员（信号检修员 A）立即前往 OCC 控制大厅查看故障现象，根据设备显示状态初步判断故障原因，同时将故障情况汇报给队员（信号检修工长/副工长）及队员（信号工程师）。随后队员（信号检修工长/副工长）及队员（信号工程师）应根据故障原因进行相应处理，尽快恢复运营监视能力。

1. 单块屏幕发生故障处置流程

若出现联结光机引擎的 DVI 线、电源线老化或中断，则进行更换重新连接；若出现节点机、光机引擎或光机控制器故障，则使用备件进行更换并进行正确配置。设备恢复正常使用后，告知通号中心信号生产调度。

2. 多块屏幕故障处置流程

首先判断信号源连接是否正常。若是大屏幕系统服务器故障无法立即恢复，则通过软件切换至备用服务器，需要技术支援及时联系设备厂商。

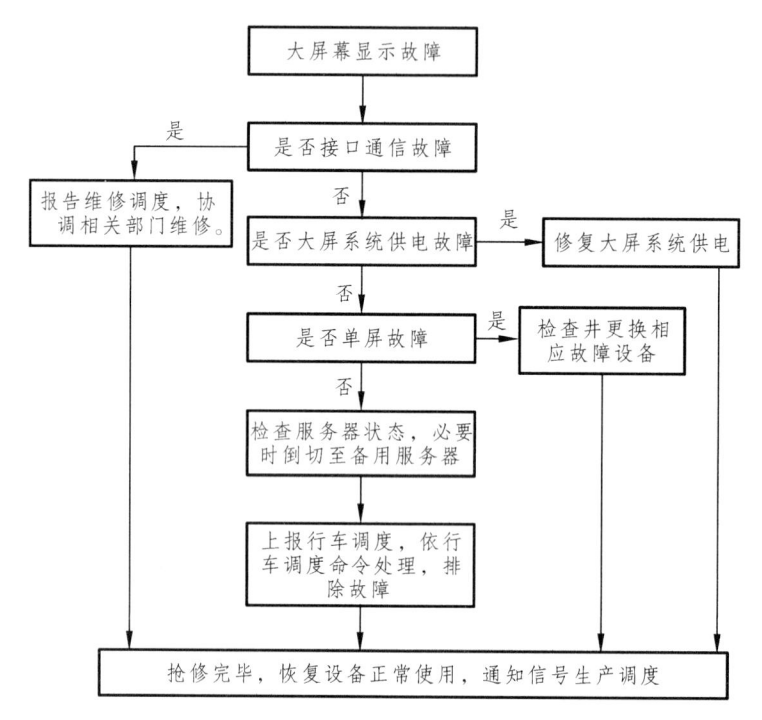

```
                    ┌─────────────────┐
                    │  大屏幕显示故障  │
                    └────────┬────────┘
                             ↓
           是        ┌─────────────────┐
        ┌───────────│  是否接口通信故障 │
        │           └────────┬────────┘
        │                    │ 否
  ┌──────────┐               ↓                是   ┌──────────────┐
  │报告维修调度,│    ┌─────────────────┐───────────→│ 修复大屏系统供电│
  │协调相关部门│    │ 是否大屏系统供电故障│          └──────────────┘
  │  维修    │    └────────┬────────┘
  └──────────┘             │ 否
        │                  ↓                 是   ┌──────────────┐
        │           ┌─────────────────┐──────────→│ 检查并更换相  │
        │           │   是否单屏故障   │          │  应故障设备   │
        │           └────────┬────────┘          └──────────────┘
        │                    │ 否
        │                    ↓
        │           ┌─────────────────┐
        │           │检查服务器状态,必要│
        │           │时倒切至备用服务器 │
        │           └────────┬────────┘
        │                    ↓
        │           ┌─────────────────┐
        │           │上报行车调度,依行 │
        │           │车调度命令处理,排 │
        │           │    除故障      │
        │           └────────┬────────┘
        │                    ↓                              │
        └──────────→┌──────────────────────────────────────┘
                    │抢修完毕,恢复设备正常使用,通知信号生产调度│
                    └──────────────────────────────────────┘
```

图 4-29 大屏幕设备故障处置流程

7.3.3 设备故障处理注意事项

（1）清洁玻璃屏幕灰尘需使用干湿毛巾（不能使用腐蚀性液体）；清洁树脂屏幕灰尘需使用负离子吹风机冷风吹扫，确保后续灰尘不会静电吸附，再用柔软的镜头布对屏幕进行擦拭。

（2）光机引擎不得在水边或热源边使用，如出现液体溅湿或电源线损坏，应将电源拔除。

（3）更换投影机设备时，先将固定模块的螺丝移除，依指示方向将模块取出，切勿使用蛮力。

（4）因机芯镜头偏移误差较大，不得强行调整六轴，应先将底板上螺丝拧松移动后重新固定投影单元、光机。

（5）作业需使用梯车时，必须固定好梯车底座，登乘人员正确挂接安全带，匀速遥控升降按钮，严禁两人同时站在梯车上。

复习思考题

1. 发生故障时信号救援队的岗位职责是什么？
2. 正线 ILOCK 设备发生故障时的故障处理流程是什么？
3. 科安达计轴直接复位操作流程是什么？
4. 西门子计轴设备故障对列车有什么影响？
5. DCS 设备故障会有什么现象及影响？

6. 列车运行控制系统故障会有什么样的现象及影响？
7. 轨道电路故障时的有什么现象及影响？
8. 大屏幕故障处理时有哪些注意事项？
9. 信号电源屏、UPS 故障处理流程是什么？
10. ATS 系统中央应用服务器瘫痪故障应急处置流程是什么？
11. 正线转辙机故障时有什么故障现象及影响？
12. 正线转辙机故障时的故障处置流程是什么？
13. 什么叫联锁？

项目五　信号设备检修作业标准化

> **项目描述**

在城市轨道交通当中，信号设备的日常维护包括日常巡检、设备检修测试以及设备更换。日常巡检一般只在白天进行，所以不对设备做任何操作，只对设备的运行参数进行记录，如果在巡检过程当中发现设备有故障报警，只要不影响列车的运行，一般在夜间进行故障处理。设备的检修测试是对设备进行计划修，一般在夜间进行。

本项目只描述设备检修测试的标准化作业程序，将现行作业方法的每一操作程序和每一动作进行分解。

> **知识目标**

- 了解正线电源屏的检修测试标准及作业程序。
- 掌握 ZD6 型电动转辙机牵引的道岔的检修测试标准及作业程序。
- 掌握轨道电路的检修测试标准及作业程序。
- 熟悉掌握 ZDJ9 型电动转辙机牵引的道岔转辙机的检修测试标准及作业程序。
- 熟悉掌握信标的检修测试标准及作业程序。
- 熟悉掌握计轴设备的检修测试标准及作业程序。
- 熟悉掌握信号机的检修测试标准及作业程序。

> **能力目标**

- 能正确地准备检修工具。
- 会进行安全防护。
- 能对信号设备进行检修测试。

> **思政目标**

- 培养学生遵章守纪、精益求精、严谨的工作作风。
- 培养学生刻苦钻研技术、锐意进取的职业精神。

任务 1　正线设备标准化检修作业

1.1　基本作业流程

正线设备标准化检修作业流程如图 5-1 所示。

召开班前会 → 准备工器具、做好安全防护 → 请点 → 现场作业 → 销点

图 5-1　正线设备标准化检修作业流程

1.2　单项设备维修作业

正线设备按照作业种类可分为道岔转辙设备、列车监督设备、联锁设备、信号机、电源设备、信标等。在日常工作中，转辙机是信号维修的重点，经常动作的岔区一般实行半月检，不经常动作的一般实行月检，其他的设备大多数实行季度检，或者年检。

1.2.1　道岔转辙设备（ZDJ9 型电动转辙机）

1. 作　用

转辙机是道岔控制系统的执行机构。用于转换锁闭道岔尖轨或心轨，表示监督联锁区内道岔尖轨或心轨的位置和状态。

2. 安全管理

1）个人保护设备

作业人员应该正确穿戴劳保防护用品（荧光衣、工服、绝缘鞋、安全帽）。

2）环境保护措施

除尘时应防止灰尘飞扬，使用后的耗材不得随意丢弃，要分类处理。

3. 安全事项

（1）不要将重物置于机盖上以免机盖变形。

（2）动作杆和表示杆（锁闭杆）外露部位要定期涂油。

（3）整机外露的螺栓或螺钉要定期检查紧固，潮湿环境应注意防锈。

（4）表示杆（锁闭杆）缺口要定期检查（通过目测）以便及时调整。

（5）机内除滚珠丝杠、齿轮、动作杆、动作板等涂油处，其他部位应保持干净整洁。

4. 作业工器具及材料（见表 5-1）

表 5-1　工器具及耗材

项目	名称	型号	数量	备注
工器具	数字万用表	17B	1（块）	—
	活动扳手	300 mm	1（把）	—
	活动扳手	450 mm	1（把）	—
	专用钥匙	ZDJ-9	1（把）	—
	六角套筒扳手		1（套）	
	钳子		1（套）	
	密贴检查锤	2 mm、4 mm	1（把）	
	木柄刮刀	SATA95201	1（把）	
	手摇把		1（把）	
	手台		2（台）	
	绝缘测试摇表		1（台）	
耗材	清洁布		1（块）	
	防静电毛刷		2（把）	
	手摇把		1（把）	
	机油		若干	—
	润滑脂		若干	—
	螺母		若干	—
	弹簧垫圈		若干	—
	开口销	4 mm / 5 mm	若干	—

5．作业内容

1）转辙机月检

（1）外观检查。

① 检查地基有无塌陷，外界设备有无侵限，电缆盒与转辙机箱盒及安装装置有无破损、变形，蛇管、加锁装置是否良好，如图 5-2、图 5-3 所示。

图 5-2　检查转辙机外观

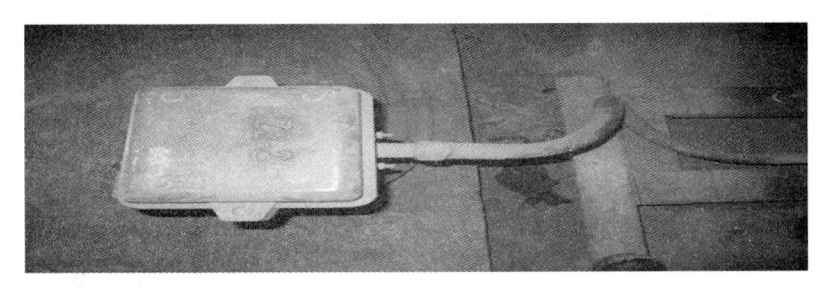

图 5-3 检查轨旁箱及蛇管

② 检查各部螺栓有无脱落、松动和锈蚀现象。开口销劈开角度是否在 60 度至 90 度之间，两臂劈开角度是否基本一致，如图 5-4 所示。

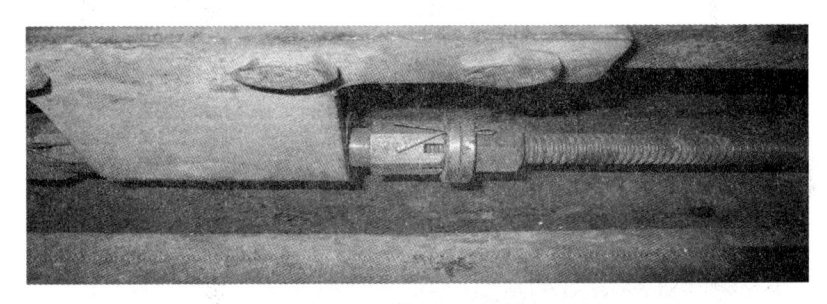

图 5-4 检查开口销

③ 检查道岔尖轨密贴和肥边情况，尖轨爬行是否超标，如图 5-5、图 5-6 所示。

图 5-5 检查宏观密贴

图 5-6 检查肥边及尖轨爬行情况

④ 检查道岔安装是否方正、安装装置有无损伤，如图5-7所示。

图 5-7 检查道岔方正情况

⑤ 检查尖轨与基本轨之间的滑床板是否清洁、油润、无腐蚀、无异物，有无掉板现象，如图5-8所示。

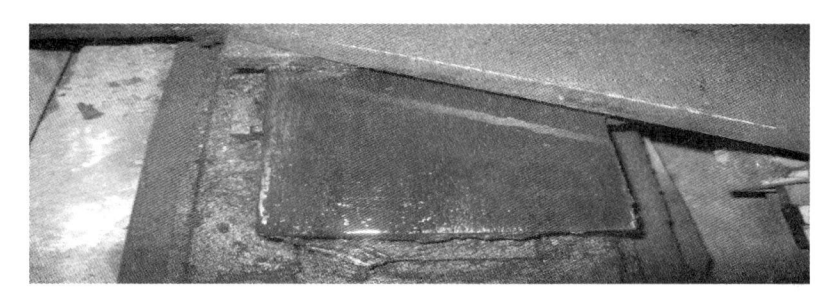

图 5-8 检查滑床板状态

⑥ 检查穿越轨底的各种杆件是否在标准值范围内，距轨底的距离应大于10 mm，距离道床不少于20 mm。

（2）转辙机检查。

① 内部检查：

a. 摩擦联结器不得有油垢。

b. 动作杆上的锁闭齿轮与齿条块无卡组现象，挤切销螺栓紧固。

c. 表示杆缺口大小符合1.5 mm±0.5 mm，如图5-9所示。

图 5-9 检查表示杆缺口

d. 自动开闭器动、静接点接触深度不小于 4 mm，如图 5-10 所示。

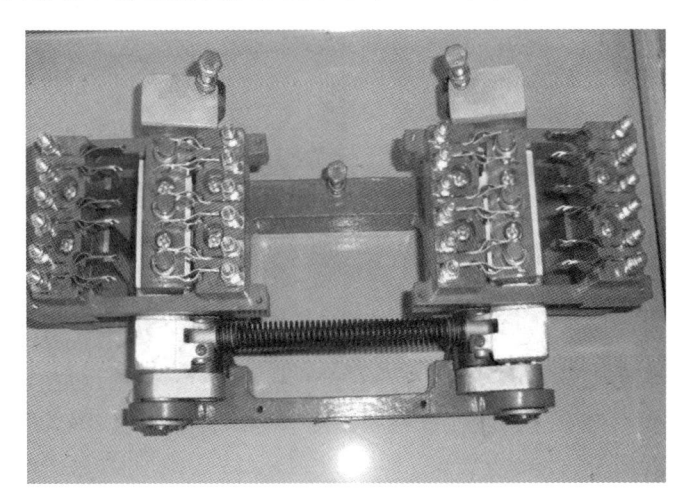

图 5-10　检查接点接触深度

　　e. 内部配线无断线、破损，线头无松动。
　　f. 注油孔、滚珠丝杠及机械摩擦部分是否油润。
　② 通电测试：
　　a. 转辙机安装稳固，扳动过程中无移位。
　　b. 扳动过程平滑、顺畅，无异响。
　　c. 动接点组动作灵活，与静接点组接触深度符合标准且无弹回可能。
　　d. 反位密贴满足 2 mm 锁闭、4 mm 不锁闭要求，如图 5-11 所示。

图 5-11　检查密贴情况

　　e. 常扳动时动作电流应小于 2 A，工作电压应为交流 380 V，4 mm 测试时故障摩擦电流应为 2.6 A 左右。
　③ 填写测试记录。
　④ 确认设备状态良好，合盖加锁。
　⑤ 行车值班员试验良好，表示准确后消点。

2）转辙机年检作业

（1）检查启动片尖端与速动片上平面之间的间隙。

（2）检查表示杆缺口与锁闭柱的间隙。

（3）配线端子对地绝缘电阻测试电阻阻值不小于 25 MΩ。

（4）油饰检查。

（5）对老化的部件进行更换。

1.2.2 电源屏检修

1. 作 用

电源屏的主要作用是为信号设备提供各种电源的供电装置，是电气集中和微机联锁的重要组成部分。电源屏必须保证不间断地供电，并且不受外电网电压波动和负载变化的影响，保证安全。

2. 安全管理

1）个人保护设备

作业人员应该正确穿戴劳保防护用品（反光背心、工装、防砸鞋、安全帽）。

2）环境保护措施

使用后的耗材不得随意丢弃，要分类处理。

3. 作业工器具及材料（见表 5-2）

表 5-2 工器具及耗材

项目	名称	型号	数量	备注
工器具	螺丝刀十字	61213	1（支）	—
	钟表螺丝批	62811	1（个）	—
	防静电手腕带		1（个）	—
	尖嘴	70112	1（把）	—
	螺丝刀一字	61311	1（支）	—
	吹风机		1（个）	—
	数字万用表	17B	1（台）	—
耗材	毛刷		1（个）	—
	抹布		1（块）	—

4. 作业内容

（1）检查机柜表面、模块上是否有尘埃或污物，并进行清扫，如图 5-12 所示。

项目五　信号设备检修作业标准化

图 5-12　机柜表面检查

（2）检查柜门、手柄无损坏，后背板门开关正常，屏内螺丝有无松动，如图 5-13 所示。

图 5-13　紧固屏内螺丝

（3）检查电源引入端 Ⅰ 路 Ⅱ 路端子线，如图 5-14 所示。
注：检查电源引入端的接线端子，两路电源均要检查、紧固。

图 5-14 电源屏内部输入电源端子

（4）检查接触器、变压器、继电器及电源线有无过热现象，有无异常噪声、异味等，如图 5-15 所示。

图 5-15 屏内器件检查

（5）查看各类指示灯、报警信息，如图 5-16 所示。调出历史记录，检查报警信息是否在数据库中，并核实条号、时间、事件名称，同时检查其他历史数据，注意不要随意清除历史记录。

图 5-16 电源屏信息读取

（6）进行电源屏 I 路 II 路倒切试验，如图 5-17 所示。在 UPS 正常工作状态下进行倒切试验，人工手动从一路转换至另一路供电、模拟其中一路电源故障、检查自动转换情况；两路电源同时供电，检查 I 路电源优先供电功能。

图 5-17　电源屏 I 路、II 路切换试验

（7）检查电源屏接地线，确保地线接触良好、无松动，如图 5-18 所示。

图 5-18　电源屏接地线检查

（8）主备模块转换测试。将设有备用模块的交流电源模块手动切换至其备用模块工作；关闭正在工作的某一直流模块，观察另一模块承担全部负载情况；模拟任一主备模块故障，检查报警数据，如图 5-19 所示。

图 5-19　主备模块转换测试

（9）检测屏内声光报警、漏流报警，如图 5-20 所示。模拟两路输入电源转换、断路器断开、各路模块故障，观察声、光报警的正确性。

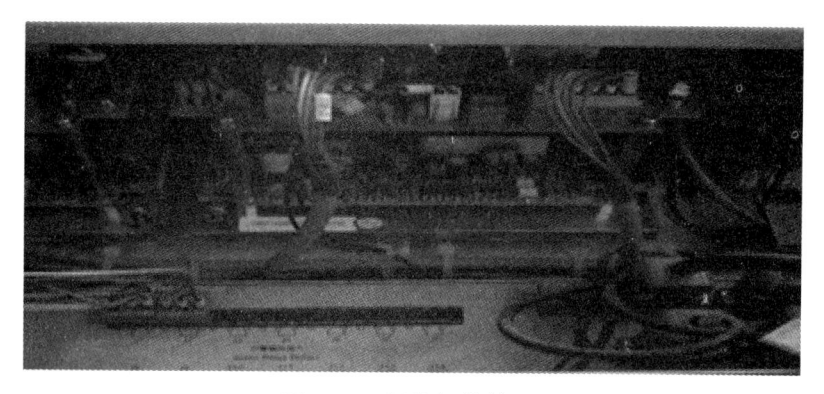

图 5-20　漏流报警检测

（10）电气性能指标测试。测量并记录Ⅰ路、Ⅱ路交流输入电压、各种电源输出电压，同时记录监测电压、电流值作为衡量监测单元测试精度的参考，如图 5-21 所示。

图 5-21　电源屏输出数据测试

（11）防雷检查。检查防雷器工作状态，如有异常及时更换，如图 5-22 所示。

图 5-22　电源屏防雷检查

1.2.3　计轴系统检修

1. 作　用

计轴是用于完成计算列车进出区段的轮轴数，给出轨道区段是否有车占用的设备。

2. 安全管理

（1）个人保护设备

作业人员应该正确穿戴劳保防护用品（荧光衣、工服、绝缘鞋、安全帽）。

（2）环境保护措施

① 注意因更换作业所导致的环境影响。

② 使用后的耗材不得随意丢弃，要分类处理。

3. 安全事项

（1）作业人员应按照计轴系统说明书正确安装和维护设备，避免设备损坏及人身伤害。

（2）只有测试适配板和放大触发带通滤波板（VESBA）支持热插拔。

（3）更换闭塞信息输入/输出板（BLEA12）前，必须记下故障板卡的 DIP 开关及跳线位置，备件的 DIP 开关及跳线应与原故障板卡一致。

（4）当计轴主机重新启动时，VAU 板记录的数据（车轴数）会丢失，因此，只有在申请系统停用获批准后才能重新启动系统。

（5）由于计轴传感器存在干扰抑制区，传感器周围 0.5 m 范围内不得出现金属异物。

（6）插拔板卡时，应对板卡做好标识，记录板卡序列号。

4. 作业工器具及材料（见表 5-3）

表 5-3　工器具及耗材

项目	名称	型号	数量	备注
工器具	数字万用表	287C	1（块）	—
	一字螺丝刀	62811	1（把）	—
	微型吸尘器		1（台）	—
	钟表螺丝刀	62811	1（把）	—
	电路板插拔工具			—
	螺丝刀	十字（200 mm）	1（把）	—
耗材	清洁布		1（块）	—
	防静电毛刷		2（把）	—
	保险管	0.2 A	若干	—
	棉丝		若干	—

5. 计轴主机季检

（1）室内参数频率 f_1、f_2 和电压 U_1、U_2 的测试。

① 开启 fluke287C 万用表，置于直流电压挡，如图 5-23 所示。

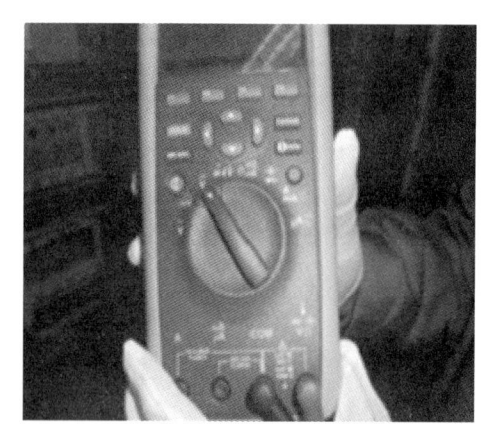

图 5-23　fluke287C 万用表调至直流电压挡

② 以 C0115 计轴点为例，测量 U_1 时，黑表笔插入 0 V 孔（任意一个），红表笔插入 U1 孔，如图 5-24 所示。

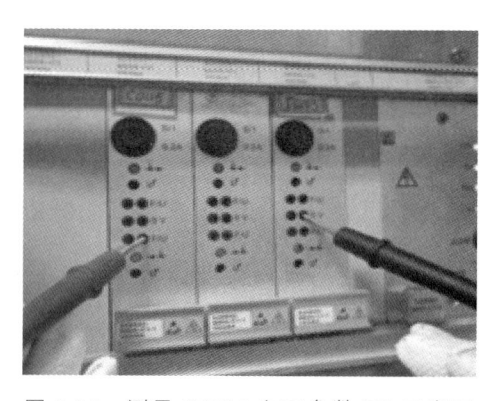

图 5-24　测量 C0115 电压参数 U1 示意图

③ 读数，U_1=2.9884 V，填入 AzS（M）350 型计轴室内主机季检测试表，U_1 标准值为 DC 3.0 V±0.1 V。

④ 测量 U_2 时，黑表笔插入 0 V 孔（任意一个），红表笔插入 U2 孔，如图 5-25 所示。

图 5-25　测量 C0115 计轴点 U2 示意图

⑤ 读数，U_2=3.0597 V，填入 AzS（M）350 型计轴室内主机季检测试表，U_2 标准值为 DC 3.0 V±0.1 V。

⑥ 将万用表置交流电压挡，按压 F1 功能键，选择 Hz 选项，再次按压 F1 确认，开始测量频率参数，如图 5-26、图 5-27 所示。

图 5-26　将万用表打到交流电压挡　　图 5-27　选择 Hz 选项

⑦ 测量频率 f_1，黑表笔插入 0 V 孔（任意一个 VESBA 板），红表笔插入 f1 孔，如图 5-28 所示。

图 5-28　测量 C0115 计轴点 f_1 示意图

⑧ 读数，f_1=3.5824 kHz，填入 AzS（M）350 型计轴室内主机季检测试表，f_1 标准值为 3.60 kHz±0.05 kHz。

⑨ 测量频率 f_2，黑表笔插入 0 V 孔（任意一个 VESBA 板），红表笔插入 f2 孔，如图 5-29 所示。

⑩ 读数，f_2=6.4984 kHz，填入 AzS（M）350 型计轴室内主机季检测试表，f_2 标准值为 6.52 kHz±0.10 kHz。

⑪ 如果电压参数不在标准值范围内，则需要使用一字螺丝刀在计轴主机上进行调整。

图 5-29　测量 C0115 计轴点 f_2

⑫ 调整 U_1/U_2，红表笔插在 U1/U2 孔，黑表笔插入 0 V 孔，用一字螺丝刀插入 U1/U2 电位调整孔进行调整，直至调整到标准值范围内；若频率 f_1、f_2 不在标准值范围内，则需要利用夜间施工点到室外计轴箱内进行调整，如图 5-30 所示。

图 5-30　调整 U_1/U_2

1.2.4　信号机检修

1. 作　用

色灯信号机以其灯光的颜色、数目和亮灯状态来标识信号。XSLE 型 LED 色灯信号机点灯单元由发光二极管 LED 构成，LED 是一种节能、免维护的新型光源。

2. 安全管理

1）个人保护设备

室外检修人员应正确穿戴劳保防护用品（反光衣、绝缘防砸鞋、安全帽、手套等）。

2）环境保护措施

使用后的耗材不得随意丢弃，要分类处理。

3. 安全事项

（1）作业前，检查工器具是否齐全且性能良好，穿戴好防护用品，做好安全预想。

（2）对信号机进行带电作业时，应使用绝缘工具，穿绝缘鞋，不得同时接触导电和接地部分。

（3）测量参数或插拔电缆线时切勿使用蛮力，以免损坏接线端子。

（4）对隧道边缘信号机作业时需使用梯子，注意墙壁电缆支架，严禁站在消防管道上作业，严禁将梯子架在电缆支架上。

（5）调整信号机灯光时，严禁盲目提高工作电压，以免造成设备损坏。

（6）作业完成后，应对设备进行彻底检查、试验，经检查、试验良好后方可离开。

（7）作业人员需3人（室外2人，负责信号机室外检修项目；室内1人：负责测量信号机工作电流，排列进路，断开侧面端子并恢复确认等）。

4. 作业工器具及材料（表5-4）

表5-4 工器具及耗材

项目	名称	型号	数量	备注
工器具	活口扳手	150 mm	1（把）	—
	一字绝缘螺丝刀	2 mm×75 mm	1（把）	
	活口扳手	200 mm	1（把）	
	万用表		1（个）	
	手持机		1（台）	测电流用
	人字梯		1（个）	
	油壶		1（个）	—
	发光盘（红、绿、黄、蓝）		各1	
	螺栓及螺帽	M16	10	基础螺栓

5. 作业内容

1）信号机检修

在城市轨道交通当中，由于各城市设计理念和标准不一样，有的地铁列车在以CBTC模式运行时，正线信号机没有任何灯光显示，所以常态下为灭灯。有的地铁要求列车在以CBTC模式运行时正线上信号机显示蓝灯（终端信号机除外），如果欲开放其他颜色灯光，首先应断开DARKR继电器的励磁端子，让DARKR继电器落下，此时室外点亮红灯，通过排列直股进路和弯股进路可以开放绿灯和黄灯，特殊的道岔防护信号机需排列引导进路时才能点亮黄灯。下面以信号机S0703常态亮蓝灯为例进行介绍。

（1）信号机蓝灯检修。

由于信号机常态点蓝灯，故先检蓝灯，再检其他灯位，检修项目是一致的，检修项目参照红灯检修。

（2）DARKR 失磁落下。

室内检修人员参照信号机驱动及采集电路图纸（见图 5-31），首先应断开 VI4-701-10、VI4-701-11 两个端子（见图 5-32），并用绝缘胶带防护防止短路，确认 S0703DARKR 落下，此时室外信号机开放红灯（见图 5-33）。填写《信号机年检 DARKR 端子插拔确认单》，记录插拔的组合侧面端子线号。

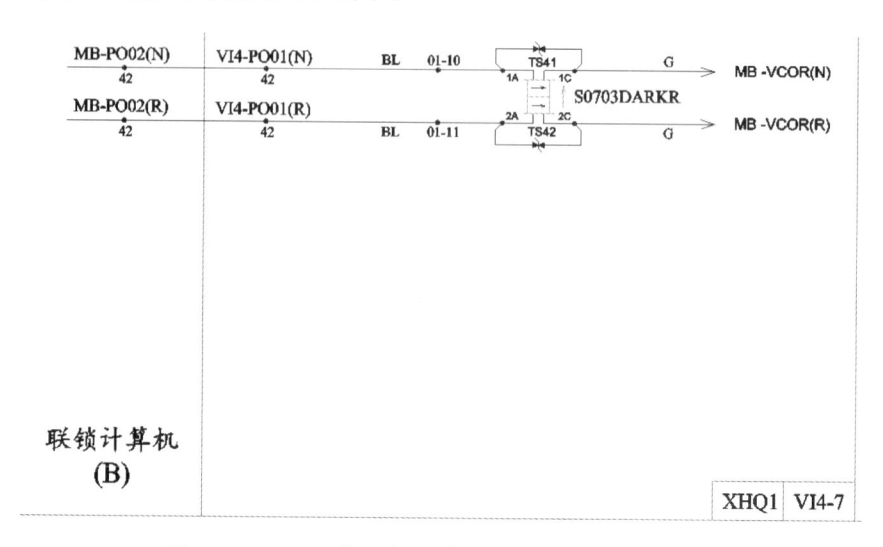

图 5-31　S0703 信号机驱动和采集电路图（局部）

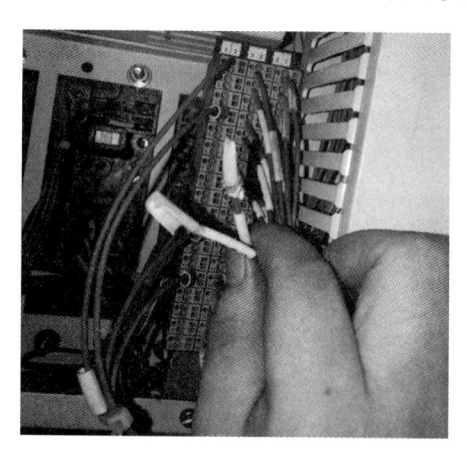

图 5-32　断开 S0703 信号机侧面端子

图 5-33　S0703 信号机室外开放红灯

（3）信号机红灯检修。

① 灯位工作电流测量。

室内检修人员使用信号机报警仪手持机进行灯位工作电流测量，通过测试表通道的"+""−"键选择对应信号机灯位的通道，通过菜单键选择测试内容为"工作电流"，即可读到室外开放对应灯位的工作电流值，电流值标准为上门限 150 mA，下门限 100 mA，电流值应在这个范围内，超出该范围值将出现灯丝断丝报警。如图 5-34 所示，S0703 信号机红灯的工作电流为 130 mA。

注：如果该通道未开放任何灯位，显示电流值为 0。例如，手持机显示 6.000，含义为第六通道电流值为 0。故检修时需室内室外人员相互配合。

图 5-34　测量信号机工作电流

② 信号机变压器输入、输出端电压测量。

室外检修人员将万用表置交流电压挡，分别测量变压器输入、输出端电压，输入端电压标准为 105 V±5 V（见图 5-35），输出端电压标准为 47 V±5 V（见图 5-36）。测量结果：输入端电压为 AC 100.2 V，输出端电压为 AC 46.7 V，符合技术参数标准。

图 5-35　测量输入端电压　　　　图 5-36　测量输出端电压

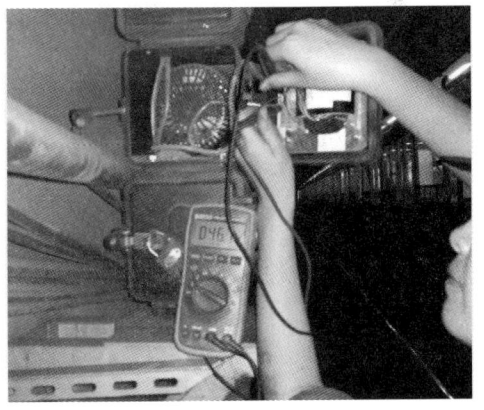

③ 接线检查。

打开信号机后盖/电缆盒盖，轻微拨动各接线，查看是否有松动，若有接线松动，用一字小螺丝刀重新接线，如图 5-37 所示。

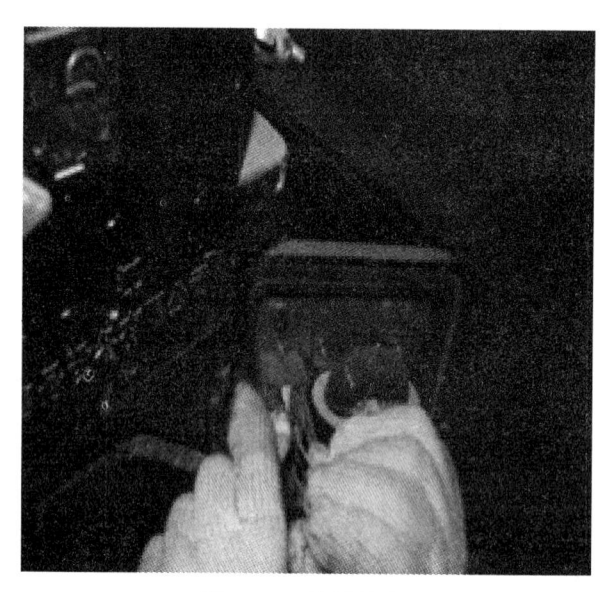

图 5-37 接线检查

④ 结构外观检查。

检查信号机和电缆盒基础是否牢固、是否缺少部件、各部件是否无损伤,如图 5-38 所示。

图 5-38 外观检查

⑤ 发光盘检查。

查看发光盘点灯、外观状态,背板是否有焦糊情况,尤其是常亮发光盘,如有焦糊情况应及时更换发光盘。

⑥ 各部位螺丝。

各部螺丝紧固、无松动,如有松动情况,使用扳手或套筒紧固各部位螺丝,如图 5-39 所示。

图 5-39 螺丝检查

⑦ 密封检查。

信号机机构各后盖胶条不得有脱落、断条情况，如有断条或密封不严须及时更换密封胶条，如图 5-40 所示。

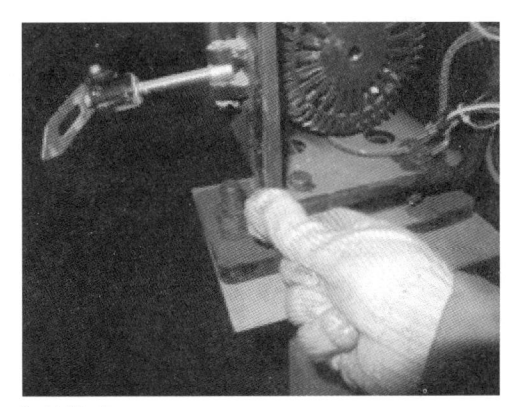

图 5-40 密封检查

⑧ 清洁注油。

信号机应保持清洁无异物，使用油壶在各螺丝、金属处注油，以免生锈，如果螺丝生锈应及时更换，如图 5-41 所示。

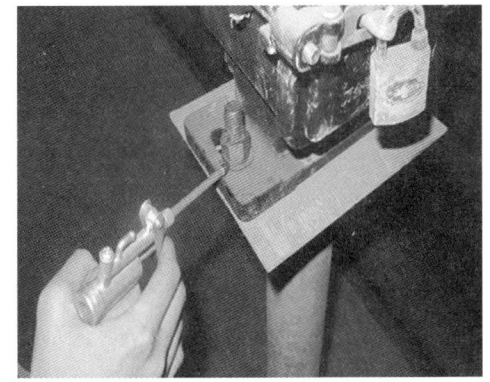

图 5-41 清洁注油

⑨ 检查安装在隧道里的半高式信号机及安装隧道壁的壁挂式信号机基础是否稳固，有无晃动情况；检查立柱式信号机底部螺丝是否锈蚀，如发现立柱式信号机底部螺丝锈蚀，应及时处理，防止其倾斜、侵限、晃动，对列车运营造成影响（见图5-42）。

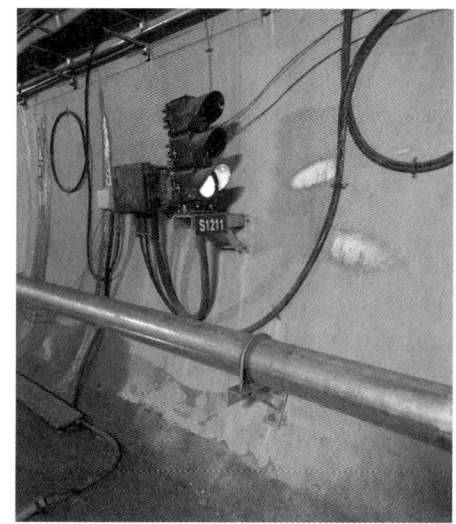

图 5-42　信号机稳固性检查

（4）信号机绿灯检修。

在车控室本地控制盘（LCP）上将控制界面由ATS切换至LCW，在LCW界面排列直股进路，此时室外信号机开放绿灯，检修项目参照红灯。

（5）信号机黄灯检修。

在LCW界面排列弯股进路，此时室外信号机开放黄灯，检修项目参照红灯。如果该架四显示信号机无法开通弯股进路，则开通引导进路来点亮黄灯，需要人工插拔轨道继电器模拟列车占用接近区段及进路内方计轴区段故障，排列引导进路，开放引导信号红、黄灯。填写《测试引导信号轨道继电器插拔确认单》，记录插拔的继电器编号。

（6）施工结束检查。

① 室外人员检修完成后关好各后盖及电缆盒，关闭后盖时应注意各接线不得接触到变压器电阻上，以免因发热烧坏接线。

② 清点工具，确保无遗漏，人员出清。

③ 室内人员恢复信号机各DARKR组合侧面端子，并填写《信号机年检DARKR端子插拔确认单》，再次确认侧面端子已恢复。

④ 室内人员恢复测试引导信号时插拔的轨道继电器，并填写《测试引导信号轨道继电器插拔确认单》，再次确认轨道继电器已恢复。

⑤ 室内人员查看ATS/LCW界面显示，DARKR、GJ继电器状态，确保各设备正常工作状态，界面显示正常，无灯丝报警。

1.2.5 动态信标检修

1. 作　用

轨旁动态信标是用于将出站信号机绿显示信息传送给车载 ATP 的设备。动态信标由出站信号机点亮绿灯激活，动态被激活后，当列车的信标读取天线越过轨旁动态信标时，一个数字信息将传送给列车上的 ATP 查询器。动态信标只有在与之关联的出站信号机点绿灯时才被激活。

2. 检修内容及步骤

1）动态信标半年检内容

（1）检查信标外观是否良好，有无明显凹陷、破裂或其他可见的损伤，如损坏严重则更换（见图 5-43）。

图 5-43　动态信标外观

（2）检查箱盒盖内密封胶圈状态是否完好、电缆防护橡皮软管与箱盒连接处是否紧固，有无漏水隐患（见图 5-44）。

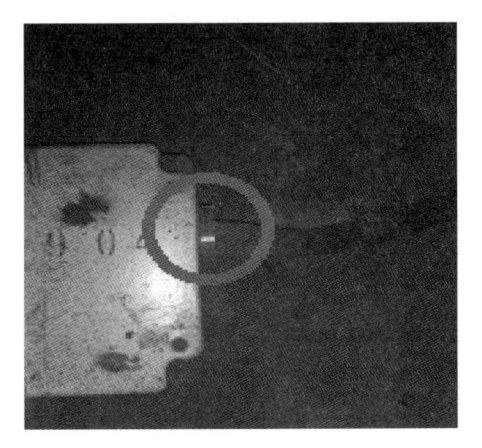

图 5-44　密封圈

（3）检查安装支架位置有无偏移、螺丝是否紧固、各部件有无锈蚀（见图5-45）。

图 5-45　安装支架和螺丝部位

（4）检查固定电缆的螺栓和电缆连接插头是否松动；检查电缆防护橡皮软管是否破裂，如破裂进行修补（见图5-46）。

图 5-46　电缆软管检查

（5）清除信标周围积水及杂物。

（6）检查设备位置是否发生变化，具体数据参照施工安装标准

1.2.6　静态信标检修

1. 定　义

静态信标是具有刷写 ID 功能的电子标签，列车通过读取静态信标来实现列车定位、对标等功能。

2. 静态信标检修内容

（1）检查信标外观是否良好，有无明显凹陷、破裂或其他可见的损伤，如损坏严重则更换。

（2）检查安装支架位置有无偏移、螺丝是否紧固、各部件有无锈蚀。

（3）清除信标周围积水及杂物。

（4）检查设备位置是否发生变化，具体数据参照施工安装表。

思政小课堂

消失的扳道工

扳道员，铁路工种之一，主要工作是在列车进出站前，执行铁路调度员发出的指令，操作扳道机，把进出站口的铁路道岔扳到列车要走的那股道上，保证列车行驶方向正确。扳道员曾是铁路系统不可或缺的重要岗位。近年来，随着铁路科技飞速发展，自动化道岔普及，扳道员逐步退出历史舞台。

杨智慧就是现在为数不多的扳道员之一。

2019年8月9日一大早，昆明局集团公司昆明车务段扳道员杨智慧，走进读书铺车站云南盐化专用线旁一间8平方米的小屋子里，开始长达48小时一个班的工作。杨智慧是昆明车务段仅有的2名扳道员之一，在读书铺车站云南盐化专用线旁边这条狭长的黄土路上，来来回回走了27年，风雨无阻。1条黄土路、3组道岔，就是杨智慧工作的全部。他指着这条黄土路说："以前没有路，是一片荒地，来回走多了，就踩出这么一条路来。"每个班48小时，只要是有列车进出，无论刮风下雨还是白天黑夜，杨智慧都要及时到达相应道岔，为进出货场的列车安排准确道路。每天进出云南盐化专用线的列车大概有四五十趟，杨智慧每天要扳道四五十次。

1983年，20岁的杨智慧来到铁路，在成昆铁路青龙寺站当扳道员。那时候成昆铁路还没进行电气化改造，机车是内燃机车，道岔由人工扳道。杨智慧说，干扳道员需要很强的责任心，如果扳错导致列车进错股道，那是非常危险的。

1992年，杨智慧"转战"云南盐化专用线。1993年，成昆铁路开始电气化改造，自动化道岔逐步取代人工扳道道岔。如今，高铁网络遍布大江南北，动车奔驰在祖国广袤的大地上，扳道员这个工种逐步淡出历史长河。杨智慧感慨万分："我刚参加工作时，从来没有想过、也不敢想，祖国铁路发展会如此之快。作为一名铁路人我真的非常自豪和高兴。"36年来，杨智慧一直坚守扳道员这个岗位，虽然白发逐渐爬上了他的头顶，但扳道动作依然刚劲有力。他说，自己还有4年就退休了，到时候想坐着动车到处去看看，看看铁路发展的成果，看看祖国的大好河山。

任务 2　车辆段设备标准化检修作业

2.1　基本作业流程

车辆段设备标准化检修作业流程如图 5-47 所示。

召开班前会 → 准备工器具、做好安全防护 → 请点 → 现场作业 → 销点

图 5-47　车辆段设备标准化检修作业流程

2.2　单项设备维修作业

车辆段设备按照作业种类可分为道岔转辙设备、列车监督设备、联锁设备、信号机、电源设备等。在日常工作中，转辙机是信号维修的重点，经常动作的岔区一般实行半月检，不经常动作的一般实行月检，其他的设备大多数实行季度检或者年检。

2.2.1　ZD6-D 型转辙机检修

1. 作　用

转辙机是道岔控制系统的执行机构。用于转换锁闭道岔尖轨或心轨，表示监督联锁区内道岔尖轨或心轨的位置和状态。

2. 安全管理

1）个人保护设备

作业人员应正确穿戴劳保防护用品（反光背心、工装、防砸鞋、安全帽）。

2）环境保护措施

使用后的耗材不得随意丢弃，要分类处理。

3. 作业工器具及材料（见表 5-5）

表 5-5　工器具及耗材表

项目	名称	型号	数量	备注
工器具	数字万用表	17B	1（块）	—
	钳形电流表	336	1（块）	—
	铲刀	95201	1（把）	—
	一字螺丝刀	62222	1（把）	—
	十字螺丝刀	63620	1（把）	—
	密贴检查锤	2 mm/4 mm	1（把）	—

续表

项目	名称	型号	数量	备注
工器具	手锤	1.5磅	1（把）	—
	箱盒钥匙	ZD6-D	1（把）	—
	套筒扳手	4 mm/5 mm/6 mm/8 mm	1（套）	—
	钢丝钳	70333	1（把）	—
	尖嘴钳	70131	1（把）	—
	斜口钳子	70232	1（把）	—
	活口扳手	450 mm	1（把）	—
	棘轮扳手	JIAXIN27130	1（把）	—
	梅花扳手	27 mm /30 mm	1（把）	—
	手摇把		1（把）	—
	起销器		1（个）	—
	扁毛刷	1.5寸	2（支）	—
	钢丝刷		1（支）	—
	安全掩木	15 cm ×12 cm	1（块）	—
耗材	清洁布		2（块）	—
	机油		适量	—
	白布		1（块）	—
	铁绑线	1.6 mm	适量	—
	开口销	3 mm/4 mm/5 mm	4（个）	—
	密封圈	ZD6-D	1（个）	—
	润滑脂	TR-1	0.1（升）	—
	尼龙扎带		若干	—
	干燥剂		1（袋）	—
	绝缘垫		2（个）	—
	挤切销		1（个）	—

4. 作业内容

1）安装装置

（1）安装装置方正，无裂纹，角钢底面距基础面大于 10 mm。

（2）绝缘件状态良好。

（3）各部螺栓作用良好，不失效，如图 5-48 所示。

图 5-48 转辙机外观检查

2）外部杆件

（1）尖端杆作用良好，各丝扣余量不小于 10 mm。

（2）密贴调整杆空洞游间不小于 5 mm，防松措施完整，销孔磨耗不大于 1 mm，开口销齐全完好，如图 5-49 所示。

图 5-49 动作杆、表示杆开口销检查

（3）动作杆状态良好。

（4）主副表示杆连接螺栓不松动，销孔磨耗不大于 0.5 mm，连接铁固定良好。

（5）牵引点连接杆、杆架状态良好。

（6）各杆与基本轨相垂直不磨卡，与道碴距离大于 20 mm。

（7）各部机械无老伤裂纹，螺栓作用良好，不失效。

（8）绝缘件状态良好。

3）道岔状态

（1）道岔密贴状况检查，4 mm 不锁闭，2 mm 锁闭。

（2）尖轨无飞边、翘头、弓背或其他异状，爬行不得超过 20 mm，单根尖轨前后串动之和不超过 10 mm。

（3）顶铁作用良好，与尖轨间隙不大于 1 mm。

（4）前三块滑床板作用良好，滑床板无连续失效情况。

（5）手摇道岔，检查道岔密贴过程中尖轨和转辙机的动作状况，无卡阻，尖轨无反弹，如图 5-50 所示。

图 5-50　转辙机静态密贴检查

4）转辙机外部
（1）转辙机加锁良好，机壳无裂损。
（2）防尘板状态良好，与各部不磨卡，定位箭头指示正确、清晰。
（3）后套筒安装紧固。
（4）各部螺栓作用良好，不失效。
（5）基础完整，不倾斜，代号清晰，培土良好无杂草。箱盒无裂纹，无破损。
（6）引入管完好，不悬空，两端无脱落，如图 5-51 所示。

图 5-51　转辙机机壳检查

5）转辙机内部检修
转辙机内部构造如图 5-52 所示。

图 5-52　转辙机内部组成

（1）遮断器接点接触良好，接触深度不小于 4 mm，非经人工恢复不得自动接通电路，且断开距离不小于 2 mm。

（2）遮断器开闭正常，胶木无裂纹，配线无损伤，线头不松动，开口销齐全，如图 5-53 所示。

图 5-53　打开遮断器

6）电机

（1）转动时转子、定子不磨卡。

（2）转动时无异声，无过大火花。

（3）配线无断股，不磨卡，线头无松动。

（4）各部螺栓作用良好，不失效，如图 5-54 所示。

图 5-54　转辙机电机

7）插接件

（1）插接件固定螺栓紧固，防松措施作用良好。

（2）配线无断股，不磨卡，线头无松动，如图 5-55 所示。

图 5-55　插接件

8）减速器

（1）外壳无裂纹，安装牢固，转动灵活无异声。

（2）摩擦联接器调整弹簧有效圈的相邻圈最小间隙不小于 1.5 mm，弹簧不得与夹板圆弧部分触碰，放松措施作用良好。

（3）摩擦带无损伤，无油污；内齿轮伸出部分保持清洁，不锈蚀，不沾油。

（4）夹板轴的开口销作用良好，如图 5-56 所示。

图 5-56 减速器

9）自动开闭器

（1）安装紧固，接点接触面擦拭，接触良好，接点片无严重磨损，压力适当，胶木无裂纹。配线整齐，无断股，无破皮，不磨卡，线头无松动。

（2）速动爪与速动片应有间隙，解锁时为 0.3~1 mm，锁闭时为 1~3 mm。滚动轴不松动，传动中应在启动片上滚动，落下后不打底，距启动片缺口底部不小于 0.5 mm。

（3）拉簧作用良好，无锈蚀。

（4）动接点在静接点片内的接触深度不小于 4 mm，用手扳动动接点，其摆动量不大于 3.5 mm；动接点与静接点座间隙不小于 3 mm。

（5）开口销齐全，作用良好。

（6）接点深度调整螺母无松动，挡销板作用良好。

（7）活动部分动作灵活，油润良好，如图 5-57 所示。

图 5-57 自动开闭器

10）表示杆与动作杆

（1）表示杆缺口的间隙为 1.5 mm±0.5 mm，如需调整，伸出位调整表示调整杆上的螺母；拉入位调整时需要卸下罩筒，调整表示杆末端螺母，缺口偏大顺时针拧，缺口偏小逆时针拧。

（2）动作杆与齿条块的轴向位移量不得大于 0.5 mm；挤切销螺堵无松动。

（3）锁闭齿轮与齿条块无卡阻可能，止挡和止挡栓无损伤、裂纹。

（4）活动部分动作灵活，油润良好。

11）移位接触器

（1）安装牢固，胶木无裂纹，配线整齐，线头不松动。

（2）接点弹片动作良好，无卡阻，报警准确，如图 5-58 所示。

图 5-58 移位接触器

12）电气测试

（1）工作电压为 DC 160 ~ 230 V。

（2）工作电流不得大于 DC 1.5 A。

（3）摩擦电流为 2.3 ~ 2.9 A。

13）清扫

（1）清除设备表面、各活动部位、各杆件、螺丝丝扣上的污物、灰尘和油垢。

（2）转辙机内防尘、防水良好；机内清扫、整理线卡。

14）注油

（1）转辙机外部各活动部位、各杆件、螺丝丝扣刷涂机油。

（2）转辙机内部注油，如图 5-59 所示。

①电动转辙机锁鼻注油螺丝
②安全接点拐臂注油螺丝
③动接点拐臂注油螺丝
④速动片注油处
⑤检查栓注油处
⑥转换齿条、齿轮注基脂
⑦减速器注油孔
⑧内表示杆注油孔
⑨内动作杆注油孔

图 5-59 转辙机内部注油标准

15）复查试验

（1）盖上转辙机机盖，加锁完整。

（2）转换道岔试验良好。

2.2.2　50 Hz 相敏轨道电路检修

1. 定　义

轨道电路以钢轨为导体，两端加以机械绝缘，接上送电和受电设备构成的电路被称为轨道电路。

2. 安全事项

（1）检修作业时禁止在设备上封连线。

（2）禁止盲目调节送电端电阻。

（3）禁止未经允许跨区段作业。

（4）禁止用湿抹布擦拭设备。

（5）禁止带电更换电器元器件。

3. 作业工器具及材料（见表 5-6）。

表 5-6　工器具及耗材

项目	名称	型号	数量	备注
工器具	信号套筒扳手	4 mm、5 mm、6 mm	1（把）	—
	万用表		1（块）	
	斜嘴钳	70223A	1（把）	—
	十字螺丝刀	63614	1（把）	—
	一字螺丝刀	62222	1（把）	—
	钢丝钳	72203	1（把）	—
	活动扳手	250 mm	1（把）	—
	两用扳手	40205	1（把）	—
	轨道电路极性交叉测试仪		1（台）	
	镊子		1（把）	—
	圆头锤	1.5 磅	1（把）	—
	锉刀		1（把）	—
	圆柱冲	S080108	1（个）	
耗材	轨道箱盒钥匙		1（把）	—
	轨道分路线		1（条）	—
	防水绝缘胶带		1（卷）	—

4. 作业内容及步骤

1）送电端电压测试

（1）室外人员用轨道箱盒钥匙将箱盒打开，如图 5-60 所示。

图 5-60　轨道电路箱盒钥匙

（2）转辙机箱盒内部结构如图 5-61 所示。

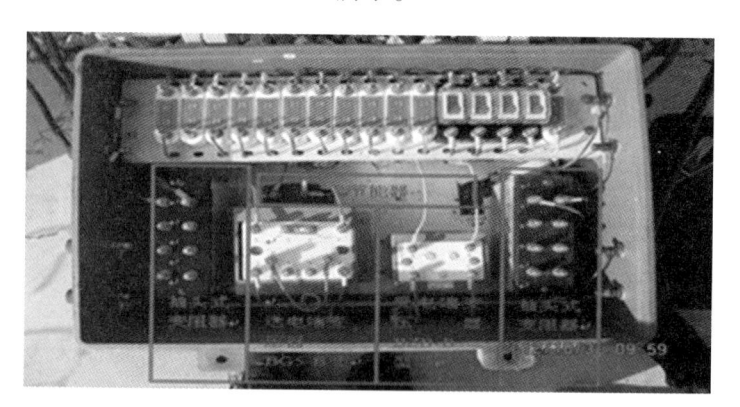

图 5-61　轨道电路一送一受箱盒内部结构

（3）用万用表交流挡测量送电端一次侧，两表笔分别放置在 BG5-B 变压器的 1、4 端子上，二次侧 1、6 端子上，如图 5-62 所示，并将测试结果填到检修记录表中，一次侧标准值为 210~240 V，二次侧标准值为 4~12 V。

图 5-62　送电端测量

2）受电端电压测试

用万用表交流挡测量受电端,两表笔分别放置在 BZB-B 变压器一次侧端子（见图 5-63）,二次侧的Ⅱ1、Ⅱ2 端子（见图 5-64）,并将测试结果填到检修记录表中,一次侧标准值为 0.3~0.5 V,二次侧标准值为 18~30 V。

图 5-63　受电端一次侧测量　　　　图 5-64　受电端二次侧测量

3）限流电阻电压测试

用万用表的交流档测量限流电阻上的电压（见图 5-65）,并将测试结果填到检修记录表中,送电端限流电阻标准值为 3~10 V,受电端限流电阻标准值为 0.7~4 V。

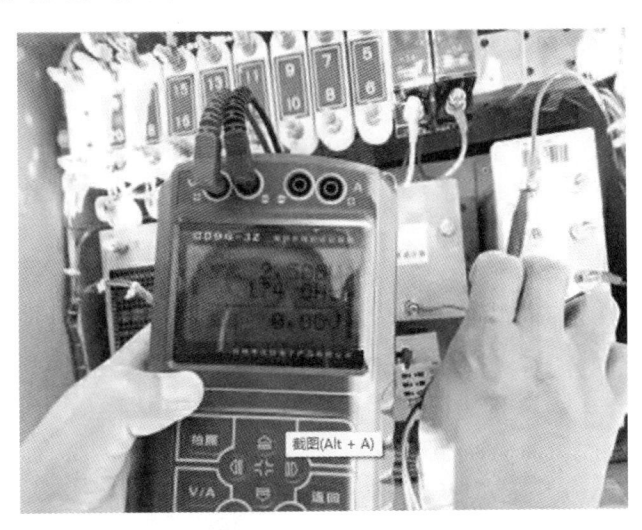

图 5-65　限流电阻测量

4）轨面电压测试

在测量送/受端电压时,分别在距离送电端箱盒或者受电端箱盒的轨面上测量,当轨面有锈蚀要用锉刀将轨面上的锈蚀去掉,如图 5-66 所示,然后将万用表置交流挡,用两表笔分别接到两条钢轨上测量轨面上的电压,如图 5-67 所示,并将测试结果填到检修记录表中。

153

图 5-66 去锈蚀　　　　　　　　图 5-67 轨面测量

5）轨道箱盒整体检查

（1）箱盒电缆根部完整，密闭作用良好。

（2）用毛刷清扫内部污垢，干净，整洁，无尘土。

（3）检查钢轨引接线无伤痕，垫好胶垫，复查箱盖良好。

（4）外部不破损，托架无损伤。

（5）各部螺帽紧固，背帽、垫圈齐全，单股线环不反劲。

6）引接线、跳线检查、单轨条牵引回流线检查

（1）轨道线缆距轨底应有 20 mm 以上间隙。

（2）回流线、接续线、跳线连接牢固，线头在钢轨和箱盒接触处不松动，断根不超过 1/5；跳线、斜连线、引接线的长度、规格适当，固定在枕木或专用的装置上，不得埋于土中。引接线塞钉打入深度最少与钢轨平，露出不超过 4 mm，如图 5-68~图 5-71 所示。

7）钢轨绝缘检查

（1）检查钢轨绝缘（槽型、筒型、垫片、轨端）良好，不腐蚀，无严重破损，轨端绝缘不超过钢轨上面断面。

（2）钢轨绝缘螺栓不松动，道钉不碰夹板，无混电。

图 5-68 钢轨跳线连接标准　　　　　　　　图 5-69 牵引回流线连接标准

图 5-70　钢轨跳线走线方式标准　　　　图 5-71　牵引回流线走线方式标准

8）一般故障查找方法

当出现受电端电压低时，查找钢轨对地绝缘；接续线、跳线连接牢固，线头在钢轨和箱盒接触处不松动；调整受电端限流电阻，提升受电端电压，但要确保相敏接收器的相位角范围为 0°±30°。

思政小课堂

人物事迹

于本蕃，男，汉族，1982 年 10 月出生，中共党员，专科以下学历，中国铁路青藏集团有限公司格尔木工务段望昆线路车间副主任，技术员，2021 年 1 月，被中共中央宣传部、中国国家铁路集团有限公司授予 2020 年"最美铁路人"称号。

于本蕃是一位善于钻研的铁路工人，他用 5100 多个日日夜夜，从小技巧到大经验，积累了几十万字的抗冻土笔记。高原冻土是世界性难题，他创造的"看、测、析、敲、听、验"六标检修工作法，在青藏高原冻土路段被广泛应用。

望昆线路车间地处昆仑山脚下，与玉珠峰相望，车间负责的 116 公里线路平均海拔超过 4500 米，空气中含氧量只有平原地区的 45%。夏天防水患，冬天防冻害，春秋防火灾。不管出现什么故障，在唐古拉线路车间养路工洛桑群培的印象里，永远都会有于本蕃奋勇向前的背影。从唐古拉到望昆，于本蕃在海拔 4500 米的高原已经待了 14 年，当初一起上唐古拉的 20 多人中，唯有他一人还坚守在"天路之巅"。

复习思考题

1. ZDJ9 型电动转辙机的外观和内部件差包括哪些内容？
2. 计轴设备检修时有哪些注意事项？
3. 计轴设备检修时应准备哪些工器具？
4. 在进行设备检修作业时的作业流程是什么、
5. 信号机检修时有哪些注意事项？
6. 信号机检修测试有哪些内容？

7. ZD6-D 型电动转辙机有哪些部位需要注油？
8. 50 Hz 微电子相敏轨道电路的检修测试包括哪些内容？
9. 道岔密贴的标准是什么？
10. 电源屏的检修测试包括哪些内容？
11. 动接点在静接点片内的接触深度是多少？
12. ZD6-D 型电动转辙机检修需要哪些工器具？
13. 动态信标的作用是什么？
14. 静态信标的检修作业有哪些内容？

任务 3　车载设备标准化检修作业

车载设备的检修和其他设备有所区别，其他设备日常巡检仅限于用眼睛观察，不能对运行当中的设备进行操作，而车载设备比较特殊，对设备进行巡检时，一般列车已经回到车库，不在线路上运行，所以可以对设备进行操作。下面从车载设备的日常检修、季度检修、年度检修来讲述。

3.1　基本作业流程

车载设备标准化检修作业流程如图 5-72 所示。

召开班前会 → 准备工器具、做好安全防护 → 请点 → 现场作业 → 销点

图 5-72　车载设备标准化检修作业流程

3.2　安全注意事项

（1）检修作业升弓前须确认车下无人，鸣笛后方可进行升弓作业。
（2）车载机柜重启间隔不得少于 40 s。
（3）不得带电插拔车载硬件设备。
（4）进行车下检修作业时，必须佩戴安全帽、防砸鞋、反光背心，并在列车两端车头放置警示牌，防止其他人员进行升弓作业。
（5）车下作业时检查车头及车尾前方的轨道上是否有禁动牌。

3.3　作业前准备

（1）明确施工内容、人员分工以及注意事项。
（2）检修工具准备齐全。
（3）按照规定在轮值工程师办理请点登记手续。

（4）当车载设备出现故障时，应及时处理，避免影响运营。

（5）按照规定做好安全防护。

3.4 作业工器具及材料（见表5-7）

表 5-7 工器具及耗材

项目	名　称	型　号	数　量	备　注
工器具	一字螺丝刀	63704	1（把）	—
	十字绝缘螺丝刀	63607	1（套）	—
	活动扳手	47204	1（把）	—
	笔记本电脑	6410	1（套）	—
	手电筒	8007	1（个）	—
	卷尺		1（个）	—
	静态信标		1（个）	—
	电吹风筒	KF8894	1（个）	—
	吸尘器	SC_A200	1（个）	—
	套筒组套	09002	1（套）	—
	防静电手环	S038046	1（个）	—
耗材	抹布		5（块）	—
	防静电毛刷		1（把）	—

3.5 作业内容

3.5.1 日常检修

1. 车载设备加电前检查

（1）检查CC机柜内各插头是否牢固。

（2）检查机柜内各板卡螺丝是否拧紧。

（3）检查模式开关1是否在RM位、模式开关2是否在NOR位、车门模式开关是否在MDO/MDC位。

2. CC机柜PCB模块巡检

CC机柜一般放在司机室，用来放置板卡的机柜一般叫作机笼，CCTE板卡管理处理器计算、数据结果检查、数据分享以及ATO功能。每台CC机柜装有3块CCTE板卡，机笼A中安装CCTE1，机笼B中安装CCTE2和CCTE3。CC机柜启动完毕后，CCTE板的ER指示灯不会出现红色闪亮或常亮状态，如图5-73所示，如果CCTE板红色闪亮或常亮，重启CC后不能恢复，须更换CCTE板。

图 5-73 CCTE 板卡显示

3. TOD 巡检

（1）检查 TOD 的显示屏是否无裂痕、无破损。

（2）闭合钥匙开关前，TOD 显示"维护模式"，如图 5-74 所示。

（3）闭合钥匙开关后，TOD 显示"禁行"并有声音报警，如图 5-75 所示。

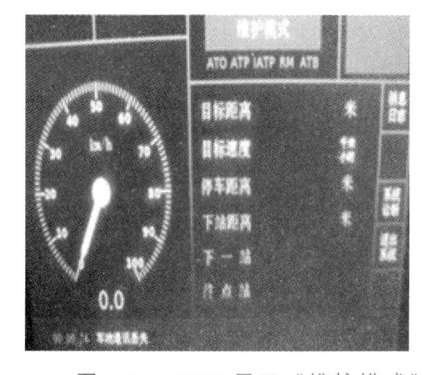

图 5-74 TOD 显示"维护模式"　　图 5-75 TOD 显示"禁行"

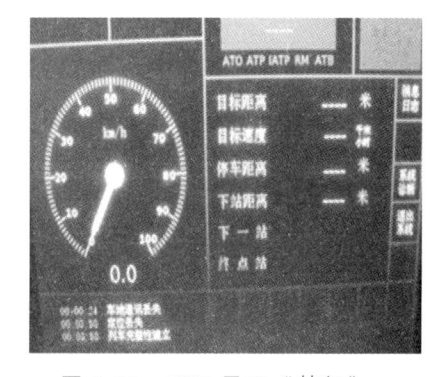

（4）将模式开关 2 转换至 NOR 位，TOD 显示"RM 模式"并有紧急制动提示和声音报警，此时将司控器手柄置于 RB 位，紧急制动缓解，如图 5-76 所示，紧急制动缓解后，司控器手柄置于惰性位。

图 5-76 紧急制动显示及缓解方法

4. TI 主机巡检

每个车头包含一个 TI（安装在 CC 机架内）和一个 TI 天线（安装在转向架前端）。两个 TI 各提供一个 RS-232C 接口、一个 STROBE 和 RF 信号机输入/输出接口、一个 TI 天线同轴接口及一个电源接口。TI 主机正常启动后，电源指示灯 OK 绿色闪亮。TI 主机如图 5-77 所示。

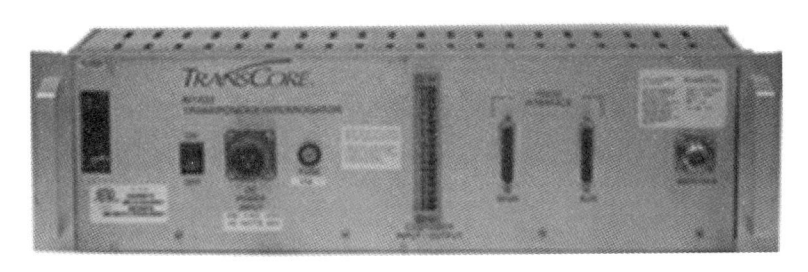

图 5-77　TI 主机

5. MR 主机巡检

车载数据通信系统（DCS）由移动通信系统（MR 主机）和 MR 天线构成。每个车头安装一个 MR 主机和 2 个 MR 天线。MR 主机正常启动后，Ethernet、status、Radio 三个指示灯绿色闪亮，MR 主机如图 5-78 所示。

注：在 ZC 通电的情况下，列车以 IATP 和 ATP 混合模式或仅以 IATP 模式运行且存在不同 CC 版本工作，须将 CC 版本与 ZC 版本不同的列车 MR 关闭。

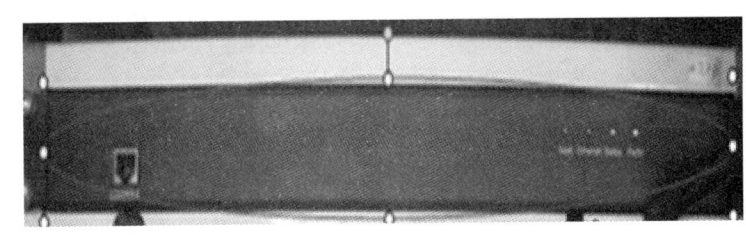

图 5-78　装于 CC 机架内的 MR

6. 模式开关巡检

模式开关 1 有 5 个挡位：ATO 模式、OFF（ATB）模式、IATP 模式、ATP 模式和 RM 模式，如图 5-79 所示。模式开关 2 有 2 个挡位：NRM 模式、NOR 模式，如图 5-80 所示。检查各挡位是否固定不松动，各挡位是否可以转换至其他挡位，如果挡位松动需要用一字螺丝刀将模式开关下方的螺丝拧紧。

7. 事件日志下载和版本检查

（1）将网线插在 ESE2 的第三个 3 网口上。

（2）确认 CC 工作正常。

（3）点击 system 图标，进入 administration 中的 network 选项，将"inactive eth0 eth0:0"选项的勾去掉后重新选中，并点击 activate 图标。

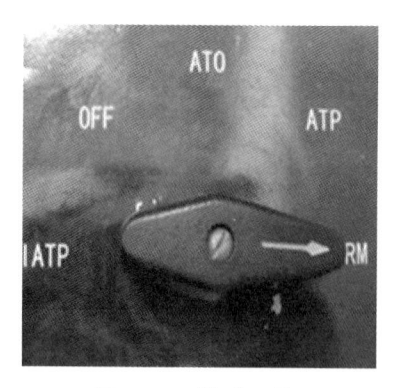

图 5-79　模式开关 1　　　　　图 5-80　模式开关 2

（4）双击"teminital"图标，查看电脑与 CC 的连接状态，ping 192.168.16.95/96/97/98。

（5）双击 MCT 软件中的"LaunchtoZipAndTestVersion.sh"脚本，打开版本校验软件，如图 5-81 所示。

图 5-81　"LaunchtoZipAndTestVersion.sh"脚本

（6）点击"Run in Terminal"选项，脚本提示输入列车车体号，点击"ENTER"，MCT 上的程序会从 CC 上下载事件日志，如图 5-82 如示。

图 5-82　输入列车号

（7）运行脚本，再次输入车体号，如图 5-83 所示。

图 5-83　再次输入列车号

（8）脚本执行完成后显示"Done"，按下"ENTER"键退出脚本，完成数据下载。

3.5.2 季度检查

1. TOD 外观检查

（1）检查 TOD 的显示屏表面有无裂痕和破损。

（2）检查边缘紧固螺丝是否松动或丢失，如图 5-84 所示。

（3）检查 TOD 与 CC 电源线及接地线是否有松动，如图 5-85 所示。

图 5-84　紧固 TOD 螺丝　　　　图 5-85　TOD 与 CC 电源线及接地线

（4）TOD 功能检查参照日常检修。

2. 车载设备模式开关巡检

模式开关 1 有 5 个挡位：ATO 模式、OFF（ATB）模式、IATP 模式、ATP 模式和 RM 模式，模式开关 2 有 2 个挡位：NRM 模式、NOR 模式。检查各挡位是否固定不松动，各挡位是否可以转换至其他挡位。

1) 模式开关 1

（1）查看模式开关 1 螺丝是否紧固，如螺丝松动，使用一字螺丝刀将其紧固，如图 5-86 所示。

（2）查看模式开关 1 处铭牌粘贴处有无开裂现象，若发现开裂，应将铭牌取下，将 3M 胶带将其铭牌下面围绕粘贴，将铭牌重新摆正，粘贴在模式开关 1 下方，紧固完成，如图 5-87 所示。

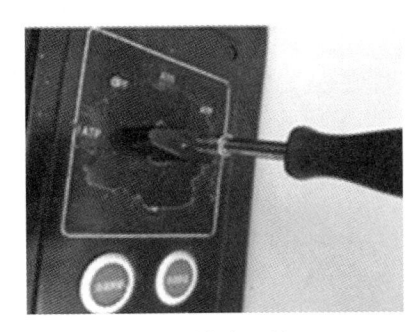

图 5-86　模式开关 1　　　　图 5-87　紧固后位置

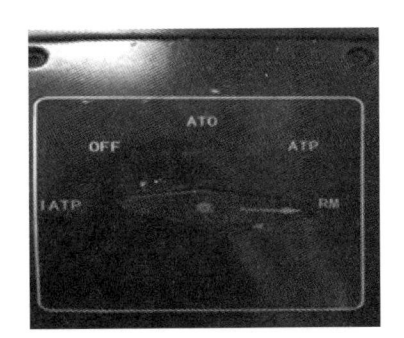

2）模式开关 2 巡检

（1）查看模式开关 2 时，螺丝是否紧固，如螺丝松动，使用一字螺丝刀将其紧固，如图 5-88 所示。

（2）查看模式开关 2 处铭牌处有无脱落现象，若发现螺丝脱落时，应将铭牌取下，将模式开关 2 铭牌四角螺丝重新紧固，如图 5-89 所示。

图 5-88　模式开关 2　　　　图 5-89　紧固模式开关 2 螺丝

3. 机笼检查

（1）检查机笼中各个板卡紧固螺丝是否齐全，如图 5-90 所示。

图 5-90　观察车下板卡螺丝

（2）检查机笼边缘紧固螺丝是否齐全，如图 5-91 所示。

图 5-91　观察机笼边缘螺丝

（3）紧固 MR 主机固定螺丝，如图 5-92 所示。
（4）紧固 TI 主机固定螺丝，如图 5-93 所示。

图 5-92　紧固 MR 边缘螺丝　　　图 5-93　TI 主机边缘螺丝

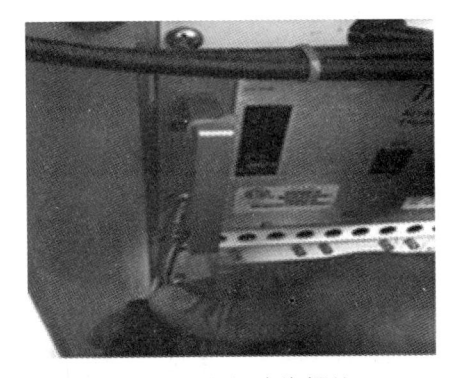

（5）紧固机笼中各板卡上下方螺丝，如图 5-94 所示。
（6）紧固风扇固定螺丝，如图 5-95 所示。

图 5-94　紧固板卡螺丝　　　图 5-95　紧固风扇螺丝

（7）紧固机笼下方挡板固定螺丝，如图 5-96 所示。
（8）检查 TI 主机各连线是否牢固且正确，如图 5-97 所示。

图 5-96　紧固挡板螺丝　　　图 5-97　检查 TI 主机连接线紧固情况

（9）紧固机笼背板螺丝，如图 5-98 所示。

（10）紧固 MR 主机电源线、接地线、通信电缆，如图 5-99 所示。

图 5-98　机柜后部挡板螺丝紧固

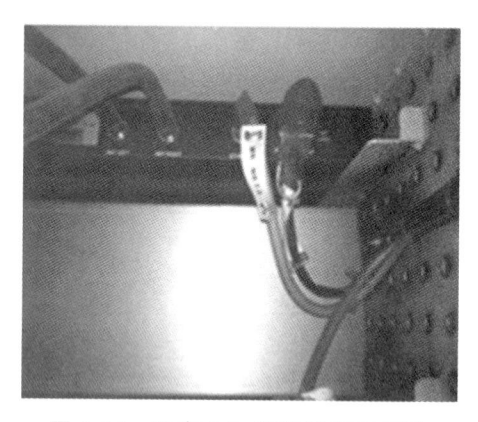

图 5-99　观察 MR 连接线有无松动

4. 查询应答器天线检查

查询应答器天线安装在带有司机室的拖车车厢的第一个转向架的 2 位端，居中安装在列车的纵向轴上。每列车两端各有一个查询应答器天线，如图 5-100、图 5-101 所示。

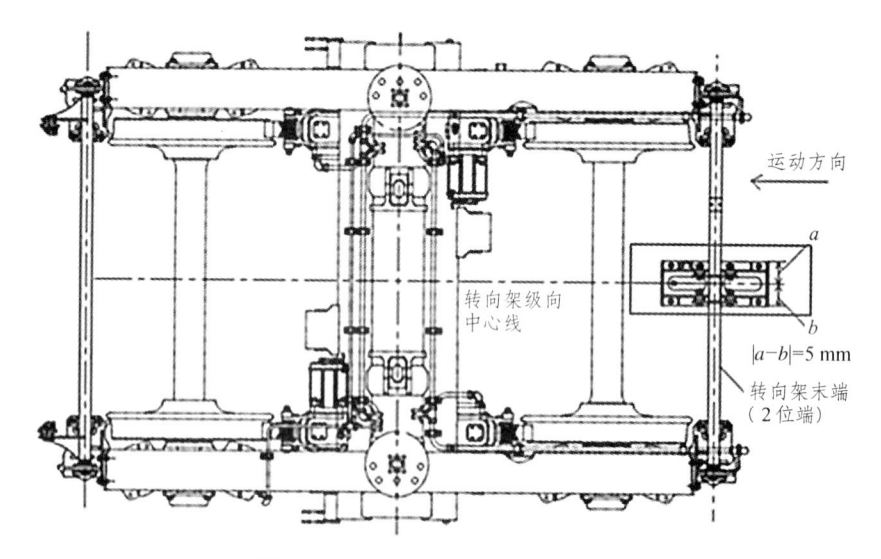

$|a-b|=5$ mm

图 5-100　查询应答器天线安装位置

图 5-101　查询应答器天线外观

（1）检查查询应答器天线（TIA）所处位置是否符合要求。从车钩到 TIA 中心的距离为 5876 mm；TIA 安装在距离轨面高度为 300 mm±10 mm 处（列车静止空载状态），如图 5-102 所示。

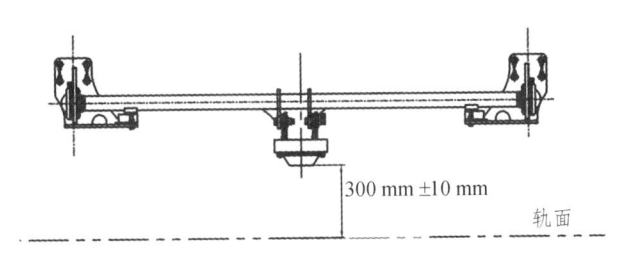

图 5-102　TIA 距离轨面高度

（2）紧固查询应答器天线电缆各连接螺丝，保证查询应答器天线连接的稳固。查询应答器天线车下电缆有很多线缆卡扣，要逐一检查。电缆卡扣所在位置如图 5-103~图 5-106 所示。

图 5-103　固定在列车轮对上的电缆卡扣

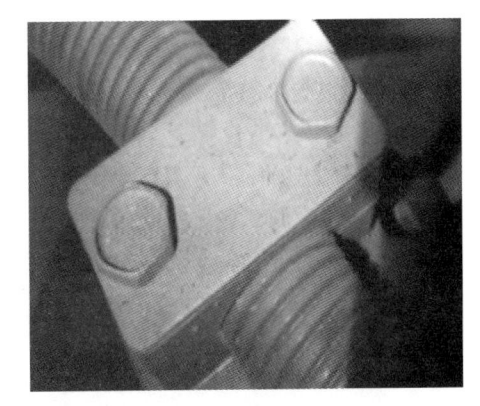

图 5-104　固定在列车轮对上的电缆卡扣

图 5-105　固定在车身上的电缆卡扣

图 5-106　固定在钢架上的电缆卡扣

（3）检查位于列车轮对中间槽钢内的同轴电缆与天线连接处是否有松动，保证查询应答器天线与电缆连接稳固，如图 5-107 所示。

图 5-107　同轴电缆与天线连接处

（4）检查天线的固定螺丝及外保护壳螺丝是否紧固，如图 5-108、图 5-109 所示。

图 5-108　天线固定螺栓

图 5-109　天线外保护壳固定螺丝

（5）检查查询应答器同轴电缆与 CC 机柜 TI 主机连接处是否牢固，如图 5-110、图 5-111 所示。

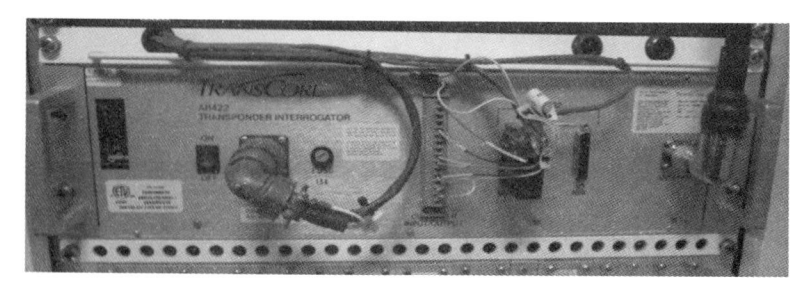

图 5-110　CC 机柜上 TI 主机

图 5-111　查询应答器天线电缆与 TI 主机连接处

（6）用静态信标验证查询应答器天线工作是否正常，如图 5-112 所示。

（a）上电后 TIC 板卡显示　　（b）模拟信标划过 TI 天线时 TIC 板卡显示

图 5-112　TIC 板卡显示

5. 速度传感器检查

车载速度传感器位于列车 1 端和 6 端的非动力轴上，每列车安装有 4 个速度传感器，如图 5-113 所示。

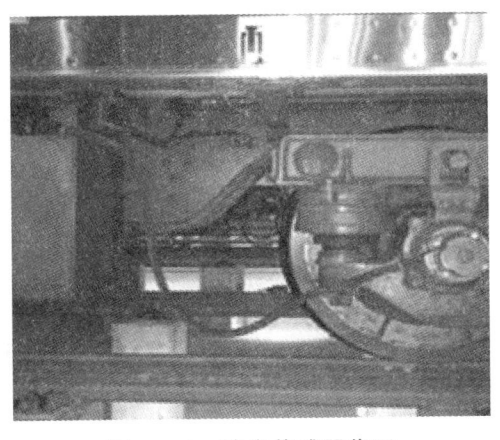

图 5-113　速度传感器位置

167

（1）清除传感器外观浮尘，检查传感器主体外观有无明显机械损伤，传感器外壳有无裂痕并紧固传感器固定螺栓，如图5-114、图5-115所示。

图5-114　传感器主体

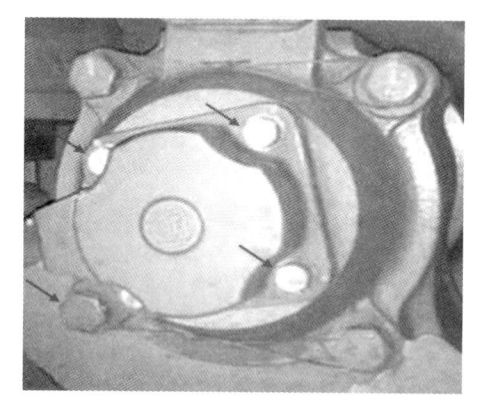

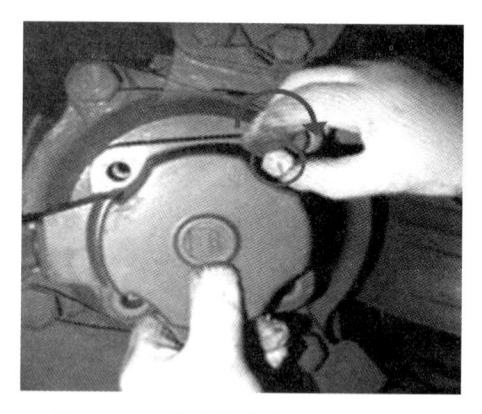

图5-115　传感器车体端固定器

（2）检查速度传感器车体端有无机械损伤，并紧固螺丝，如图5-116所示。

图5-116　传感器车体端

（3）紧固速度传感器线缆端固定螺栓，如图5-117所示。

图5-117　速度传感器线缆

3.5.3 年　检

1. 板卡除尘

（1）用方口钥匙将司机室CC机柜箱门打开，如图5-118所示。

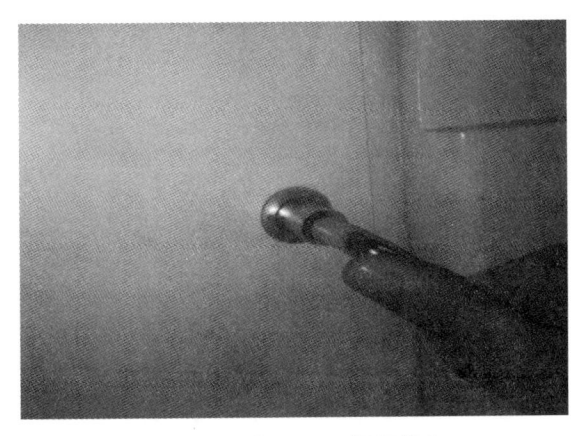

图5-118　打开CC机柜箱门

（2）将车载CC机柜开关ATON1~ATON7与QF43依次断开，如图5-119所示。

图5-119　关闭CC电源

（3）拆卸CC机架内的机笼A和机笼B板卡，如图5-120所示。
注：拆卸板卡须佩戴防静电手环。

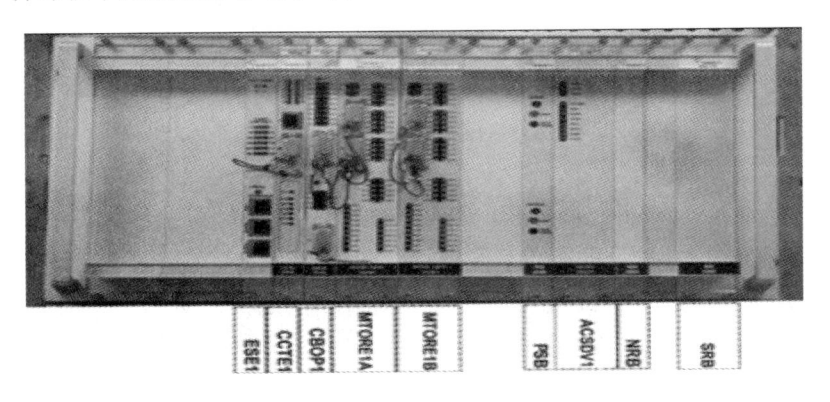

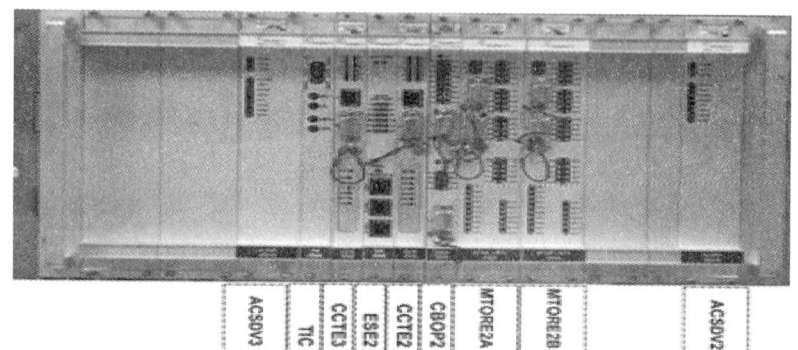

图 5-120　依次拆卸 CC 机架内机笼 A、机笼 B 内板卡

（4）用一字螺丝刀逆时针拧开待拆除板卡顶部和底部的固定螺丝，然后用力上下晃动并拉出，如图 5-121 所示。

图 5-121　拆除机笼电源板

（5）将各个板卡从左至右依次拔出，按照机笼 A 和机笼 B 排放顺序做好标记并摆放整齐，如图 5-122 所示。

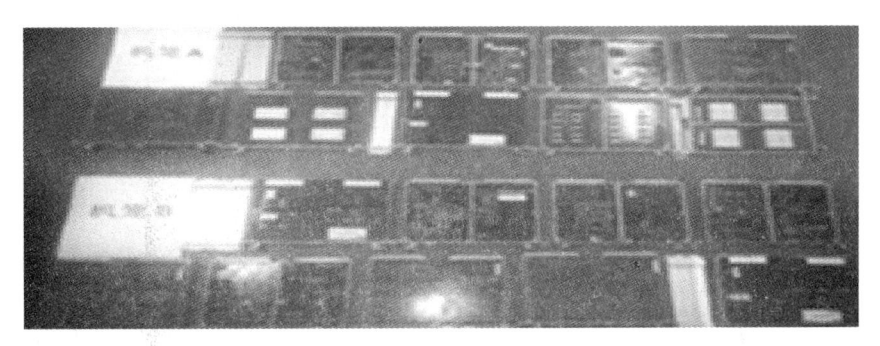

图 5-122 摆放板卡顺序

（6）用吸尘器对机柜内部进行除尘，切勿触碰易破损的部件，如图 5-123 所示。

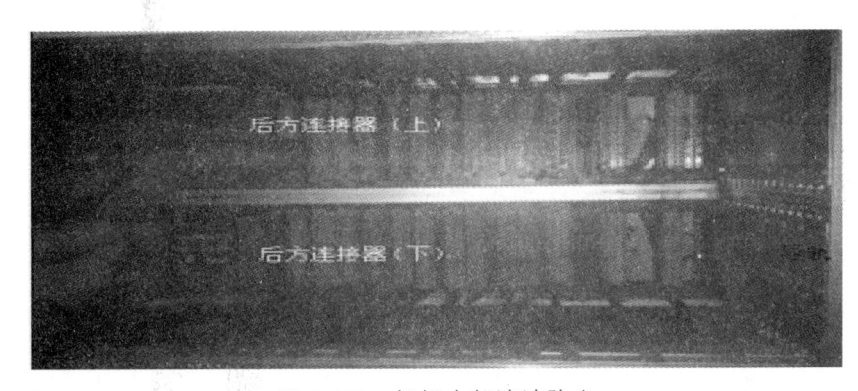

图 5-123 机柜内部清洁除尘

（7）将拆卸的板卡拿到室外，用电吹风筒仔细清理，切勿使用热风清理板卡，板卡的角落和缝隙用防静电毛刷擦拭，如图 5-124 所示。

图 5-124 清理拆卸的板卡

（8）清理板卡完毕后，将板卡依次安装回 CC 机柜，并用一字螺丝刀将板卡螺丝固定，如图 5-125 所示。

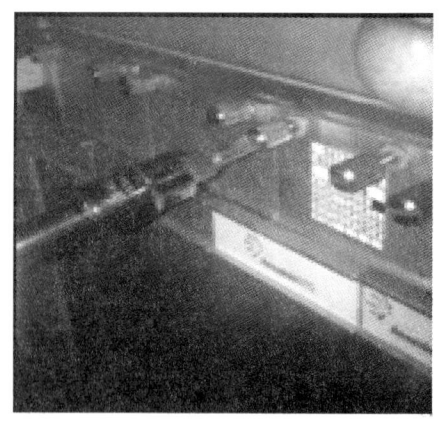

图 5-125　安装板卡

（9）闭合蓄电池，开启 CC 电源，检查各个板卡工作是否正常启动，无死机现象，如图 5-126 所示。

图 5-126　测试 CC 系统

（10）测试 CC 系统完毕后，检查所有螺丝是否安装牢固，将司机室 CC 机柜箱门锁好，作业完毕，如图 5-127 所示。

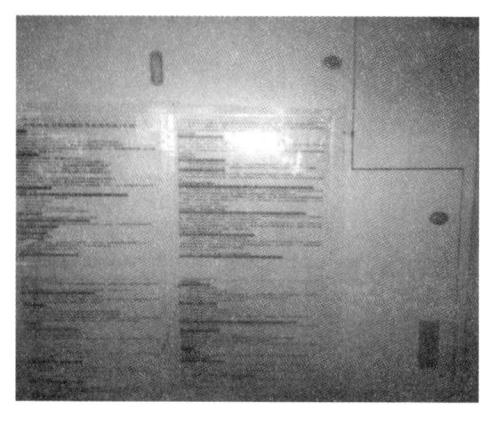

图 5-127　CC 机柜箱门锁好

2. 风扇除尘

（1）用方口钥匙将司机室 CC 机柜及其背部的门打开，如图 5-128 所示。

图 5-128　打开 CC 机柜箱门

（2）将车载 CC 机柜开关 ATON1~ATON7 与 QF43 从左至右依次断开，如图 5-129 所示。

图 5-129　关闭 CC 电源

（3）拆卸风扇。

① 拆卸风扇后部电源线以及接地线，如图 5-130 所示。

图 5-130　拆卸风扇电源线及接地线

② 拆卸风扇固定螺丝，用螺丝刀逆时针旋松两枚固定螺丝，慢慢晃动并拔出，切勿用蛮力，如图 5-131 所示。

图 5-131　拆卸风扇固定螺丝

③ 检查拆卸下来的风扇叶片是否有损坏，同时用吹吸风机以及抹布进行除尘，如图 5-132 所示。

图 5-132　用吹吸风机进行除尘

（4）安装风扇。

① 将除尘结束的风扇重新安装到 CC 机柜内，左右晃动将风扇慢慢推入，切勿使用蛮力，如图 5-133 所示。

图 5-133　安装除尘后的风扇

② 安装风扇固定螺丝，如图 5-134 所示。

图 5-134　安装风扇固定螺丝

③ 安装风扇后部电源线及接地线，如图 5-135 所示。

图 5-135　安装风扇电源线及接地线

（5）检查除尘后的风扇工作情况。
① 打开 CC 机柜电源开关，观察风扇工作情况，如图 5-136 所示。
注：风扇工作情况好坏主要是通过风扇转动的声音以及风扇上的指示灯来判断。

图 5-136　检查风扇工作情况

② 检查所有螺丝是否安装牢固，将司机室 CC 机柜箱门以及 CC 机柜背部柜门锁好，作业完毕，如图 5-137 所示。

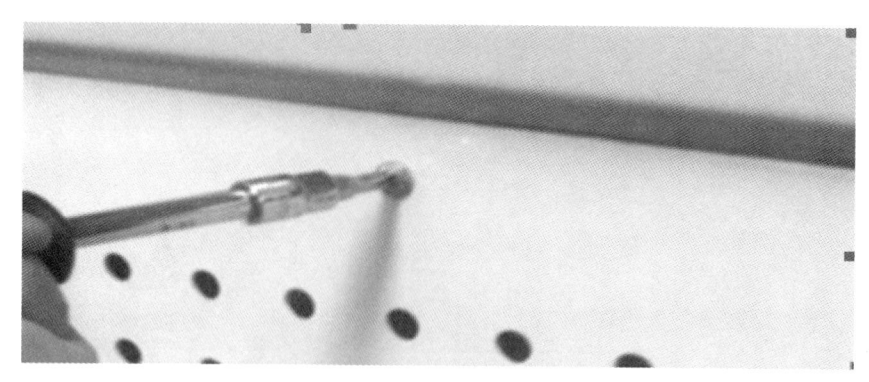

图 5-137　将 CC 机柜后门锁好

思政小课堂

锐意进取　执着追求显担当

　　车载设备主要是为列车计算移动授权和定位，在这个过程当中需要车-地之间进行信息传输，可以很自豪地说，我国已经具备这一先进技术。

　　2010 年，28 岁的左旭涛加入青岛地铁。不苟言笑，走路时步履匆匆、彬彬有礼是他给人的第一印象。他常说："创新没有捷径，尤需久久为功。"在他的工作实践中，亦是如此。

　　量变引起质变。随着技术不断向前发展，理念也应随之进行创新。2017 年，青岛地铁申报了列车自主运行系统（TACS）国家示范工程项目。这是以地铁列车为核心，以资源管理为理念，以信号车辆深度融合为特征，实现列车运行方式由自动化向自主化转变的一种全新系统制式，具有更安全、更高效、更可靠、更易实现互联互通等特点。但 TACS 也是对传统行业理念的颠覆，其全新的设计理念与常规理念差异悬殊，一经提出便受到了许多行业专家、权威的质疑。

　　面对质疑，左旭涛迎难而上，对每个细节逐一讨论，每阶段组织专家审查把关，确保 TACS 系统能够符合先进、安全、稳定的要求，光专家评审会就召开了 20 多次。谈及 TACS 筹备过程的困难重重，左旭涛坦言，一旦出现失误，对整个团队来说会是致命的打击。在一次行业研讨会上，要对外公布 TACS 的各项指标和数据都是正确的，为的就是打破行业垄断，开辟一条新路。"不夸张地说，当时各个领域都站在了我们的对立面。但我想着，领导都豁上去了我还怕什么，既然干了就一定干出个样来，让大家瞧瞧，我们的研究方向没错！"

　　事实胜于雄辩。2021 年 5 月 9 日，青岛地铁成果举办了 TACS 成果展示会，向全世界展示了拥有全自主知识产权、世界领先的列车控制系统，正式宣告 TACS 具备商用条件，引起了行业内的巨大轰动，中国终于实现了弯道超车。左旭涛聚焦理念创新、工作思路创新、技术改革创新，在平凡的工作岗位上展现出了不平凡的力量与风采。

任务 4　ATS 设备标准化检修作业

ATS 设备的日常维护保养分为日常巡检、周巡检、月巡检、半年检和两年检，日巡检不需要请点，每天对设备进行巡视，其他的需要报计划，然后对设备进行检修，本任务当中提到的 ATS 设备为浙江众合科技的产品。

4.1　基本作业流程

ATS 设备标准化检修作业流程如图 5-138 所示。

召开班前会 → 准备工器具、做好安全防护 → 请点 → 现场作业 → 销点

图 5-138　ATS 设备标准化检修作业流程

4.2　安全注意事项

（1）巡检作业时，不可关闭正在运行设备的电源。
（2）不可随意拔掉正在使用中的设备的网线。
（3）不可关闭正在运行的软件。
（4）不可裸手触碰设备板卡。

4.3　作业工器具及材料（见表 5-8）

表 5-8　工器具及耗材

项目	名　称	型　号	数　量	备　注
工器具	数字万用表	17B	1（块）	—
	螺丝刀	一字（200 mm）	1（把）	—
	螺丝刀	十字（200 mm）	1（把）	—
	DVD 光盘	4G	4（张）	—
	U 盘		1（只）	—
	LED 手电筒		1（只）	—
	压线钳	91105	1（把）	—
	防静电手环		1（个）	—
	能手测线仪	468	1（台）	—
耗材	水晶头		若干	—
	清洁布		2（块）	—
	网线		若干	—
	防静电毛刷		2（只）	—

4.4 作业内容

4.4.1 日巡检

大多数的地铁 ATS 工班日常巡检的设备都是控制中心 ATS 的服务器。日巡检的设备主要有：主机服务器、通信服务器、数据库服务器、培训服务器、CMS 服务器。

下面以主机服务器为例讲述日常巡检内容。

（1）查看主机服务器前面板的指示灯状态并记录信号设备室日巡检表中，前面板如图 5-139 所示。

图 5-139　主机服务器前面板

（2）查看主机服务器 Insight Display 板指示灯状态，如图 5-140 所示。未说明颜色的指示灯：熄灭—健康，琥珀色—故障。

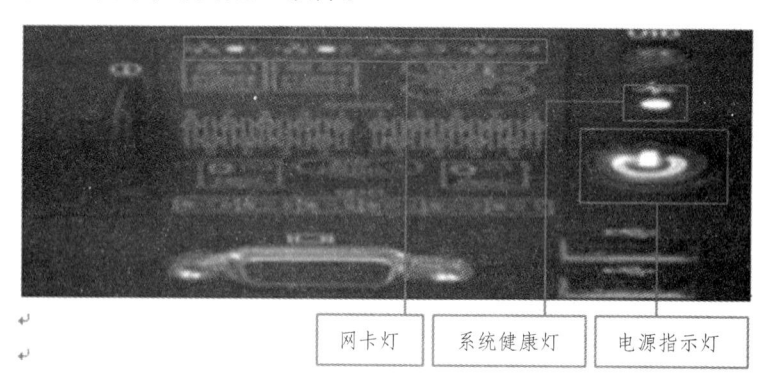

图 5-140　Insight Display 板

① UID 定位灯：蓝色——激活定位灯；蓝色闪烁——设备被远程管理中；熄灭——未激活定位灯。

② 系统健康灯：绿色——健康；琥珀色——系统存在问题但不影响运行；红色——系统错误。

③ 电源指示灯：绿色——服务器运行；琥珀色——服务器待机；熄灭——未插电源线或者电源损坏。

④ 网卡灯：绿色——连接，绿色闪烁——连接且有数据传输；熄灭——无网络连接或者服务器没有上电。

⑤ POWER SUPPLY 灯：呈现琥珀色——故障，为对应电源模块接触不良或损坏；（可在非运营期间尝试将该模块热拔插）。

⑥ OVER TEMP 灯：温度监测灯。

⑦ POWER CAP 灯：CPU 供电状态灯。

⑧ DIMMS 灯：内存条状态监测。

⑨ PROC 灯：CPU 运行监测。

⑩ AMP STATUS 状态灯：绿色——AMP 功能开启；琥珀色——失效备援（为系统备援能力的一种，当系统中某一设备失效而无法运作时，另一设备即可自动接手原失效系统所执行的工作）；琥珀色闪烁——无效的配置；熄灭——AMP 功能关闭。

（3）检查服务器背面板接线是否牢固，风扇是否工作正常，如图 5-141 所示。

检查风扇时将手放置在设备出风口处，如有排出的热风，表示通风正常，非正常情况进行记录并上报。

图 5-141 服务器背面板

（4）查看背面板指示灯状态，正常运行时如图 5-142 所示。

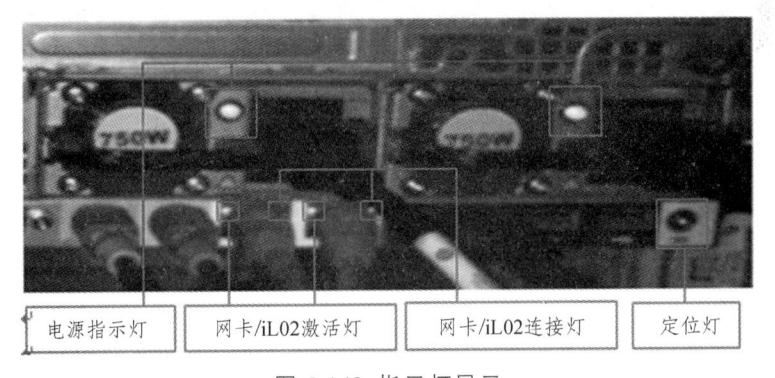

图 5-142 指示灯显示

① 电源灯：绿色——正常；熄灭——设备关闭或者电源故障。

② 定位灯：蓝色——激活定位灯；蓝色闪烁——本设备被远程管理中；熄灭——未激活定位灯。

③ 网卡/iLO2 激活灯：绿色——网络活动；绿色闪烁——网络活动；熄灭——没有网络活动状态。

④ 网卡/iLO2 连接灯：绿色——网络连接；熄灭——网络未连接。

（5）终端服务器。两台终端服务器为主备工作状态，传输状态灯闪烁时表示有数据更新（见图5-143）。

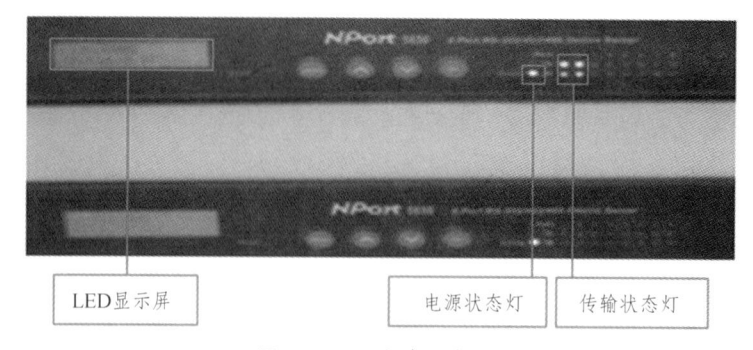

图 5-143　终端服务器

① LED显示屏：显示该设备信息IP地址。
② 传输状态灯：上下对应后方的一个接口，TX——发送数据；RX——接收数据。
③ 电源状态灯：绿色——上电状态；熄灭——未工作状态。

（6）串口转换器。控制中心日常巡检中串口转换器如图5-144所示。

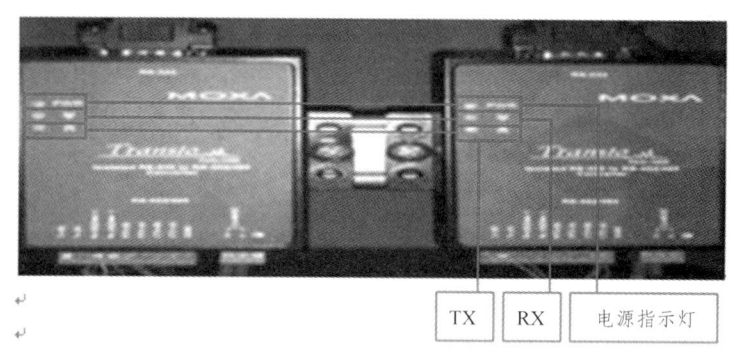

图 5-144　串口转换器（时钟）

① PWR电源指示灯：红灯——通电；灭灯——未工作。
② RX：有数据接收时闪烁，每秒传输一次。
③ TX：有数据发送时闪烁。

（7）磁盘阵列，即控制中心日常巡检中磁盘阵列服务器。

① 设备前面板指示灯状态如图5-145所示。

注：每个盘柜配有12块硬盘，其中2块为备用硬盘。

a. 盘柜指示灯：对于不连接扩展盘柜的情况，此灯没有更多意义，常亮数字"1"。
b. 驱动故障指示灯：琥珀色——故障；灭灯——工作正常。
c. 驱动联机指示灯：绿色——工作正常；灭灯——备用/故障。
d. UID定位灯：前后都有，只要前面的灯亮，后面对应的UID灯也会亮。
e. 系统健康灯：绿色——至少有一个电源正常运行。
f. 故障指示灯：绿色——健康状态；琥珀色——故障状态，需要进一步确认。

盘柜指示灯　驱动故障指示灯　驱动联机指示灯

UID定位灯　系统健康灯　故障指示灯

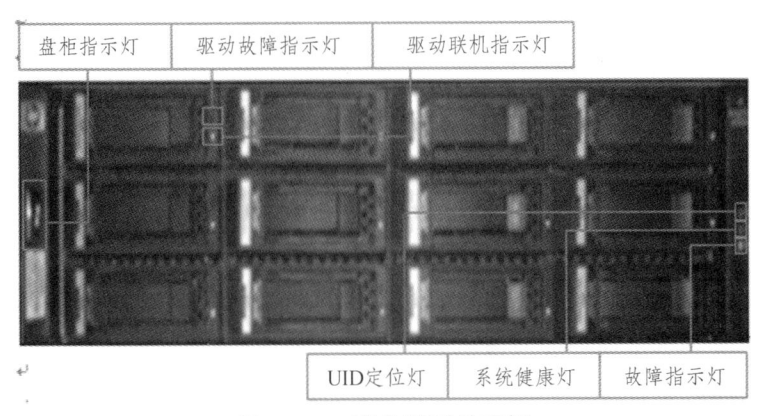

图 5-145　磁盘阵列前面板

② 设备背面板指示灯状态如图 5-146 所示。

电源指示灯　管理口指示灯

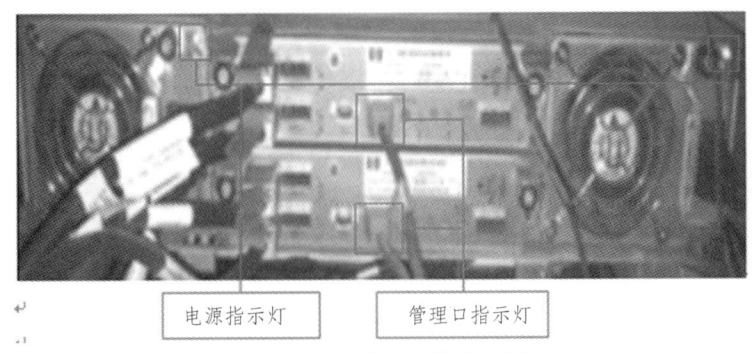

图 5-146　磁盘阵列背面板

a. 电源指示灯：绿色——正常上电状态；熄灭——故障或断电。

b. 管理口指示灯：用于配置和管理盘柜，绿色——端口通信已连接；熄灭——未工作状态。

（8）私网交换机。控制中心日常巡检中私网交换机分别为一、二号线各两台，如图 5-147 所示。

注：使用端口指示灯：绿色——正常通信；熄灭——未通信。

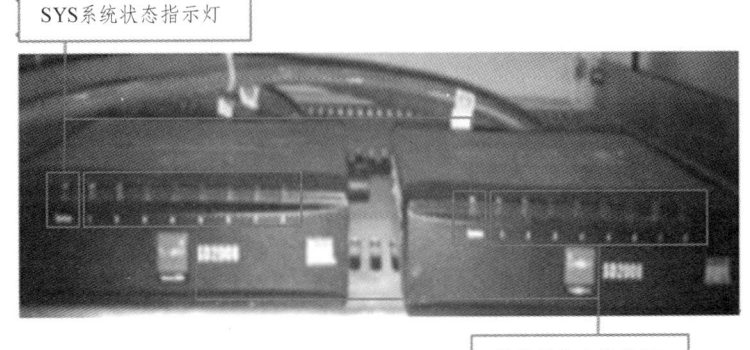

SYS系统状态指示灯

局域网状态指示灯

图 5-147　私网交换机

① SYS 系统状态指示灯：闪烁——正常工作状态；熄灭——未工作。
② 局域网状态指示灯：连接计算机的对应指示灯，正常状态常亮或闪烁。

4.4.2　周巡检

1. 网络状态检查

（1）在系统管理员工作站上打开命令窗。
（2）利用 ping 命令检查各节点 A（默认/e0）、B（-e1）网状态，如图 5-148 所示。
注：网络传输正常时，有反馈数据。

图 5-148　ping 各节点 A、B 网状态

2. 进程状态检查

（1）在系统管理员工作站上打开"节点状态监控"窗口，如图 5-149 所示。
注：状态指示灯：绿色——该设备运行正常；琥珀色——该设备有进程未启动或抑制；红色——该设备软件被关闭。

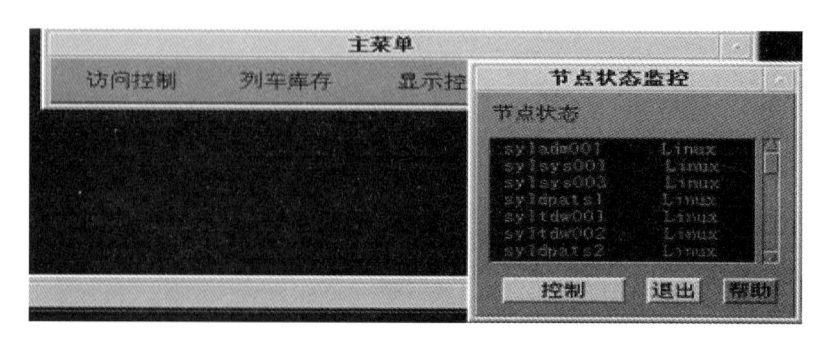

图 5-149　"节点状态监控"窗口

（2）选中异常节点（黄色或红色节点），点击控制将弹出该节点所有进程状态列表。针对任务列表中关闭或抑制的进程进行记录并查明关闭或抑制原因，确认是否需要打开，如图 5-150 所示。

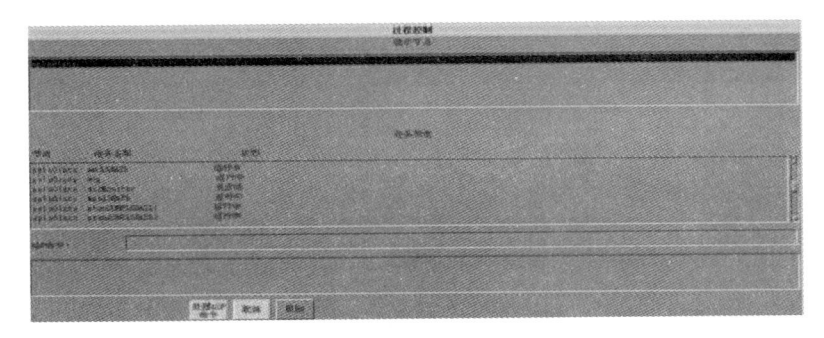

图 5-150　任务列表

3．磁盘刻录

（1）在一号线系统管理员工作站上登录 sy1svc（二号线登录 sy2svc）用户，如图 5-151 所示。

图 5-151　输入命令 df‐h

（2）刻录时将光盘放入光驱并切换成 root 用户，如图 5-152 所示。

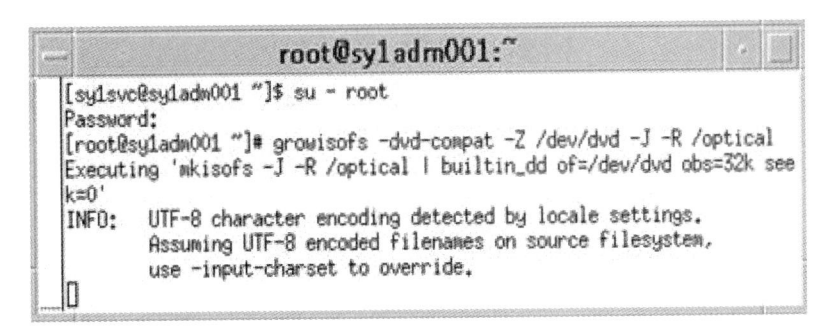

图 5-152　输入刻录命令

（3）检查光盘数据，如图 5-153 所示。

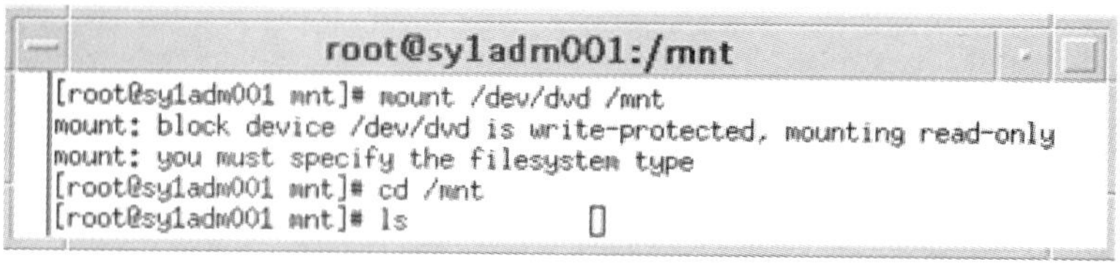

```
root@sy1adm001:/mnt
[root@sy1adm001 mnt]# mount /dev/dvd /mnt
mount: block device /dev/dvd is write-protected, mounting read-only
mount: you must specify the filesystem type
[root@sy1adm001 mnt]# cd /mnt
[root@sy1adm001 mnt]# ls
```

图 5-153　查看已刻录光盘数据

（4）文件列表与 optical 目录下文件相同将删除 optical 数据，如图 5-154 所示。

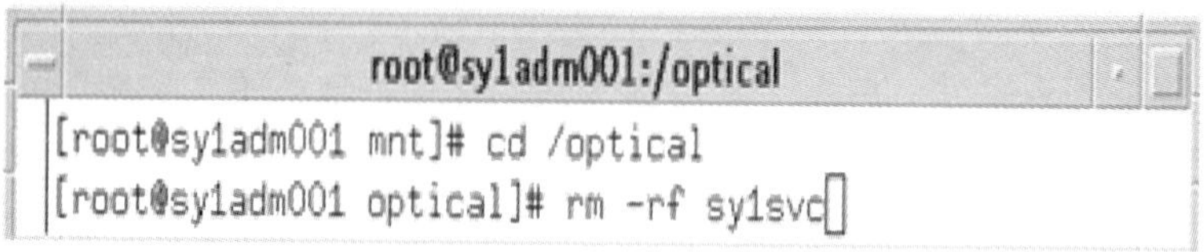

```
root@sy1adm001:/optical
[root@sy1adm001 mnt]# cd /optical
[root@sy1adm001 optical]# rm -rf sy1svc
```

图 5-154　删除 optical 数据

（5）初始化 optical，且只对 optical 进行，如图 5-155 所示。

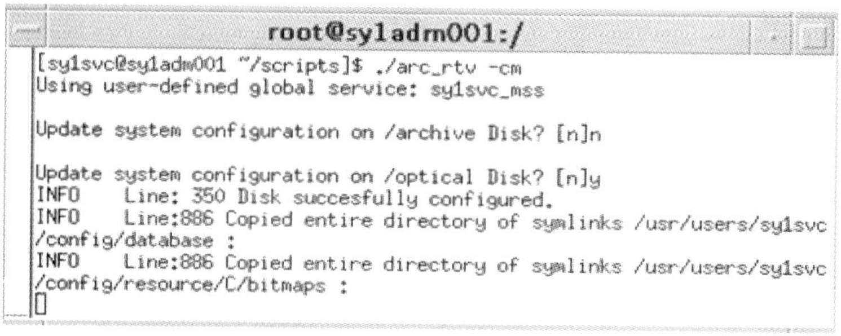

```
root@sy1adm001:/
[sy1svc@sy1adm001 ~/scripts]$ ./arc_rtv -cm
Using user-defined global service: sy1svc_mss

Update system configuration on /archive Disk? [n]n

Update system configuration on /optical Disk? [n]y
INFO    Line: 350 Disk succesfully configured.
INFO    Line:886 Copied entire directory of symlinks /usr/users/sy1svc
/config/database :
INFO    Line:886 Copied entire directory of symlinks /usr/users/sy1svc
/config/resource/C/bitmaps :
```

图 5-155　初始化 optical

（6）完成所有步骤，取出光盘贴上标签（包含日期区间、刻录人等信息），完成光盘刻录工作。2 点以后检查 archive→optical 数据转存是否正常。

注：其中显示信息 optical 的数值达到 95%以上，表示系统数据存储已满，刻盘及清理工作需在凌晨 1 点以前完成。

4. 查看回放软件功能

（1）一号线以 sy1pbk 用户角色登录培训工作站并进入命令窗口；如图 5-156 所示。

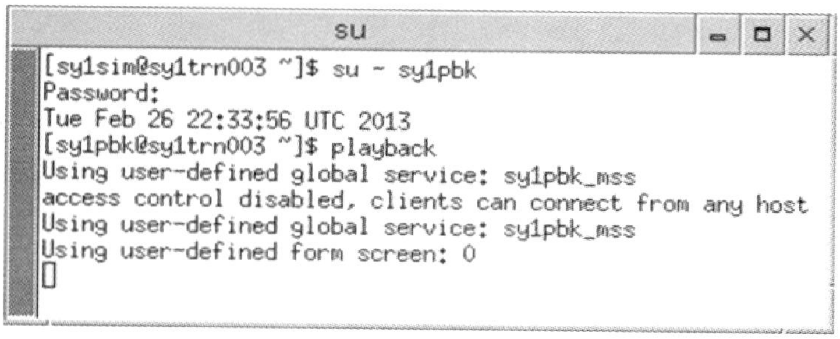

```
su
[sy1sim@sy1trn003 ~]$ su - sy1pbk
Password:
Tue Feb 26 22:33:56 UTC 2013
[sy1pbk@sy1trn003 ~]$ playback
Using user-defined global service: sy1pbk_mss
access control disabled, clients can connect from any host
Using user-defined global service: sy1pbk_mss
Using user-defined form screen: 0
```

图 5-156　输入“playback”命令并回车

（2）在窗口中输入回放的日期（日期格式DDMMYYYY）与时间（时间格式HHMM），时间间隔为2小时以内，并点击确认如图5-157所示。

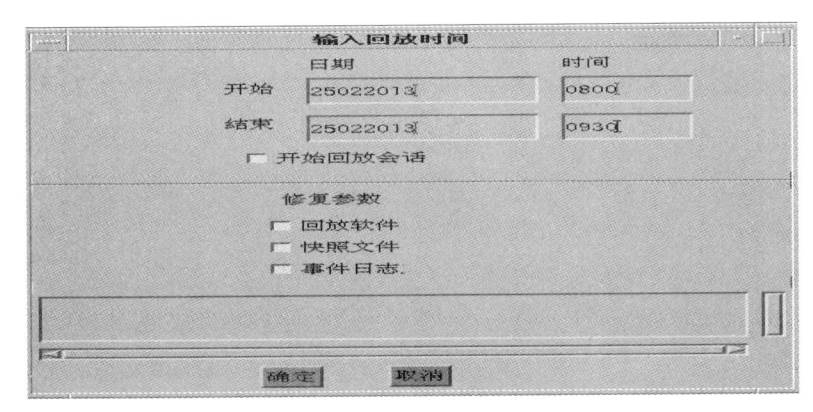

图 5-157　输入回放时间

（3）窗体出现回放时间段的站场图及回放控制窗口，点击"播放"，显示回放，如图5-158所示。

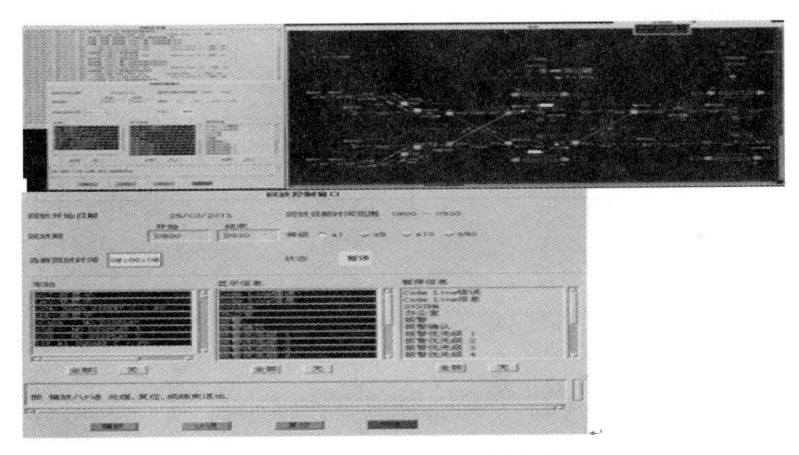

图 5-158　站场图及回放控制窗口

5. 查看单机模拟软件功能

（1）在要启动的培训工作站上登录用户，一号线以sy1sim用户角色登录培训工作站，进入命令窗口后启动软件，如图5-159所示。

图 5-159　启动软件

（2）输入用户名及密码，选择用户角色，点击确定登录，如图 5-160 所示。

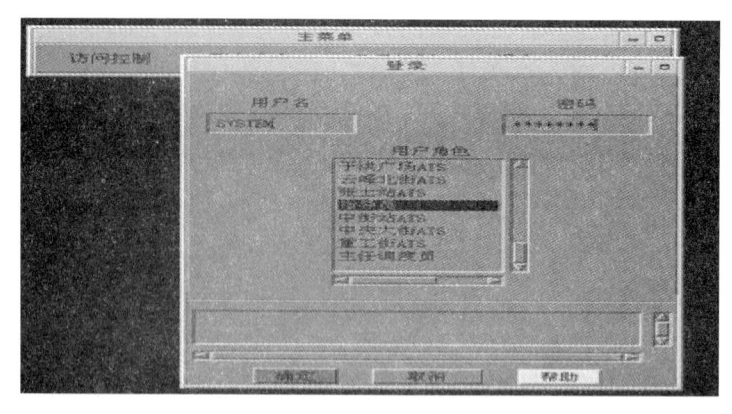

图 5-160　登录用户窗口

（3）在站场图上选择设备，查看命令是否可发送，如图 5-161 所示。

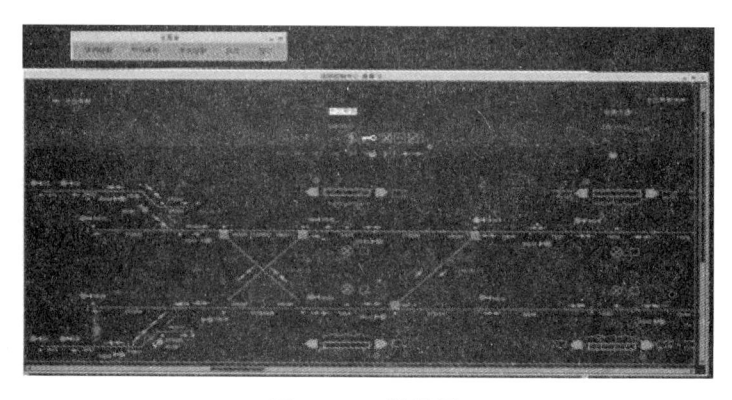

图 5-161　站场图

6. 查看联机模拟软件功能

（1）一号线以 sy1sim 用户角色登录培训工作站并进入命令窗口，输入 startup asp sim 命令启动软件并按提示选择使用条件，如图 5-162 所示。

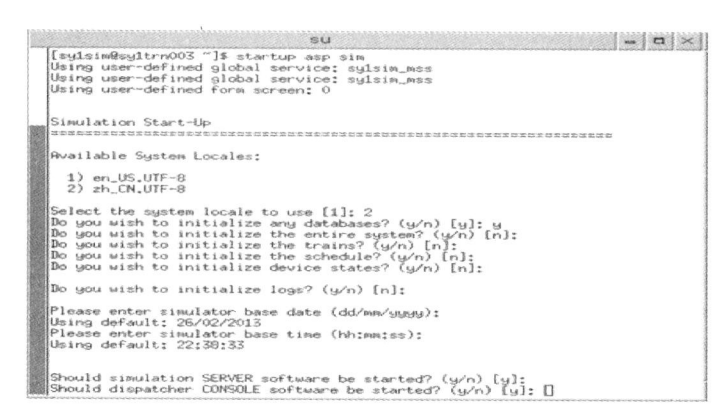

图 5-162　输入命令 startup asp sim

（2）在弹出的站场图上选择设备，查看命令发送时联机工作站显示是否同步。

注：此项功能需两台以上工作站在同培训服务器通信正常的情况下进行验证。

4.4.3　月维护

（1）ping 检查全线 ATS 节点 A、B 网网络状态，各工作站节点进程状态，并做好记录。

（2）远程登录并关闭主机服务器 sy1sys011，等待约 3~5 min。

（3）远程登录并关闭正线非集中站 ATS 工作站，等待约 10 min，运行 forall –u sy1svc‐n"sy1s01ats-e1……sy1s22ats-e1"-c'shutdown asp'。

（4）远程登录并关闭主机服务器 sy1sys010，等待约 3~5 min。

（5）远程登录并关闭正线集中站 ATS 工作站，等待约 10 min。

（6）远程登录并关闭主机服务器 sy1sys002，等待约 5~10 min。

（7）远程登录车辆段 ATS 工作站、大屏工作站、系统管理员工作站、总调工作站、调度 1（或调度 2）工作站，并检查确认全线各个工作站已关闭。

（8）远程登录并关闭主机服务器 sy1sys001；远程登录并关闭通信服务器 sy1sys013，等待约 3~5 min；远程登录并关闭通信服务器 sy1sys012，等待约 3~5 min；远程登录并关闭通信服务器 sy1sys004，等待约 3~5 min；远程登录并关闭通信服务器 sy1sys003。

（9）对各个 ATS 工作站进行清理缓存操作，运行 forall －u sy1svc －n "sy1s01ats-e1……sy1s22ats-e1" -c'cd tmp;rm *'。

（10）远程登录主机服务器 sy1sys001，执行"cd tmp""rm *""cold_start –b users""startup asp"，等待约 10~15 min。

（11）选择一调度工作站，远程登录并执行"cold_start""startup asp"，启动后观察工作站显示，此时控制模式显示为"FB"，测试输入车次号等功能是否正常。

（12）远程登录 sy1s01ats，执行"cold_start""startup asp"，启动后观察本联锁区显示，并测试排列进路功能是否正常。

（13）对正线各集中站执行步骤（12）（注意不可使用 forall 命令），并呼叫全线集中站行车值班员实验本联锁区 ATS 功能是否正常。（注意，如施工前检查时发现某工作站网络通信异常，则在启动该联锁区内工控机时，需首先启动该故障工控机。）

（14）远程登录服务器 sy1sys002，sy1sys010，sy1sys011，并分别执行步骤（10）。

（15）远程登录正线各非集中站 ATS 工作站、车辆段、大屏工作站等各工作站，执行"cold_start""startup asp"，由全线各车站和信号楼值班员检查 ATS 功能是否完善。

（16）远程登录通信服务器 sy1sys003，sy1sys004，sy1sys012，sy1sys013，分别执行"cd tmp""rm *""cold_start""startup asp"操作，每启动完一台通信服务器需等待约 10 min 时间。

（17）检查各服务器、工作站进程，关闭需要关闭的进程，确认各工作站网络状态、进程状态、功能正确，结束施工，销点。

4.4.4 月检(集中站)

1. ATS 机柜检修

(1)清洁机柜内外表面及设备表面灰尘,清洁的同时要格外小心,避免线缆脱落,影响设备正常使用。

(2)检查机柜内线缆接线是否紧固。

(3)检查机柜内线缆标签是否齐全,如不齐需补充完整。

(4)检查终端服务器。

① 检查确认终端服务器前面板的 1、2 口指示灯显示正常。

② 检查确认终端服务器背面的 LAN 口指示灯显示正常。

③ 清洁的同时要格外小心,避免线缆脱落,影响设备正常使用。

(5)串口转换器。

① 检查确认串口转换器的工作指示灯显示正常。

② 清洁的同时要格外小心,避免线缆脱落,影响设备正常使用。

2. 主机服务器、通信服务器检修

(1)用抹布、毛刷、吸尘器等工具清洁服务器前后表面灰尘,如图 5-163 所示。

图 5-163 清洁服务器前表面灰尘

(2)检查确认服务器工作指示灯正常,并确认风扇运转正常,如图 5-164、图 5-165 所示。

图 5-164 主机服务器前面板指示灯    图 5-165 通信服务器前面板指示灯

（3）检查确认磁盘工作正常。
① 如磁盘指示灯显示不正常，按下磁盘按钮，磁盘支架弹出，如图 5-166 所示。
② 拔出磁盘支架，如图 5-167 所示。

图 5-166　按下磁盘弹出按钮　　　图 5-167　拔出磁盘支架

③ 拉出磁盘，如图 5-168 所示。
④ 用毛刷、吸尘器等工具清洁磁盘以及磁盘槽表面，如图 5-169 所示。

图 5-168　拉出磁盘　　　图 5-169　清洁磁盘及磁盘槽

⑤ 将磁盘插入槽口，推入槽内，如图 5-170 所示。
⑥ 合上磁盘支架，用力将磁盘完全推入槽内，如图 5-171 所示。

图 5-170　插入磁盘　　　图 5-171　推入磁盘

⑦ 待磁盘自检之后，指示灯正常显示，如图 5-172 所示。

注：如同时有多个磁盘显示不正确，应避免同时拔出两个及以上磁盘。

图 5-172　确认磁盘工作正常

（4）检查接线紧固。

3. ATS/LCW/MSW 工控机检修

（1）用抹布、毛刷、吸尘器等清洁工控机背板。

① 清洁背板表面灰尘，如图 5-173 所示。

② 清洁工控机风扇表面，使用毛刷时，不要过于用力，以免影响风扇正常运转，如图 5-174 所示。

注：清洁工控机背板接线，清洁时要格外小心，以免接线松动，影响设备正常使用。

图 5-173　清洁工控机背板灰尘　　　　图 5-174　清洁风扇

（2）用抹布、毛刷、吸尘器等清洁工控机前面板。

① 用螺丝刀等工具拧下螺丝，取下机柜挡板，平放，如图 5-175 所示。

② 用抹布等工具轻拭工控机表面，清洁表面灰尘，如图 5-176 所示。

项目五 信号设备检修作业标准化

图 5-175 拧下机柜固定螺丝 　　图 5-176 清洁工控机表面灰尘

③ 打开工控机前面板，拧开旋钮，打开防尘盖，如图 5-177 所示。
④ 轻轻取出防尘盖及防尘棉，注意防止灰尘飞扬，如图 5-178 所示。

图 5-177 打开防尘盖 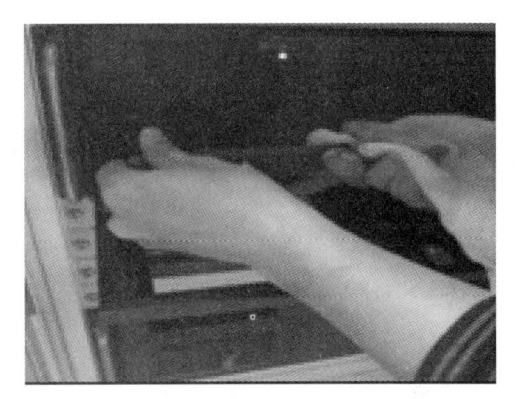　　图 5-178 取出防尘棉

⑤ 用毛刷、吸尘器等工具轻扫前面板，清除表面灰尘，如图 5-179、图 5-180 所示。

注：清洁前面板时要轻擦轻扫，以免触碰到工控机重启、关闭按钮。

图 5-179 清洁过滤网灰尘 　　图 5-180 工控机启动按钮

191

⑥ 用抹布、毛刷等工具轻拭防尘盖，如图 5-181、图 5-182 所示。

注：更换或清洁防尘棉，清洁防尘棉时，注意防止尘土飞扬，有条件的设备房可采用水洗的方式，再用吹风机吹干。

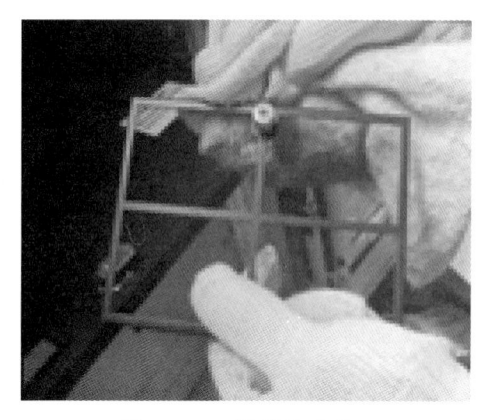

图 5-181　清洁防尘盖　　　　　　图 5-182　清洁防尘棉

（3）检查确认工控机工作正常，指示灯显示正常，风扇运转正常。

（4）检查确认 ATS 及其接口设备接线紧固，如图 5-183 所示。

图 5-183　紧固接线

（5）检查确认 ATS 及其接口设备标签齐全，如图 5-184 所示。

图 5-184　设备标签

（6）在车站控制室检查确认 ATS/LCW 设备工作正常。在设备室确认 MSW 工作正常。

4. SCC 工作站检修

（1）用潮湿的抹布、毛刷、吸尘器等清洁 SCC 工控机外表面灰尘，如图 5-185 所示。

图 5-185　清洁工控机表面灰尘

（2）打开工控机前面板，取出防尘棉，用毛刷清洁前面板，如图 5-186 所示。

图 5-186　清洁前面板灰尘

（3）更换干净的防尘棉，合上前面板，清洁前面板外部灰尘，如图 5-187 所示。

图 5-187　清洁前面板外部灰尘

（4）检查工控机工作指示灯显示是否正常，正常显示如图 5-188 所示。
（5）检查确认 SCC 显示器显示各个接口通信连接正常，如图 5-189 所示。

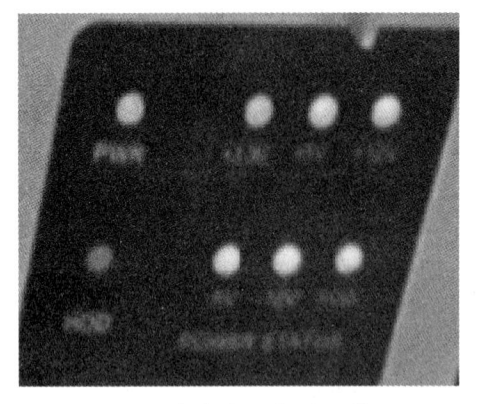

图 5-188　工控机指示灯的正常显示 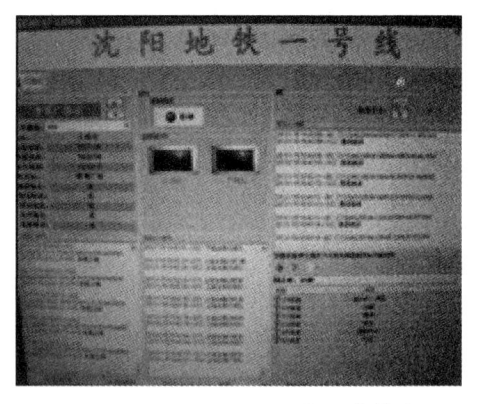　　　图 5-189　SCC 显示正常工作状态

（6）检查确认车站上下行 DTI 显示正常，如图 5-190 所示。

图 5-190　DTI 正常显示

4.4.5　半年检（非集中站）

1. ATS 机柜检修

（1）清洁机柜内外表面及设备表面灰尘。清洁的同时要格外小心，避免线缆脱落，影响设备正常使用。

（2）检查机柜内线缆接线是否紧固。

（3）检查机柜内线缆标签是否齐全，如不齐需补充完整。

（4）检查并清洁终端服务器。

① 检查确认终端服务器前面板的 1、2 口指示灯显示正常。

② 检查确认终端服务器背面的 LAN 口指示灯显示正常。

③ 清洁的同时要格外小心，避免线缆脱落，影响设备正常使用。

（5）检查并清洁串口转换器。

① 检查确认串口转换器的工作指示灯显示正常。

② 清洁的同时要格外小心，避免线缆脱落，影响设备正常使用。

2. ATS 工控机检修

（1）用抹布、毛刷、吸尘器等清洁工控机背板。

① 清洁背板表面灰尘，如图 5-191 所示。

② 清洁工控机风扇表面，使用毛刷时，不要过于用力，以免影响风扇正常运转，如图 5-192 所示。

注：清洁工控机背板接线，清洁时要格外小心，以免接线松动，影响设备正常使用。

图 5-191　清洁工控机背板回城 　　　　图 5-192　清洁风扇

（2）用抹布、毛刷、吸尘器等清洁工控机前面板。

① 用螺丝刀等工具拧下螺丝，取下机柜挡板，平放，如图 5-193 所示。

② 用抹布等工具轻拭工控机表面，清洁表面灰尘，如图 5-194 所示。

图 5-193　拧下机柜固定螺丝 　　　　图 5-194　清洁工控机表面灰尘

③ 打开工控机前面板，拧开旋钮，打开防尘盖，如图 5-195 所示。

④ 轻轻取出防尘盖及防尘棉，注意防止灰尘飞扬，如图 5-196 所示。

图 5-195 打开防尘盖　　　　　　　图 5-196 取出防尘棉

⑤ 用毛刷、吸尘器等工具轻扫前面板，清除表面灰尘，如图 5-197、图 5-198 所示。

注：清洁前面板时要轻擦轻扫，以免触碰到工控机重启、关闭按钮。

图 5-197 清洁过滤网灰尘　　　　　图 5-198 工控机启动按钮

⑥ 用抹布、毛刷等工具轻拭防尘盖，如图 5-199、图 5-200 所示。

注：更换或清洁防尘棉，清洁防尘棉时，注意防止尘土飞扬，有条件的设备房可采用水洗的方式，再用吹风机吹干。

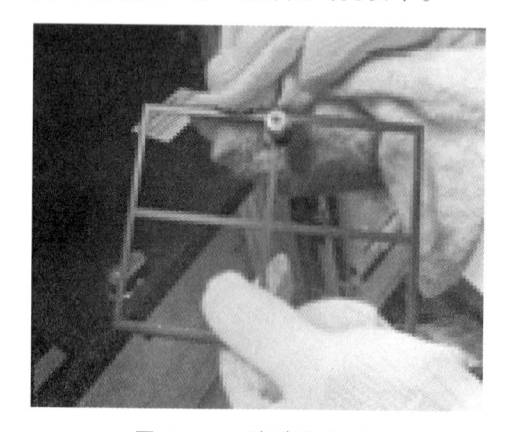

图 5-199 清洁防尘盖　　　　　　　图 5-200 清洁防尘棉

（3）检查确认工控机工作正常，指示灯显示正常，风扇运转正常；
（4）检查确认ATS及其接口设备接线紧固，如图5-201所示。

图 5-201 紧固接线

（5）检查确认ATS及其接口设备标签齐全，如图5-202所示。

图 5-202 设备标签

（6）在车站控制室检查确认ATS/LCW设备工作正常。

3. SCC工作站检修

（1）用潮湿的抹布，毛刷，吸尘器等清洁SCC工控机外表面灰尘，如图5-203所示。

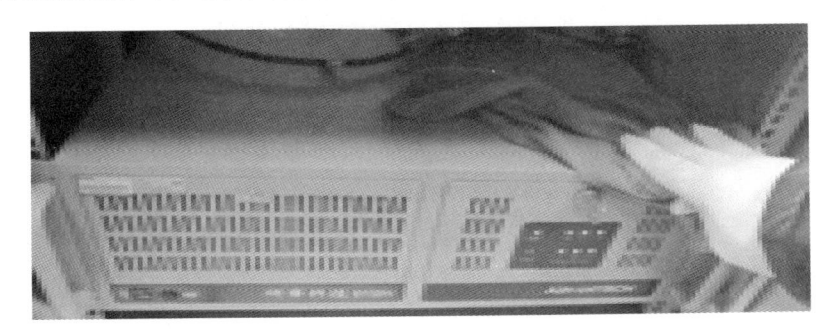

图 5-203 清洁工控机表面灰尘

（2）打开工控机前面板，取出防尘棉，用毛刷清洁前面板，如图 5-204 所示。

图 5-204　清洁前面板灰尘

（3）更换干净的防尘棉，合上前面板，清洁前面板外部灰尘，如图 5-205 所示。

图 5-205　清洁前面板外部灰尘

（4）检查工控机工作指示灯显示是否正常，正常显示如图 5-206 所示。

图 5-206　工控机指示灯的正常显示

（5）检查确认 SCC 显示器显示各个接口通信连接正常。
（6）检查确认车站上下行 DTI 显示正常，如图 5-207 所示。

图 5-207　DTI 正常显示

4.4.6　两年检

1. 主机服务器、通信服务器、CMS 服务器除尘

（1）检修范围：ATS 主机服务器、通信服务器表面及内部板卡清洁。

（2）检修设备：OCC 及青年大街站 ATS 主机服务器、通信服务器，CMS 服务器。

（3）检修前准备：登记请点。

（4）远程登录服务器并关机。

（5）确定服务器已关闭后，拔掉接线。

（6）从机柜槽内拉出服务器，平放。

（7）打开盖板。

（8）用潮湿的抹布，毛刷，吹风机等清洁服务器内风扇、板卡。

（9）确认服务器内部板卡、风扇安装正确，盖上盖板。

（10）把服务器放入机柜槽内，连接好接线。

（11）开启电源，确认服务器工作正常。

2. ATS/LCW/MSW 工控机除尘

（1）检修范围：清洁全线 ATS/LCW/MSW 工作站表面及工控机内部板卡。

（2）检修设备：ATS 工控机、LCW 工控机、MSW 工控机。

（3）检修前准备：到车站车控室登记，借用设备室钥匙。

（4）登录并关闭工作站：设备集中站关闭 ATS 和 LCW 工作站，非集中站关闭 ATS 工作站。打开 su 窗口，输入密码，登录系统，输入：【sy1svc@sy1s01ats】shutdown -h now，MSW 工作站进入 Windows 系统关机。

（5）确定服务器已关闭，拔掉接线，拧下前面板固定螺丝，取出工控机，平放，如图 5-208、图 5-209 所示。

注：拔掉背板接线时，要记清 A、B 网网线的位置，不可插反。

图 5-208　拧下工控机固定螺丝　　　　图 5-209　取出工控机

（6）拧开工控机盖板后的螺丝，打开盖板，如图 5-210 所示。

（7）去掉内存条两边的硅胶，按压卡槽两边白色边缘，弹出内存条，如图 5-211 所示。

图 5-210　打开工控机顶盖　　　　图 5-211　去掉硅胶弹出内存条

（8）拔出内存条，注意前后位置，不可反置，如图 5-212 所示。

（9）用毛刷轻拭，清洁内存条表面灰尘，如图 5-213 所示。

图 5-212　拔出内存条　　　　图 5-213　清洁内存条

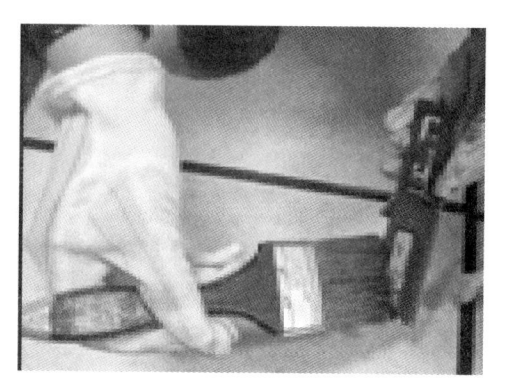

\ 项目五　信号设备检修作业标准化 \

（10）取下螺丝，卸下横杠，如图 5-214 所示。
（11）拧下电源模块的螺丝，取出模块，如图 5-215 所示。

图 5-214　取下横梁　　　　　　　图 5-215　拧下电源模块螺丝

（12）拧下电源模块的螺丝，打开电源模块外壳，用毛刷和吹风机清洁模块内部，如图 5-216 所示。

图 5-216　打开电源模块

（13）用吹风机、毛刷等清洁工控机内部各板卡及风扇，如图 5-217 所示。

图 5-217　清洁工控机内部

（14）安装好电源模块，并固定在槽内，如图 5-218 所示。

201

图 5-218　安装电源模块

（15）安装好内存条、横杠、各板卡、工控机顶盖，拧好螺丝，将工控机放回到机柜槽位，固定并连接好接线。

（16）接通电源，观察工控机指示灯显示，听工控机风扇工作声音，确认工控机工作正常。

（17）到车控室确认 ATS 工作站显示正常，并与车站值班员操作确认；设备室确认 MSW 工作站显示正常。

项目六 更换作业标准化

> 项目描述

城市轨道交通中的设备日常维护包括日常巡检、设备检修测试以及设备更换。日常巡检一般只在白天进行,所以不对设备做任何的操作,只对设备的运行参数进行记录,如在巡检过程中发现设备有故障报警,但不影响列车的运行,一般在夜间进行故障处理。设备的检修测试是对设备进行计划修,一般夜间进行。在检修测试过程中一旦发现设备参数无法调整得当,或者有明显的裂纹等就要对设备进行更换。

本项目只描述设备更换过程中的标准化作业程序,针对轨旁设备、ATS、DCS、车载等设备,详细介绍了每一设备的更换步骤和作业注意事项,将在校学习与现场工作无缝对接,从而达到安全、准确、高效、省力的作业效果。

> 知识目标

- 掌握 ZD6 型电动转辙机更换作业程序。
- 熟悉掌握 ZDJ9 型电动转辙机更换作业程序。
- 熟悉掌握信标的更换和刷写程序。
- 熟悉掌握计轴设备板卡的更换流程及步骤。
- 熟悉掌握信号机的更换步骤。
- 掌握 ATS 主机服务器的更换程序。
- 掌握轨旁 AP 的更换步骤。

> 能力目标

- 能正确地准备检修工具。
- 会进行安全防护。
- 能对信号设备进行更换。

> 思政目标

- 培养学生刻苦钻研技术,追求卓越的大国工匠精神。
- 具备严谨认真的工作作风。

任务 1　轨旁设备更换作业

城市轨道交通中的正线和车辆段的轨旁设备一般包括：转辙机、计轴、信号机、联锁、继电器等设备，当设备发生故障时，需要管辖范围内的工班工作人员及时对设备进行故障处理或者更换设备。例如，对于转辙机继电器等设备故障，一般在现场进行抢修；若故障难排除，一般在更换完毕后回检修基地进行检修测试；若故障比较严重且未到设备寿命时间，则需要返厂检修。板卡类故障一般直接更换板卡，返厂维修。不在现场对板卡进行检修测试。在更换设备时一定要做好安全防护措施，比如穿荧光衣、工服、绝缘鞋、戴安全帽等。基本的作业流程如下。

1.1　ZDJ9 单机牵引转辙机更换作业

1.1.1　注意事项

（1）检修人员在作业前，须断开室内动作电空开后方可施工。
（2）道岔扳动时，室内外应使用标准联控用语。
（3）检修人员不得将手、脚伸入或踩踏道岔开口及转辙机内部。
（4）道岔扳动时，应提前做好现场安全防护。
（5）检修作业前，须断开遮断器后方可进行维修。
（6）检修人员在作业时，须防范工器具掉落，避免造成人员被砸伤。
（7）检修人员在作业时，须做好防护，避免人员磕伤、割伤、划伤。
（8）检修人员在搬运转辙机作业时，须做好防护，避免人员砸伤。
（9）检修人员在作业时，应注意防护，避免人员踏空、绊倒，造成人员摔伤。
（10）检修人员在作业时，应注意防护，避免区间照明不足，造成检修人员摔伤。
（11）检修人员在作业时，应避免人为使用封连线、配线错误、密贴调整不良等原因引起道岔室内外表示不一、锁闭失效、尖轨闪缝等故障现象，导致进路开放错误、道岔错误转换、道岔挤岔，造成列车脱轨、列车冲突事故。

1.1.2　工器具及材料

轨旁设备更换作业所需工器具及耗材如表 6-1 所示。

表 6-1　轨旁设备更换作业工器具及耗材

项目	名称	型号	数量	备注
工器具	活动扳手	450 mm、375 mm	1（把）	
	两用扳手	40225	2（把）	
	数字万用表	FLUKE 17B	1（块）	

续表

项目	名称	型号	数量	备注
工器具	转辙机抬杠	600 mm	1（套）	
	一字绝缘螺丝	61311	1（个）	
	信号锁钥匙	—	1（把）	
	密贴检查锤	2/4/8/10 mm	1（个）	
	油壶	DL2403	1（个）	
	信号套筒扳手	6 mm	1（个）	
	双面方位灯	FL4830A	2（个）	
	剥线钳	91201	1（个）	
	钢丝钳	72203	1（把）	
	手摇把	—	1（个）	
	油灰刀	6寸	1（个）	
耗材	绝缘胶带	—	1（卷）	
	备用线缆	1.5 m²	5（米）	
	标签纸	—	1（张）	
耗材	记号笔	—	1（支）	
	润滑脂	3号	0.5（千克）	
	润滑油	OW-40	1（L）	
	施工图纸	—	1（份）	
	电动转辙机	ZDJ9型	1（台）	

1.1.3 作业流程及内容

1. 作业流程

设备的更换作业一般会影响行车，所以正常作业流程如图 6-1 所示。分为作业前、作业中、和作业后。作业前要召开班前会，进行作业交底，填写施工交底派工单，准备好工器具。作业中要严格按照标准化作业流程对设备进行更换。作业后要记得出清和销点。

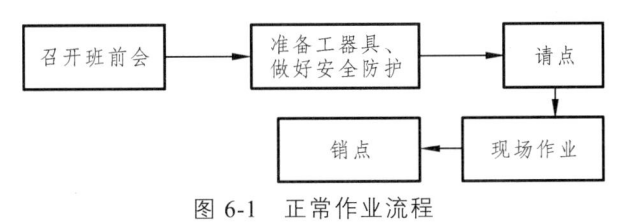

图 6-1 正常作业流程

2. 更换步骤

更换 ZDJ9 型电动转辙机的步骤分为四步，第一步拆除旧转辙机；第二步安装新转辙机；第三步检查新安装转辙机；第四步对新按转辙机调试。具体的流程图如图 6-2 所示：

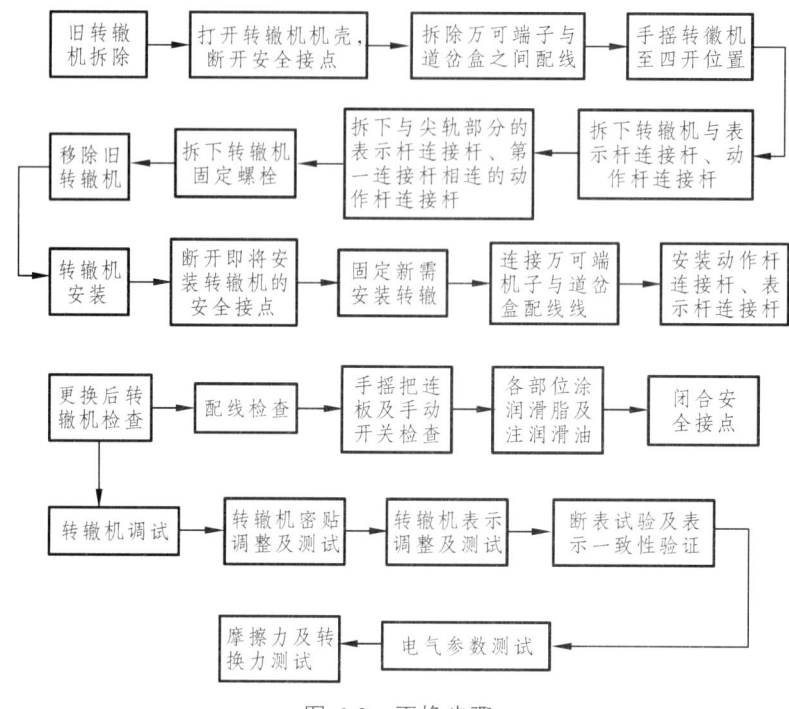

```
旧转辙  → 打开转辙机机壳，→ 拆除万可端子与  → 手摇转辙机
机拆除    断开安全接点      道岔盒之间配线     至四开位置
                                                    ↓
移除旧  ← 拆下转辙机  ← 拆下与尖轨部分的   ← 拆下转辙机与表
转辙机    固定螺栓      表示杆连接杆、第       示杆连接杆、动
                       一连接杆相连的动       作杆连接杆
                       作杆连接杆
  ↓
转辙机  → 断开即将安  → 固定新需  → 连接万可端  → 安装动作杆
安装      装转辙机的    安装转辙    子与道岔      连接杆、表
          安全接点                  盒配线线      示杆连接杆

更换后转 → 配线检查 → 手摇把连  → 各部位涂   → 闭合安
辙机检查              板及手动    润滑脂及      全接点
                      开关检查    注润滑油
  ↓
转辙机调试 → 转辙机密贴 → 转辙机表示 → 断表试验及表
             调整及测试    调整及测试    示一致性验证
  ↓
摩擦力及转 ← 电气参数测试 ←
换力测试
```

图 6-2　更换步骤

1）旧转辙机拆卸

（1）断室内相应道岔组合柜空开（5 A 和 0.5 A）

（2）打开机壳，断开安全节点。使用信号锁钥匙将转辙机机壳打开，同时断开安全节点。如图 6-3 所示

图 6-3　打开转辙机机壳

（3）标记转辙机配线。用一字绝缘螺丝刀将插接器上万可端子连接道岔盒的配线拆下，并用标签纸和记号笔标记，同时用绝缘胶带将拆下的端子线头分别粘好，防止短路，插线时不要太用力，以免损坏万可端子，如图6-4所示。

图 6-4　转辙机配线

（4）拆卸配线线管。用活动扳手拆下与电缆盒之间的连接弯管。拆连接管过程中要注意，应使用绝缘胶带将整根裸露电缆芯线粘好，以防在拆装过程中损伤电缆（见图6-5）。

图 6-5　配线线管

（5）手摇至四开。用手摇把将转辙机摇到四开位置，使动作连接杆不受到钢轨的外力。

（6）拆卸动作杆，表示杆。拆下如图6-6所示的表示连接杆、动作连接杆，这两个杆件是转辙机与外部的连接。

图 6-6　外部杆件

（7）拆卸转辙机方钢螺丝。拆下固定转辙机的四根螺栓，将换下的转辙机抬到轨旁不侵限处放好。将拆下的螺栓杆件放置在统一地点，方便拿取，如图6-7所示

图6-7　方钢螺

2）新转辙机安装

（1）断开安全接点。断开即将安装转辙机的安全接点。

（2）固定新转辙机，紧固各部件螺丝。将事先测量数据标准的相同型号转辙机抬到固定角钢上，并将4根固定螺栓紧固，检查接线端子以及各个部件牢固情况。

（3）连接蛇皮管及配线。安装与道岔盒相连的连接弯管，然后将事先做好标记的电缆根据配线图对转辙机进行配线，并使用万用表核对测量。

（4）安装动作连接杆、表示连接杆。

3）更换后转辙机检查

（1）配线检查。凡绝缘层受损的线缆，必须对配件进行导通和绝缘测试，若铜芯线受损，则须更换受损线缆，如图6-8所示。

图6-8　测试配线

（2）手摇把连板及手动开关的功能检查。当手摇把开关接通时，挡住手摇把插入孔的连板会阻止手摇把插入手摇把齿轮。在手摇齿轮与连板之间必须有一定间隙。手动开关断开时，手摇把必须能够顺利地插入，不经人工操作，不得恢复接通，如图6-9所示。

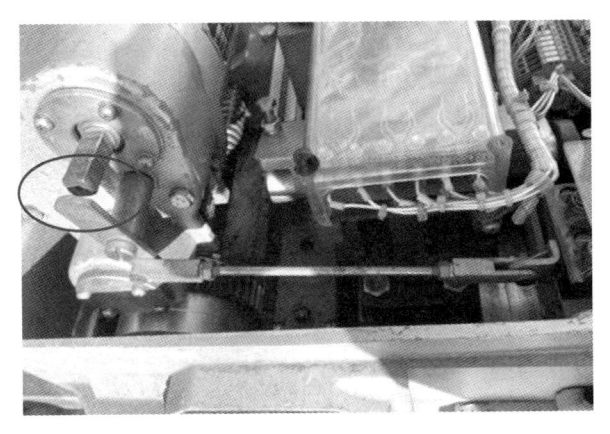

图 6-9　手摇把挡板

（3）各部位涂润滑脂及注润滑油。动作杆从转辙机内伸出在外的部分应在转辙机伸出状态下涂润滑脂，位于转辙机内部的部分在伸出、拉入两种情况下涂润滑脂，此外，通过左右方孔套上的注油孔注润滑油，如图 6-10 所示。

图 6-10　涂油

（4）滚珠丝杠注油。在滚珠丝杠的两个终端部位分别涂润滑脂，并将转辙机转换多次，使油脂均匀。将转辙机用手摇把摇到推板套远离摩擦联接器一端时，用注油枪在丝杠母的注油孔内注入润滑脂，如图 6-11 所示。

图 6-11　滚珠丝杠

（5）齿轮注油。在转辙机静止不动时，对齿轮及摩擦连接器的带槽齿轮涂润滑脂，如图 6-12 所示。

图 6-12　齿轮组

（6）表示杆（锁闭杆）注油。对表示杆（锁闭杆）在伸出和拉入两种状态下分别涂润滑脂，并通过左右方孔套上的注油孔注润滑油，如图 6-13 所示。

图 6-13　表示杆/锁闭杆

（7）转辙机锁闭铁注油。锁块的两燕尾斜面和锁闭铁两端斜面在两种终端位置状态下（伸出和拉入）涂润滑脂，并使转辙机转换多次，如图 6-14 所示。

图 6-14　锁闭铁

（8）推板套滑动面注油。推板套的下滑动面积和侧滑动面分别在伸出和拉入位置下涂润滑油，如图 6-15 所示。

图 6-15　推板套

（9）阻尼机构注油。动作杆中部的两斜面为阻尼机构的有效摩擦面，阻尼机构的摩擦与之相互摩擦，两斜面定期涂润滑脂，以防止加剧磨损，动作杆停止在一个终端位置时，可在相反方向的斜面涂润滑脂，反之在另一斜面涂润滑脂，如图 6-16 所示。

图 6-16　阻尼机构

（10）闭合安全接点。闭合室内相应道岔空开（5 A 和 0.5 A）。

4）转辙机调试

（1）转辙机密贴调整。电动转辙机安装后，首先要手动转换调整尖轨与基本轨密贴，同时使用密贴检查锤测量 2 mm 锁闭、4 mm 不锁闭，如图 6-17 所示。

图 6-17　转辙机密贴调整

（2）转辙机表示缺口调整。锁闭杆锁闭表示缺口与锁闭柱的间隙为每侧 2 mm，调整量为（2±0.5）mm，正常检查表示缺口与检查柱的间隙为每侧 2 mm。

（3）断表试验。联系车控室核对道岔实际开通位置是否与车控室、设备室表示继电器显示一致，依次断开自动开闭器对应表示接点，试验断开、接通道岔表示是否良好，以 1-3 闭合定位为例（定位：11-12、15-16、33-34、35-36），（反位：41-42、45-46、23-24、25-26）。

（4）转换力及摩擦力测试。测量摩擦力及转换力，应符合下列标准：道岔转换力不大于 4 kN，摩擦力应为 6~7 kN。

（5）取出手摇把，合上安全接点，盖上机盖。作业后进行测试，测试时做好防护，双动道岔两端都要有人防护。与室内操纵人员确认道岔位置及状态，确认道岔工作状态完好后，方可出清现场。

1.2 信号机点灯单元更换作业

LED 色灯信号机的机构外壳为铝合金，光源内主要由点灯变压器、发光盘、光学透镜、抗干扰门限辅助电路等几部分组成。信号机点灯单元一般都是整体更换，包括变压器等装置。

1.2.1 安全注意事项

（1）作业前，检查工器具是否齐全且性能良好，穿戴好防护用品，做好安全预想。

（2）对信号机进行带电作业时，应使用绝缘工具，穿绝缘鞋，不得同时接触导电和接地部分。

（3）测量参数或插拔电缆线时切勿使用蛮力，以免损坏接线端子。

（4）对隧道边缘信号机作业时需使用梯子，注意墙壁电缆支架，严禁站在消防管道上作业，严禁将梯子架在电缆支架上。

（5）作业完成后，应对设备进行彻底检查、试验，经检查、试验良好后方可离开。

1.2.2 工器具及材料

信号机点灯单元更换作业所需的工器具及材料如表 6-2 所示。

表 6-2　信号机点灯单元更换作业所需工器具及材料

项目	名称	型号	数量	备注
工器具	活口扳手	150 mm	1（把）	—
	十字螺丝刀	150 mm	1（把）	—
	一字螺丝刀	150 mm	1（把）	—
	人字梯		1（个）	—
	手持机		1（台）	—
耗材	发光盘（红、绿、黄、蓝）	—	1（套）	—
	螺栓及螺帽	M16	10（个）	—

1.2.3 作业流程及步骤

作业流程分为作业前、作业中和作业后。作业前要召开班前会，进行作业交底，填写施工交底派工单，准备好工器具。作业中步骤及内容如图 6-18 所示：

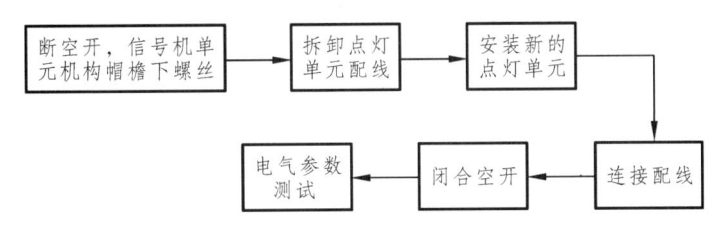

图 6-18 信号机点灯单元更换作业步骤及内容

（1）用十字螺丝刀将信号机单元机构帽檐下 4 个固定挡圈的螺丝拧开，取出上、下、左、右 4 个螺丝及挡圈，如图 6-19 所示。

图 6-19 取出信号机单元机构螺丝及挡圈

（2）用十字螺丝刀将挡片后的 4 个固定螺丝拧开，取出上、下、左、右 4 个螺丝，如图 6-20 所示。

图 6-20 取出挡片后的 4 个固定螺丝

（3）将信号机机构单元后盖（见图 6-21）打开，拆卸 7、8 二次侧接线后将单元机构从后边取出，如图 6-22 所示。

图 6-21　信号机机构单元后盖　　　　图 6-22　取出信号机机构单元

（4）安装新的点灯单元。

（5）闭合空开送电。

（6）测试点灯变压器电压，一次侧电压应为（105±10）V，二次侧电压应为 42～52 V，电流应为 110～135 mA。

1.2.4　测试验证

排列对应进路，进行点灯测试，信号机灯位显示正常且试验良好方可投入使用。

作业完成后，室外人员检修完成后关好各后盖及电缆盒，关闭后盖时注意各接线不得接触变压器电阻，以免因发热烧坏接线。清点工具、设备，确保无遗漏，人员出清。

室内人员查看 ATS/LCW 界面显示或控制台界面显示，确保各设备正常工作状态，界面显示正常，无灯丝报警。

1.3　缺口监测设备更换作业

1.3.1　注意事项

（1）请点前，施工负责人组织施工人员召开施工安全交底会，强调作业重点及安全防护措施。

（2）作业前，对工器具、材料进行清点，并填写《施工交底派工单》。

（3）操作电源开关及插拔电源插头时禁止触摸金属带电部位，防止触电。

（4）进行转辙机操作前，须派专人进行现场防护。

（5）作业期间须断开安全接点组，防止转辙机误动作造成人身伤害。

（6）配线紧固及线缆检查应使用绝缘器具。

（7）道岔操作由轨行区人员向车控室人员请求，车控室人员复诵请求内容，经轨行区人员确认后方可进行操作。

（8）检修人员在作业时，防范工器具掉落，避免造成人员被砸伤。

（9）检修人员在作业时，做好防护，避免人员磕伤、割伤、划伤。

（10）检修人员在作业时，注意防护，避免人员踏空、绊倒，造成人员摔伤。

（11）检修人员在作业时，注意防护，避免区间照明不足，造成检修人员摔伤。

1.3.2 材料及工器具

缺口监测设备更换作业所需的工器具及材料如表 6-3 所示。

表 6-3 缺口监测设备更换作业所需工器具及材料

项 目	名 称	型 号	数 量	备 注
耗材	防静电毛刷	1（个）	—	—
	抹布	1（个）	—	—
工器具	一字螺丝刀	61314	1（把）	—
	十字螺丝刀	61213	1（把）	—

1.3.3 作业流程及内容

作业流程分为作业前、作业中和作业后。作业前要召开班前会，进行作业交底，填写施工交底派工单，准备好工器具。作业中流程图如图 6-23 所示。

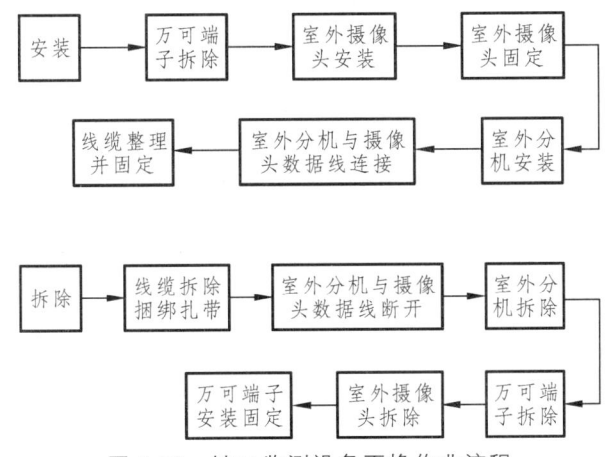

图 6-23 缺口监测设备更换作业流程

1. 室外分机安装

（1）拆除万可端子。将万可端子两端固定卡扣拆除后，将与万可端子相连接的螺丝拆除，如图 6-24 所示。

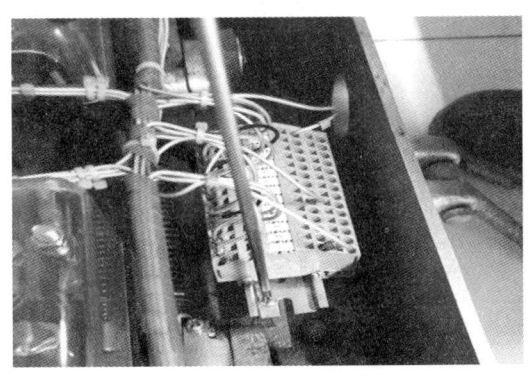

图 6-24 拆除万可端子

（2）室外摄像头安装。将万可端子拆除后，进行室外摄像头的安装，如图 6-25 所示。

图 6-25　安装室外摄像头

（3）固定室外摄像头。

（4）安装室外分机。将缺口室外分机装入转辙机如图 6-26 所示位置，并用螺丝进行紧固。

图 6-26　安装室外分机

（5）连接分机与摄像头数据线。将室外摄像头与室外分机数据线相连，同时将分机电源线与室内电源线相连，如图 6-27 所示。

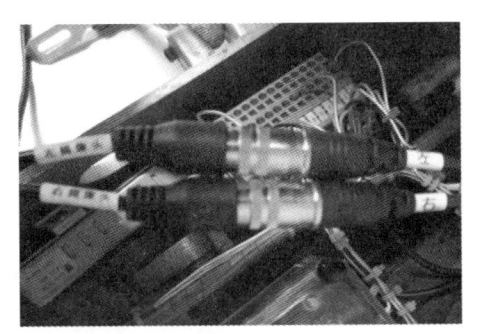

图 6-27　连接分机与摄像头数据线

（6）整理并固定线缆。将线缆进行整理、捆绑，以不影响转辙机的正常工作。室外分机安装完成后如图 6-28 所示。

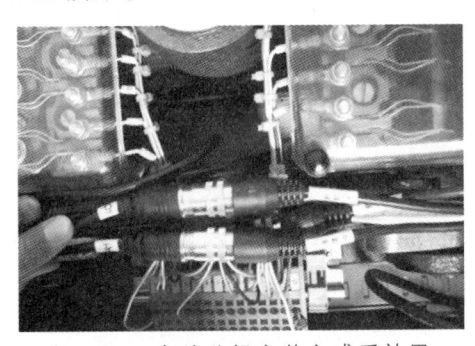

图 6-28　室外分机安装完成后效果

2. 室外分机拆除

室外分机拆卸流程与安装流程相反，请参照安装流程。

3. 初始化

（1）获取校正图片。

室外：平推塞尺贴近表示杆，与表示杆保持平行，抵住检查柱，等待室内拍摄当前缺口图片。

室内：实时获取并保存当前缺口图片至历史图片。

成像要求：平推塞尺抵住检查柱，平推塞尺平行并且贴近表示杆，如图 6-29 所示。

注：需要获取每机定、反位缺口图片。

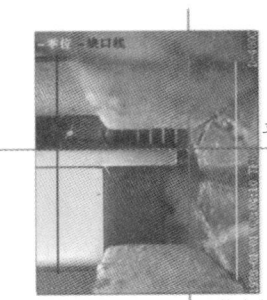

图 6-29　成像要求

（2）获取检查柱位置。缺口基准线以平推校正塞尺中间顶端为基准。在保存的含校正尺的历史缺口图片中，右击图片，选择设置基线，移动绿线至平推校正塞尺的中间顶端，右击保存基线设置，如图 6-30 所示。

图 6-30 设置基线

（3）初始化 2 mm 缺口（此操作只能在超级用户中使用）。平推塞尺每格之间的距离为 2 mm，2 mm 缺口初始化要定义 4 mm 的距离。在保存的含校正尺的历史缺口图片中，移动绿线至基线处，移动蓝色使与绿线的距离为 2 格，即蓝线与绿线的距离为 4 mm，点击图片右侧的初始化缺口（I）按钮，完成操作，如图 6-31 所示。

图 6-31 初始化 2 mm 缺口

（4）初始化 4 mm 缺口（此操作只能在超级用户中使用）。平推塞尺每格之间的距离是 2 mm，4 mm 缺口初始化要定义 8 mm 的距离，在保存的含校正尺的历史缺口图片中，移动绿线至基线处，移动蓝色使与绿线的距离为 4 格，即蓝线与绿线的距离为 8 mm，点击图片右侧的初始化缺口（I）按钮，完成操作，如图 6-32 所示。

（5）缺口区域设置。缺口区域设置应择适当长宽（一般长度大于缺口大小的 2 倍），且表示杆缺口区域相对垂直作为缺口识别区域。在保存的含校正尺的历史缺口图片中，右击图片，选择设置区域，右击拖动鼠标，选择适当长宽，且表示杆缺口区域相对垂直，松开鼠标，右击保存区域，完成配置，如图 6-33 所示。

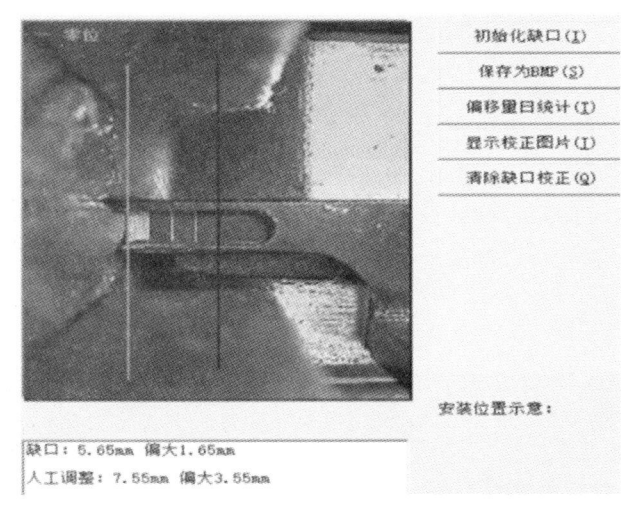

图 6-32 初始化 4 mm 缺口

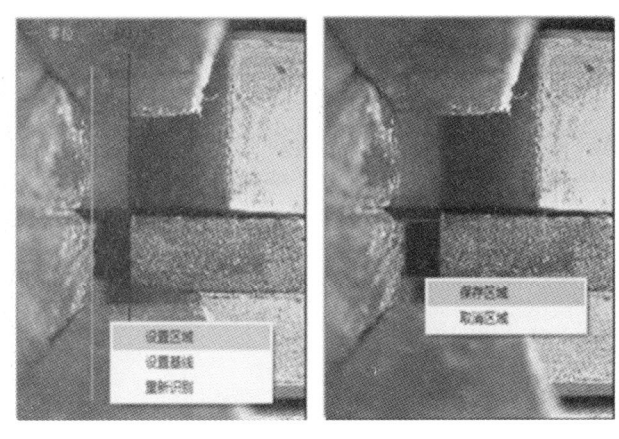

图 6-33 缺口区域设置

（6）重新识别。完成以上配置后，右击图片，选择重新识别，获取缺口信息（缺口值、偏移量、定反位状态等），如图 6-34 所示。

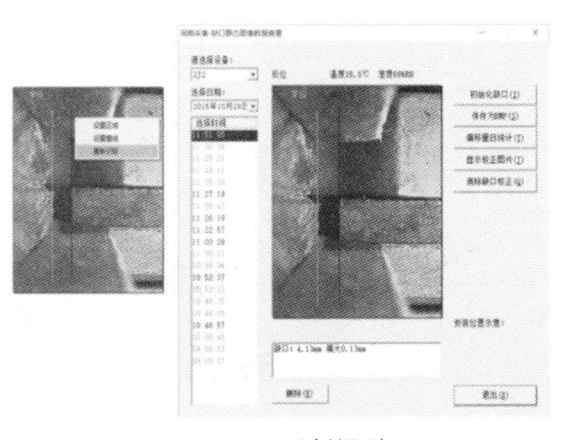

图 6-34 重新识别

4. 退出及开始看门狗程序

系统正常工作时，由于看门狗程序的作用，用户不可以正常使用 Windows 桌面界面，须退出看门狗程序后方可使用。

（1）退出看门狗程序

用户可以通过键盘组合切换命令"ALT+TAB"，切换至看门狗界面，如图 6-35 所示，通过"系统功能"→"解除外壳并退出"，输入命令，退出看门狗程序保护。

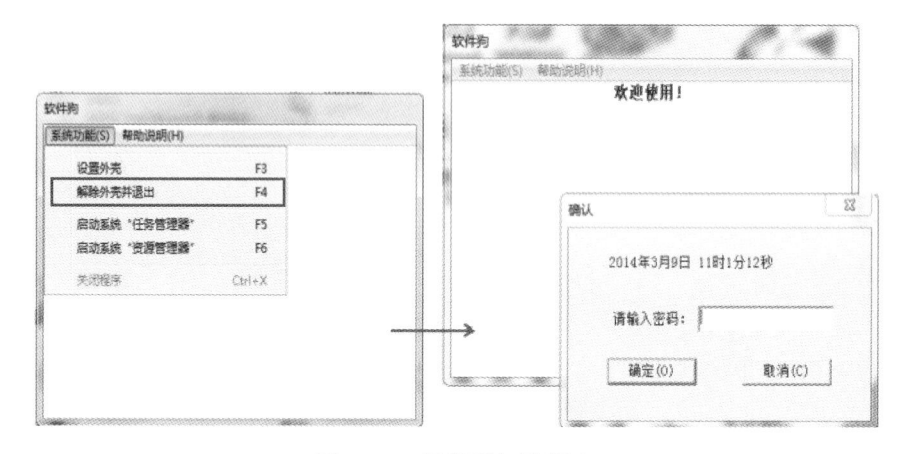

图 6-35　退出看门狗程序

（2）开启看门狗程序

为保证程序及计算机正常运行，需要看门狗程序在常态下处于开启状态，点击桌面图标　，即可完成看门狗的开启。

5. 切换用户

通过窗体菜单栏"系统"→"用户管理"或使用快捷键"Ctrl+U"进入用户管理界面（见图 6-36），通过 切换登录用户(L) 按钮，可切换登录用户，如图 6-37 所示。

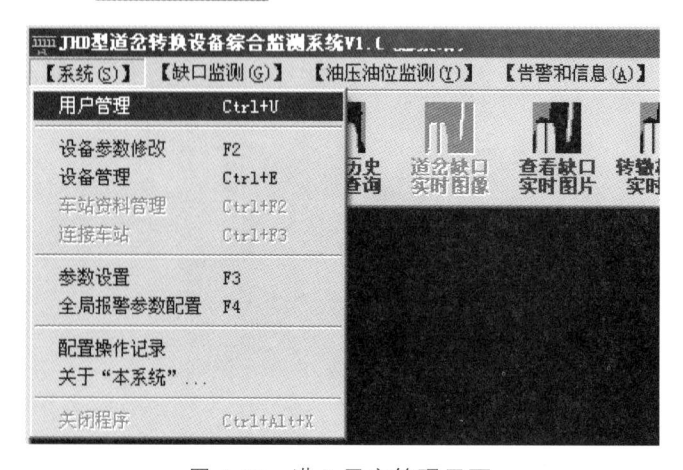

图 6-36　进入用户管理界面

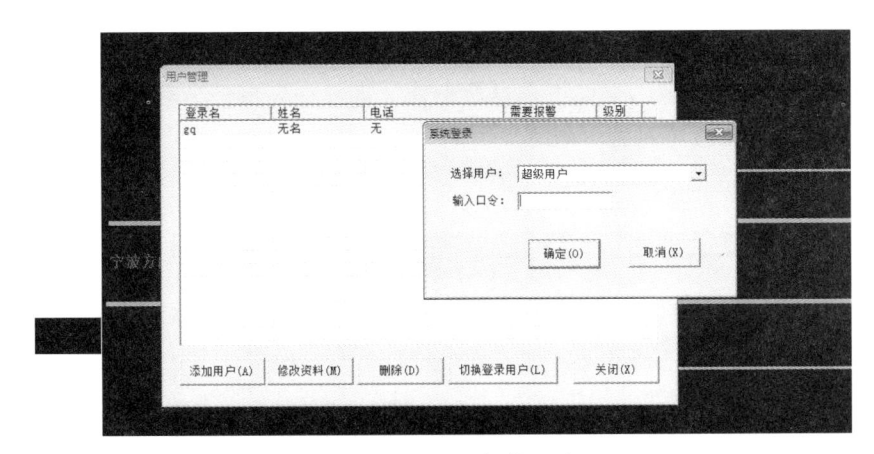

图 6-37　切换用户

注意：系统默认一般设为"超级用户"（密码详询车间主管领导）和"gq"（密码为 1）两个用户。"gq"用户具有软件的使用权限，"超级用户"具有操作和修改的权限（用户在软件日常使用中尽量避免切换到"超级用户"）。

6. 修改缺口预告警值

（1）单个修改缺口预告警值

通过窗体菜单栏"系统→设备参数修改→道岔组→道岔→缺口预告警值"进入缺口预告警值界面对相关值进行修改，如图 6-38 所示。

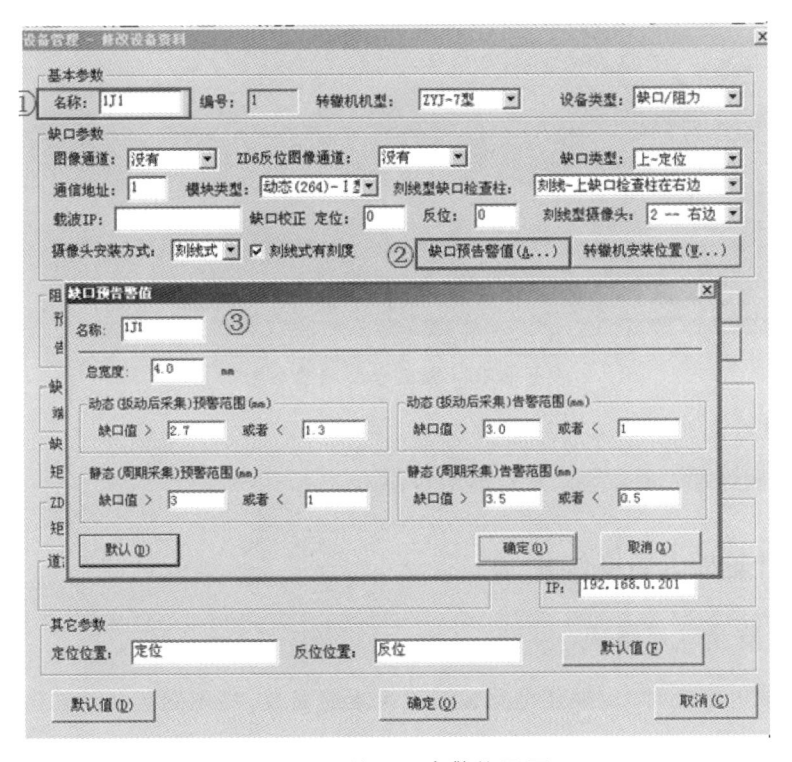

图 6-38　缺口预告警值界面

（2）批量修改缺口预告警值

通过窗体菜单栏"系统→全局报警参数配置"进入全局报警参数配置界面（见图6-39）对相关值进行修改（见图6-40）。

注：缺口预告警值修改权限为超级用户。

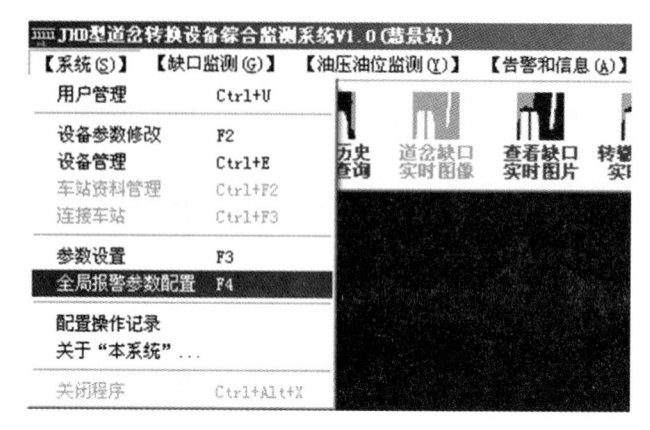

图 6-39　全局报警参数配置界面

图 6-40　修改全局报警参数

7. 测试验证

检查监测终端，确认表示缺口显示正常。

1.4　计轴板卡更换作业

1.4.1　安全注意事项

（1）拿取电路板时，应握住电路板的边缘或前面板，将电路板从计轴主机拔出时，应使用专用工具。

（2）更换计轴主机板卡时，应关闭计轴主机电源。更换 VAU 板后，应进行测试，以确认板卡功能正常，更换放大滤波板时，无须关闭计轴主机电源。计轴主机电源位置如图 6-41 所示。

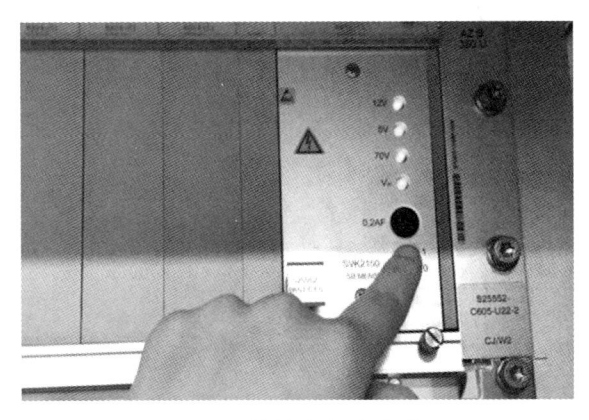

图 6-41　计轴主机电源位置

（3）更换闭塞信息输入/输出板（BLEA12）前，必须记下故障板卡的 DIP 开关及跳线位置，备件的 DIP 开关及跳线应与原故障板卡一致。

（4）当计轴主机重新启动时，VAU 板记录的数据（车轴数）会丢失，因此，只有在申请系统停用获批准后才能重新启动系统。

（5）由于计轴传感器存在干扰抑制区，传感器周围 0.5 m 范围内不得出现金属异物。

（6）插拔板卡时，应对板卡做好标识，记录板卡序列号。

（7）在重启或更换计轴子系统板卡前，应及时通知行车调度员，以保证行车调度员能及时禁止列车进入受影响的计轴区段。

（8）计轴子系统直接影响列车检测功能安全，未经信号相关工程师批准，维护人员不得进行电路修理或变动。

（9）对于计轴故障板卡，须返厂进行修理或更换，不得在现场进行维修处理。

1.4.2　工器具及材料

计轴板卡更换作业所需工器具及材料如表 6-4 所示。

表 6-4　计轴板卡更换作业工器具及材料

项目	名称	型号	数量	备注
工器具	一字螺丝刀		1 把	—
	十字螺丝刀		1 把	—
	防静电手环		1 个	—
防护用品	手持台		1 个	—
材料	联锁板卡		1 块	—

1.4.3 检修流程及内容

作业流程分为作业前、作业中和作业后，作业前要召开班前会，进行作业交底，填写施工交底派工单，准备好工器具。作业中流程如图6-42所示。

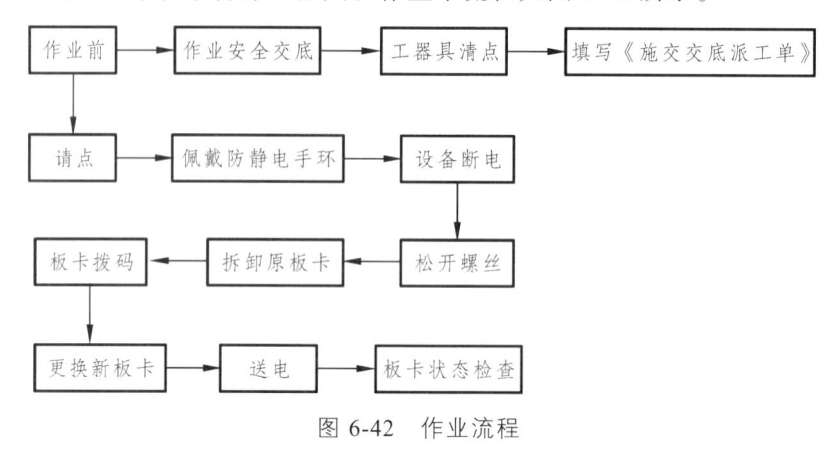

作业前 → 作业安全交底 → 工器具清点 → 填写《施交交底派工单》 → 请点 → 佩戴防静电手环 → 设备断电 → 松开螺丝 → 拆卸原板卡 → 板卡拨码 → 更换新板卡 → 送电 → 板卡状态检查

图 6-42 作业流程

1. 更换放大触发带通滤波板

（1）用一字螺丝刀将本层主机单元组匣上下固定条的螺钉拧开，取出上、下两个固定条。

（2）用计轴板卡专用插拔工具拔出损坏的故障板卡，装入防静电袋中保存。

（3）将测试过好用的新板卡插入机笼中对应的插槽；将上下固定条固定并将螺丝拧紧，如图6-43所示。

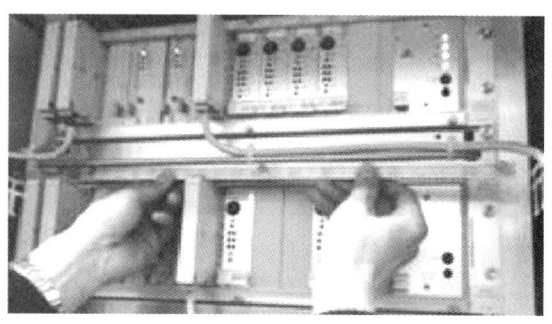

图 6-43 插入新板卡

2. 更换电源板

如确定电源板已损坏,先关掉电源板电源。更换电源板的步骤与更换放大触发带通滤波板相同,如图 6-44 所示。

图 6-44　更换电源板

3. 更换闭塞信息板

(1)用一字螺丝刀将本层主机单元组匣上下固定条的两颗螺钉松开,取出上、下两个固定条。

(2)拆卸闭塞信息板插头固定螺栓。

(3)把该板卡插头拔出,拔出损坏的闭塞信息板,如图 6-45 所示。

图 6-45　更换闭塞信息板

(4)将新板卡 DIP 开关与原板卡配置相同位置(见图 6-46),然后将新板卡插入机笼中。

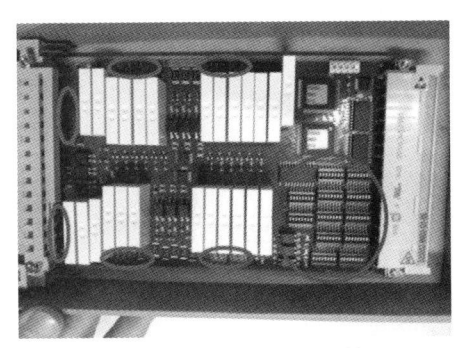

图 6-46　配置 DIP 开关

225

（5）插上插头，将上下固定条固定并将螺丝拧紧，将损坏的闭塞信息板装入防静电保存袋中等待返厂修理。

4. 更换数据处理板

（1）若处理板上的 PAB 灯点亮，首先同时按压两个数据处理板的复位按钮持续 1 s，如仍不能恢复正常工作状态，则可能为数据处理板损坏，AzS（M）350U 计轴主机采用双通道的处理系统，按要求数据处理板应该成对更换，更换步骤与更换放大触发带通滤波板一致，如图 6-47 所示。

图 6-47　更换数据处理板

（2）用一字螺丝刀将本层主机单元组匣上下固定条的两颗螺钉松开，取出上、下两个固定条。拆卸并更换数据处理板。

5. 更换串行通信板

串行通信板用于两个计轴主机间相互传输数据。更换串行通信板的步骤与更换闭塞信息板一致，如图 6-48 所示。

图 6-48　更换串行通信板

（1）用一字螺丝刀将本层主机单元组匣上下固定条的两颗螺钉松开，取出上、下两个固定条。

（2）拆卸串行通信板插头。

（3）拆卸并更换串行通信板。

6. 更换轨道箱电路板

（1）信号设备室内人员拔出放大滤波板，切断室外板卡供电，如图 6-49 所示。

图 6-49　拔出放大滤波板

（2）室外作业人员拆卸室外箱盒螺栓。

（3）室外作业人员拆卸轨道过压电路板及其配线，并拆卸轨道箱电路板及其配线，如图 6-50 所示。

图 6-50　拆卸轨道箱电路板及其配线

（4）室外作业人员更换轨道箱电路板及轨道过压电路板并安装配线。

（5）信号设备室内人员将放大滤波板重新插入机笼，恢复室外板卡供电，并按下 T3、T4 按钮进行板卡频率校正。

（6）信号设备室内人员测试 U1、U2、F1 及 F2，并进行调试，最后在该计轴磁头进行人工出清及占用测试，测试次数不得少于 3 次，如图 6-51 所示。

图 6-51　进行人工出清及占用测试

7. 测试验证

参数调整完成后，室外人员检修完成后关好计轴箱盒，清点工具、设备，确保无遗漏，人员出清，应使用模拟轮对该计轴点进行刷轴占用出清测试；室内人员查看 ATS/LCW 界面显示，确保各设备正常工作状态，界面显示正常，无计轴红光带。占用出清正常后方可撤离。

1.5 MLK 联锁机板卡更换作业

1.5.1 安全注意事项

（1）在插拔板卡过程中需佩戴防静电手环，防止静电击穿板卡上的元器件。

（2）检修人员在作业时，规范更换作业，提前确认好更换设备，避免错误操作，造成联锁机故障，导致 ATS 界面出现联锁离线 MF 类告警、PF 类告警、方向锁、灰显等异常告警。

（3）检修人员在作业时，防范工器具掉落，避免造成人员被砸伤。

（4）检修人员在作业时，做好防护，避免人员磕伤、割伤、划伤。

（5）检修人员在作业时，注意防护，避免人员踏空、绊倒，造成人员摔伤。

（6）作业前须保证在设备断电的情况下进行板卡更换。

（7）更换联锁板卡作业前需确认新板卡与原板卡型号保持一致，并在更换前佩戴防静电手环。

（8）更换联锁板卡作业中注意板卡卡槽是否存在异物，以防造成板卡安装歪斜。

（9）更换板卡完成后，确认螺丝紧固，板卡运行正常，灯位显示正确。

1.5.2 工器具及材料

MLK 联锁机板卡更换作业所需的工器具及材料如表 6-5 所示。

表 6-5 MLK 联锁机板卡更换作业所需工器具及材料

项目	名称	型号	数量	备注
工器具	一字螺丝刀	—	1（把）	—
	十字螺丝刀	—	1（把）	—
	防静电手环	—	1（个）	—
防护用品	手持台	—	1（个）	—
材料	联锁板卡	—	1（块）	—

1.5.3 检修流程及内容

作业流程分为作业前、作业中和作业后，作业前要召开班前会，进行作业交底，填写施工交底派工单，准备好工器具。作业中流程图如图 6-52 所示。

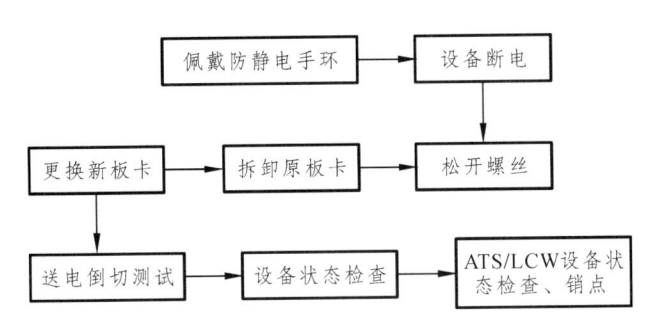

图 6-52　MLK 联锁机板卡更换作业流程

（1）将需更换板卡的主机断电，联锁机对应的空开切至断开状态，如图 6-53 所示。

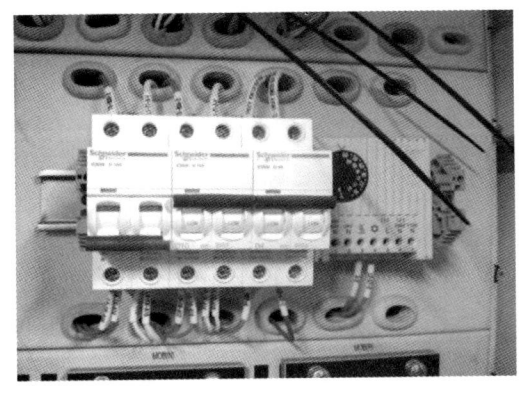

图 6-53　空开切至断开状态

（2）松开板卡固定螺栓。
（3）拔出联锁板卡。双手抓住拉环同时向外侧用力，拔出板卡，如图 6-54 所示。

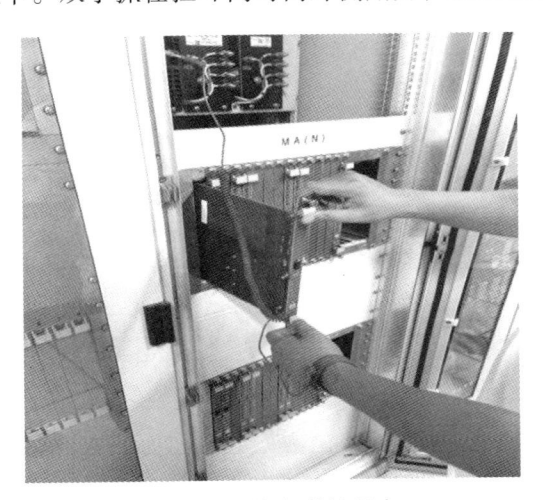

图 6-54　拔出联锁板卡

（4）安装新联锁板卡。将新板卡顺着卡槽进行插入安装。
（5）板卡螺丝进行紧固。

1.5.4 测试验证

更换完成后上电开机并进行主备机切换试验，查看各板卡指示灯是否正常，确认车控室 ATS 显示是否存在 MFA、MFB、PSD 等相关报警。确认无误后，工器具出清，进行销点。

1.6 ZD6 转辙机更换作业

1.6.1 安全注意事项

（1）请点前，施工负责人组织施工人员召开施工安全交底会，强调作业重点及安全防护措施。

（2）作业前，对工器具、材料进行清点，并填写《施工交底派工单》。

（3）进行转辙机操作前，须派专人进行现场防护。

（4）作业期间严禁将手、脚伸入道岔开口及转辙机内部。

（5）作业期间须断开安全接点组，防止转辙机误动作造成人身伤害。

（6）安全接点组、接点组配线端子紧固及线缆检查应使用绝缘器具。

（7）道岔操作由室外人员向信号楼值班员请求，信号楼值班员复诵请求内容，经室外人员确认后方可进行操作。

（8）检修人员在搬运转辙机作业时，做好防护，避免人员砸伤。

（9）检修人员在作业时应注意防护，避免人员踏空、绊倒，造成人员摔伤。

（10）检修人员在作业时应注意防护，避免区间照明不足，造成检修人员摔伤。

（11）检修人员在作业时，避免人为使用封连线、配线错误、密贴调整不良等原因引起道岔室内外表示不一、锁闭失效、尖轨闪缝等故障现象，导致进路开放错误、道岔错误转换、道岔挤岔，造成列车脱轨、列车冲突事故。

1.6.2 工器具及材料

ZD6 转辙机更换作业所需的工器具及材料如表 6-6 所示。

表 6-6 ZD6 转辙机更换作业所需工器具及材料

项目	名 称	型 号	数 量	备 注
工器具	活动扳手	450 mm	1（把）	—
	活动扳手	250 mm	1（把）	—
	棘轮扳手	27130	1（把）	
	数字万用表	FLUKE 17B	1（块）	
	转辙机抬杠	600 mm	1（套）	
	一字螺丝刀	62222	1（个）	—
	十字螺丝刀	63620	1（个）	

续表

项目	名称	型号	数量	备注
工器具	信号锁钥匙	-	1（把）	—
	密贴检查锤	2/4/8/10 mm	1（个）	—
	油壶	DL2403	1（个）	—
	信号套筒扳手	6 mm	1（个）	—
	双面方位灯	FL4830A	2（个）	—
	钢丝钳	72203	1（把）	—
	手摇把	-	1（个）	—
	润滑脂	3号	0.5（kg）	—
	润滑油	OW-40	1（L）	—
	手台	-	1（个）	—
	T字套筒	17 mm、19 mm	1（套）	—

1.6.3 作业流程及内容

作业流程分为作业前、作业中和作业后，作业前要召开班前会，进行作业交底，填写施工交底派工单，准备好工器具。作业中流程图如图 6-55 所示。

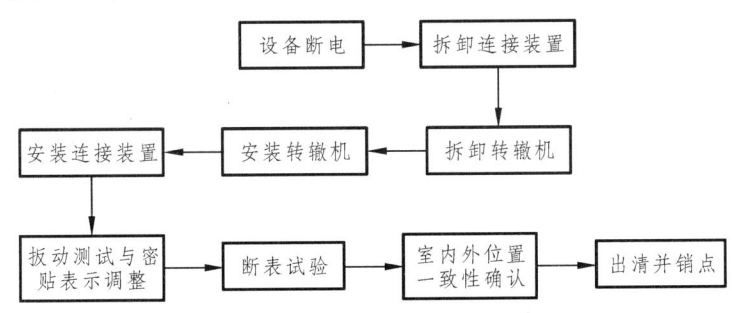

图 6-55 ZD6 转辙机更换作业流程

1. 拆除转辙机准备工作

（1）断开室内空开和安全接点，如图 6-56 所示。

图 6-56 断开室内空开和安全接点

（2）手摇道岔至"四开"位置。

2. 拆除连接装置

（1）拆除转辙机表示杆与外表示杆连接螺栓，如图 6-57 所示。

图 6-57　拆除转辙机表示杆与外表示杆连接螺栓

（2）拆除转辙机动作杆与外动作杆连接螺栓，如图 6-58 所示。

图 6-58　拆除转辙机动作杆与外动作杆连接螺栓

（3）拆除插接器上方透明盖，拔下插接器，如图 6-59 所示。

图 6-59　拔下插接器

（4）拆除转辙机蛇管与转辙机连接处垫片，如图6-60所示。

图6-60　拆除转辙机蛇管与转辙机连接处垫片

（5）拆除转辙机四角固定螺栓，并存放至指定位置，如图6-61所示。

图6-61　拆除转辙机四角固定螺栓

3．搬　　运

使用抬杠将拆除的转辙机搬运至适当地点。

4．安装连接装置

（1）安装转辙机四角螺栓，使其固定在角钢上，如图6-62所示。

图6-62　安装转辙机四角螺栓

（2）安装转辙机动作杆与外动作杆连接螺栓，如图6-63所示。

图6-63 安装转辙机动作杆与外动作杆连接螺栓

（3）安装转辙机表示杆与外表示杆连接螺栓，如图6-64

图6-64 安装转辙机表示杆与外表示杆连接螺栓

（4）安装转辙机蛇管与转辙机连接处垫片，如图6-65所示。

图6-65 安装转辙机蛇管与转辙机连接处垫片

（5）插入插接器，安装插接器上方透明盖，如图6-66所示。

图 6-66 安装插接器上方透明盖

1.6.4 测试与调整

（1）手摇道岔，调整缩进、伸出位置尖轨与基本轨纵向密贴（先缩进后伸出），尖轨尖至基本轨缝隙不大于 0.5 mm。

（2）保证 2 mm 锁闭，4 mm 不锁闭。

（3）调整表示杆缺口，先调整伸出位置，后调整拉入位置，缺口范围为（1.5±0.5）mm。

（4）摩擦力测试：测量摩擦转换力为 3.4 kN。

（5）测量开程为（152±4）mm，测量转辙机动程。

（6）对讲机联系信号楼核对道岔实际开通位置是否与控制台显示一致，依次断开自动开闭器对应表示接点，试验断开、接通道岔表示是否良好，以 1-3 闭合定位为例（定位启动，41、42、05、06，定位表示 13、14、31、32、33、34）(反位启动 11、12、05、06，反位表示 43、44、21、22、23、24）。

（7）测量启动电压为 160～230 V（DC）、启动电流＜2 A（DC）、摩擦电流为 2.3～2.9 A（DC）。

（8）检查各部开口销齐全，劈开角度为 60°～90°。

（9）作业结束后室外人员检修完成后关好转辙机箱盖及电缆盒，关闭箱盖时注意内部配线，避免挤压内部配线，清点工具、设备，确保无遗漏，人员出清。信号楼人员操纵道岔室外人员做好防护，确保各设备正常工作状态，界面显示正常，无道岔失表报警。

1.7 继电器更换作业

1.7.1 安全注意事项

（1）请点前，施工负责人组织施工人员召开施工安全交底会，明确作业内容以及安全防护措施。

（2）作业前，对工器具、材料进行清点，并填写《施工交底派工单》。

（3）更换继电器作业前须确认新继电器与原继电器型号保持一致，继电器状态良好。

（4）更换继电器作业前需将控制道岔的动作电、表示电空开断开。

（5）在原继电器拆卸时须左右用力，不得上下晃动继电器，避免造成接触不良。

（6）更换继电器作业中确认底座良好，无锈蚀，无弯曲。

（7）更换继电器过程中不得使用蛮力进行安装，与鉴别销吻合，正确安装。

（8）更换继电器完成后，确认继电器卡扣无松动，继电器无歪斜，接触良好。

（9）更换继电器完成后，用联控用语进行道岔试验，反复确认室内外状态。

1.7.2 工器具及材料

继电器更换作业所需的工器具及材料如表 6-7 所示。

表 6-7 继电器更换作业所需工器具及材料

项目	名称	型号	数量	备注
工器具	一字螺丝刀		1 把	—
	尖嘴钳		1 把	—
	手持台		1 个	—
防护用品	安全帽		1 套	—
	反光衣		1 套	—
材料	继电器		1 个	—

1.7.3 作业流程及内容

作业流程分为作业前、作业中和作业后，作业前要召开班前会，进行作业交底，填写施工交底派工单，准备好工器具。作业中流程如图 6-67 所示。

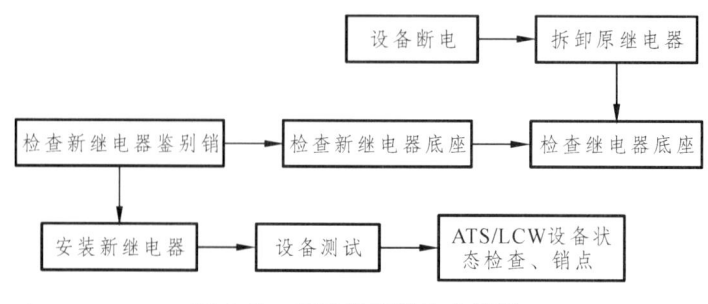

图 6-67 继电器更换作业流程

（1）对应的道岔组合空开电源断开。

（2）松开继电器卡扣。

（3）拆卸原继电器。确定要拆卸的继电器的型号和位置，如图 6-68 所示。

图 6-68 拆卸原继电器

（4）更换新继电器。核对新继电器型号，确认状态良好后进行更换，如图 6-69 所示。

图 6-69 更换新继电器

（5）检查继电器底座、鉴别销，确认底座无破损、无锈蚀，鉴别销位置正确，如图 6-70、图 6-71 所示。

图 6-70 继电器底座

图 6-71　鉴别销

（6）安装继电器卡扣。继电器卡扣安装到位后如图 6-72 所示。

图 6-72　继电器卡扣安装到位

（7）进行道岔试验，观察继电器动作情况。

（8）作业结束后确保继电器卡扣安装牢固，继电器动作正常，确认室内外道岔表示显示一致，人员、工器具出清后进行销点。

思政小课堂

"工人院士"罗昭强

罗昭强，48 岁，中共党员，曾获得国家科学技术进步奖二等奖、全国五一劳动奖章、中华技能大奖、火车头奖章等荣誉，是参加国家"十二五"科技创新成果展的 10 位高技能人才之一，领衔的"罗昭强国家技能大师工作室"被授予全国工人先锋号称号。

工作 29 年，罗昭强共完成 4 项发明专利、7 项实用新型专利，申报 15 项国家专利，累计为企业节约成本近千万元。他先后获得中华技能大奖、全国技术能手、全国五一劳动奖章、吉林省劳动模范、"吉林工匠"、火车头奖章等荣誉，享受国务院政府特殊津贴。

1990 年，罗昭强技校毕业后来到中车长客股份公司的前身长春客车厂，成为一名维修电工。罗昭强第一天上班并不顺利，一台立式车床出现故障，罗昭强请缨去修理，想在诸位老师傅面前表现一下自己，结果满头大汗地忙活了一上午也没处理好故障。中午，一位老师傅叫他去吃饭，看他还没有修好，就从兜里掏出一把小螺丝刀在速度继电器触点的调整螺丝上拧了两圈，车床立刻运转。年轻的罗昭强敬佩不已，给自己定了一个"小目标"：掌握车间里每一台电气设备的原理。

聪明加上努力，罗昭强很快实现了自己的"小目标"。但是，随着技术发展的日新月异，罗昭强意识到要当个好工人，就要超前学习。

1992 年，铁路工业行业还没有编程控制的设备。于是，罗昭强开始四处打听。听说长春市一家企业刚刚引进了一套编程控制生产线，他主动上门，在休息日免费帮大家干活。从家里到那家企业，骑车要两个半小时，罗昭强却一点儿也没觉得苦。慢慢地，他赢得了那里维修师傅的赏识和信任，拿到了当时长春市唯一一本设备编程资料，开始了当时非常先进的编程、调试技术的学习。罗昭强白天工作，晚上上夜大，4 年里系统学习了电子、计算机、液压等知识，又自学掌握了西门子、施耐德等不同控制系统的编程、调试等技术。

有了理论知识和现场知识的相结合，罗昭强的技术水平有了很大的提升。第一次参加工厂举办的技能大赛，裁判员告知故障后还没回到座位上坐好，罗昭强就"秒杀"龙门刨床 4 个故障点，轻松捧起第一名的奖杯。第二年，在中国中车集团第二届职工岗位技能竞赛维修电工组的比赛中，罗昭强轻轻松松得了冠军，被授予全国技术能手称号，成为企业的首席操作师。

2000 年前后，外国一家机构的设备经理请罗昭强去管理一条瑞士出产的自动化生产线，薪酬是他当时工资的 3 倍外加年底分红。但罗昭强拒绝了："我父亲就是长客人，我是第二代长客人，是中国高铁的大发展给了我成长的平台。人不能光为自己活着，要回报企业、效忠祖国。"

2008 年，罗昭强已成为中车长客股份公司的核心维修骨干。公司准备把他转为技术干部，由工人编制变为干部编制。好处显而易见，但他却犹豫了。内心深处，他反复问自己：你是因为什么想转呢？你是发自内心想转吗？你不是还有很多在工人岗位上想干还没干成的事吗？罗昭强放弃了转干，决定在工人岗位上继续做自己喜欢做的事情。

2015 年是罗昭强记忆里幸福的一年。他向公司申请："我一直干电气设备维修来服务高铁，但我希望自己这一辈子能参与制造高铁。"这一年，他被调入公司高速中心，开始从事高速动车组调试工作。调试是列车出厂前的最后一道工序，解决最微小的问题，确保高速动车组完美出厂。

新时代技能人才，要埋头苦干，更要抬头创新。中国高铁快速发展，高速动车组仿真实训显得日益重要，罗昭强瞄准了这一全新课题。他发明的"CRH3 型高速动车组调试操作实训装置"实现了高速动车组受电弓、安全环路、动车组牵引等七大系统的模拟，独立开发了 5 套动车组控制逻辑模拟软件，可实现模拟动车组功能和多种学习的目标，开了利用模拟的手段对高铁车辆调试操作员工进行培训的先河，使培训时间由原来的 2 至 3 年缩短为 3 个月，填补了国内轨道车辆调试模拟技术的空白。

现在，罗昭强和他的同事们正投入更高层面的数字化、智能化高速动车组调试体系研发中。在这个新时代，实现中华民族伟大复兴的中国梦离我们如此之近，以罗昭强为代表的新时代劳模们正向世人展示出蓬勃的奋斗力量。

任务 2 车载设备更换

车载设备是用来给列车定位和测速的设备，计算列车的追踪间隔，为列车的安全运行保驾护航。当列车在正线上运行时发生故障，对行车影响比较严重的就要让列车下线，回库进行检修，设备故障时要更换设备；有时设备的使用寿命到期，即使没有任何故障，也要定期更换。

2.1 速度传感器更换作业

2.1.1 注意事项

（1）请点前，施工负责人组织施工人员召开施工安全交底会，强调作业重点及安全防护措施。
（2）作业前，对工器具、材料进行清点，并填写《施工交底派工单》。
（3）检修作业升弓前须确认车下无人，鸣笛后方可进行升弓作业。
（4）检修作业前在列车两端车头放置红闪灯，车上放置禁动牌。
（5）车载机柜重启间隔不得少于 40 s。
（6）不得带电插拔车载硬件设备。
（7）进行车下检修作业时，必须佩戴防撞帽，穿绝缘鞋。

2.1.2 工器具及材料

速度传感器更换作业所需的工器具及材料如表 6-8 所示。

表 6-8 速度传感器更换作业所需工器具及材料

项目	名称	型号	数量	备注
工器具	笔记本电脑	戴尔 E6410	1（块）	—
	一字螺丝刀	世达 63704	1（把）	—
	十字绝缘螺丝批	世达 63607	1（套）	—
	活动扳手	世达 47204	1（把）	—
	套筒组套	世达 09002	1（套）	—
	T 形套筒	47712	1（个）	—
耗材	抹布	—	5（块）	—

2.1.3 作业流程及内容

1. 作业流程

作业流程分为作业前、作业中和作业后，作业前要召开班前会，进行作业交底，填写施工交底派工单，准备好工器具。作业中流程如图 6-73 所示。

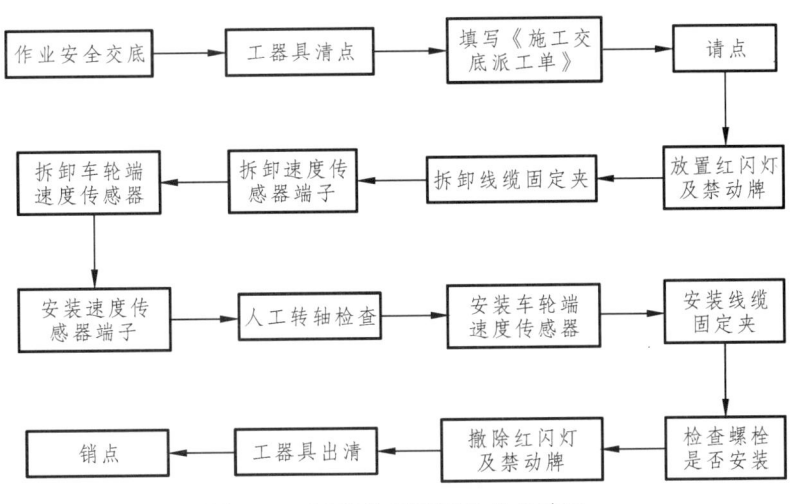

作业安全交底 → 工器具清点 → 填写《施工交底派工单》 → 请点 → 放置红闪灯及禁动牌 → 拆卸线缆固定夹 → 拆卸速度传感器端子 → 拆卸车轮端速度传感器 → 安装速度传感器端子 → 人工转轴检查 → 安装车轮端速度传感器 → 安装线缆固定夹 → 检查螺栓是否安装 → 撤除红闪灯及禁动牌 → 工器具出清 → 销点

图 6-73 速度传感器更换作业流程

2. 作业内容

（1）拆卸速度传感器电缆固定器。使用扳手取下螺丝上方的螺丝帽，注意防止打滑旋转，如图 6-74 所示。

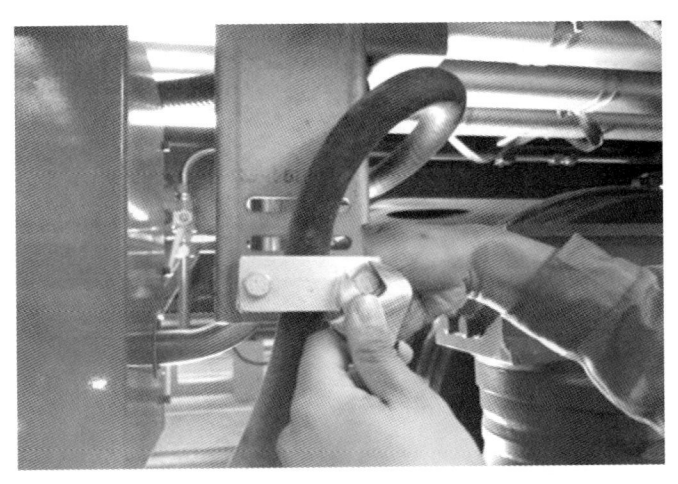

图 6-74 取下固定螺丝上方的螺丝帽

（2）拆卸速度传感器电缆固定夹。使用扳手取下螺丝上方的螺丝帽，注意防止打滑旋转。如图 6-75 所示。

241

图 6-75 拆卸速度传感器电缆固定夹

（3）拆卸速度传感器与车体的连接端子。车体的连接端子缝隙狭小，需使用薄壁扳手操作，如图 6-76 所示。

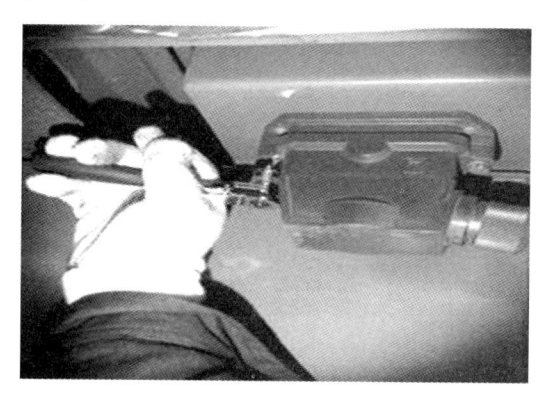

图 6-76 拆卸速度传感器与车体的连接端子

（4）拆卸车轮端速度传感器。先将 4 枚紧固螺丝各旋松一扣，然后优先拆卸传感器下方两枚螺丝，上方传感器螺丝在拆除最后一枚时，需用手托住传感器主体，防止意外脱落损坏，如图 6-77 所示。

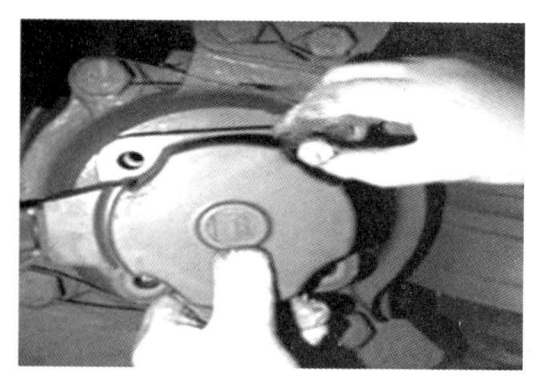

图 6-77 拆卸车轮端速度传感器

（5）人为转动速度传感器进行软件测试。将新的速度传感器与车体端连接后，开启 CC，人为转动速度传感器，使用 CC_MCT 软件进行测试，如图 6-78 所示。

图 6-78　进行软件测试

（6）查看速度传感器通道数据。人为转动四轮传感器，在正常情况下，对应通道会有，如图 6-79 所示。

18_Summation_Count_1	0
26_Summation_Count_2	120
18_Summation_Count_1	0
26_Summation_Count_2	120
18_Summation_Count_1	0
26_Summation_Count_2	120
18_Summation_Count_1	0
26_Summation_Count_2	120
18_Summation_Count_1	0
26_Summation_Count_2	120
27_Accelerometer	94

图 6-79　反馈数据

（7）安装速度传感器车轮端。安装前应确保传感器与车体接触面光滑、无异物，分别将 4 枚紧固螺丝对扣入位，最后加力旋紧螺丝要求按顺序对角线加固，使传感器受力均匀，如图 6-80 所示。

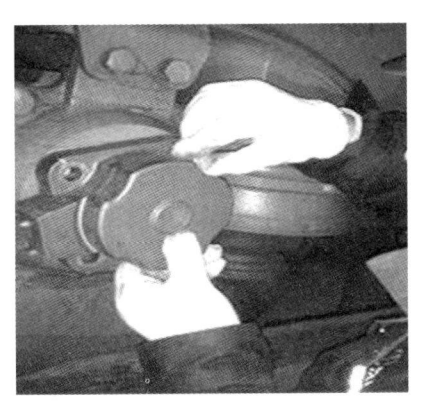

图 6-80　安装速度传感器车轮端

（8）安装车轮端与车体端传感器电缆固定器。注意传感器与紧固器之间的加固钢片方向，如图6-81所示。

图6-81　安装车轮端与车体端传感器电缆固定器

（9）安装更换速度传感器车体端子。注意传感器与紧固器之间的加固钢片方向。安装时须将端子卡扣拧到位，紧固螺丝须注意两侧受力均匀，如图6-82所示。

图6-82　安装更换速度传感器车体端子

（10）检查所有螺丝，确认安装牢固。

2.1.4　测试验证

（1）确认各部件螺丝紧固，速度传感器工作状态正常。

（2）更换结束后，确保所有工具出清，包括红闪灯和禁动牌，确保速度传感器各个接头螺丝安装紧固；转动速度传感器舌轴确保各通道均有数值，且在范围之内；清点工器具，确保无施工遗留物；更换后必须测试设备功能运行正常。

2.2　加速度计更换及校准作业

2.2.1　安全注意事项

（1）作业人员登乘电客车时，注意脚下司机室与楼梯凳间空隙，防止掉落。

（2）更换加速度计时列车不允许上电，避免造成触电风险。

（3）安装加速度计时，确认底板平整，加速度计安装位置/方向正确。

（4）加速度计校准时，上传前检查所选版本正确，确认无误后方可上传。

（5）车载机柜重启间隔不能少于40 s。

（6）更换结束后，确保所有工具出清，包括红闪灯和禁动牌。

（7）加速度计更换结束后，确认机柜下方挡板安装牢固，避免列车上线后出现异响。

（8）校准结束后，确认板卡灯位正确，进行版本检查，确认设备正常，避免列车因更换加速度计造成的故障。人员在作业时，防范工器具掉落，避免造成人员被砸伤。

2.2.2 工器具及材料

加速度计更换及校准作业所需的工器具及材料如表6-9所示。

表6-9 加速度计更换及校准作业所需工器具及材料

序号	名　称	型　号	数　量	备　注
1	一字螺丝刀	63704	1（把）	
2	十字绝缘螺丝	63607	1（套）	
3	活动扳手	47204	1（把）	
4	套筒组套	09002	1（套）	
5	防静电手环	S038046	1（个）	
6	笔记本电脑	6410	1（台）	

2.2.3 作业流程及内容

作业流程分为作业前、作业中和作业后，作业前要召开班前会，进行作业交底，填写施工交底派工单，准备好工器具。作业中流程如图6-83所示。

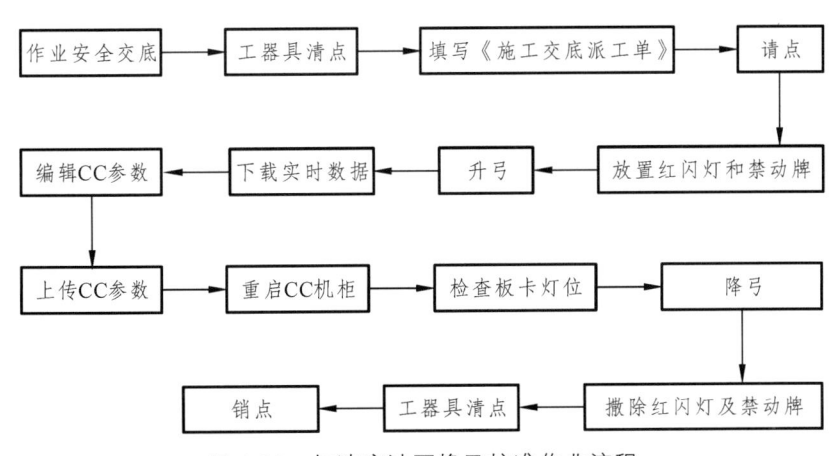

图6-83 加速度计更换及校准作业流程

1. 加速度计更换前准备工作

（1）用方口钥匙将司机室 CC 机柜箱门打开，如图 6-84 所示。

图 6-84　打开司机室 CC 机柜箱门

（2）将车载 CC 机柜开关 ATON1-ATON7 与 TOD 电源从左到右依次断开，如图 6-85 所示。

图 6-85　断开电源

2. 更换加速度计

（1）拆开 CC 机柜下部 6 个挡板螺丝，如图 6-86 所示。

图 6-86　拆开 CC 机柜挡板螺丝

（2）拆卸加速度计连接线。旋转需要更换的加速度计螺扣，将4个加速度计连接线松开，如图6-87所示。

图6-87 拆卸加速度计连接线

（3）拆卸加速度计螺丝。连接线拆掉后使用套筒组套将固定底座的5个螺丝拆掉，并对相应加速度计进行更换安装，如图6-88所示。

图6-88 拆卸加速度计螺丝

3．加速度计校准前准备工作

（1）将车载CC机柜开关ATON1-ATON5与TOD电源从左到右依次闭合，如图6-89所示。

图6-89 闭合电源开关

（2）用网线连接笔记本电脑与 CC，网线连接在 CC 机柜中 ESE2 第三个网线插口，如图 6-90 所示。

图 6-90　连接笔记本电脑与 CC

（3）打开 VMware Player，启动 CC_MCT。点击 LaunchCCMCT 图标，进行选端激活，如图 6-91 所示。

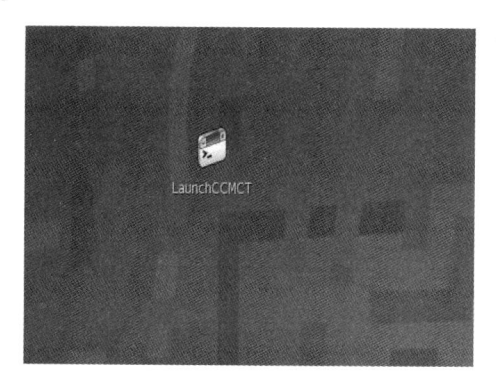

图 6-91　选端激活

（4）上传实时 CCParameter，上传至 computer—Filesystem—usr—local—CC_MCT—DefaultResources—对应的 CCID 的文件夹—Parameters—任意文件夹。

（5）进行版本检查，记录 computed 所对应的数值。

（6）编辑 CCParameter，将记录 computed 所对应的数值分别填入 352 行至 359 行，如图 6-92 所示。

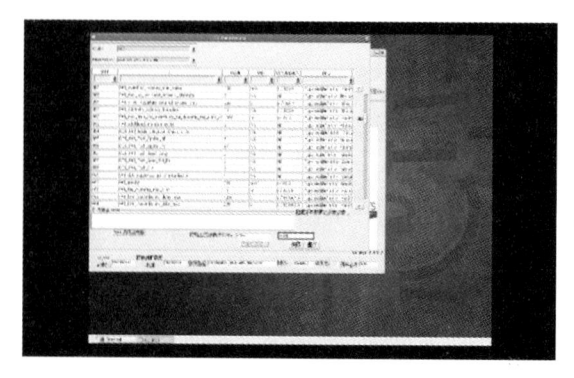

图 6-92　编辑 CCParameter

（7）输入校验码并保存，保存时输入的新文件名要区别于原文件名。

（8）将 CCParameter 分别上传至 PMC1 和 PMC2，上传前须检查所选各版本是否正确，确认无误后方可上传，如图 6-93 所示。

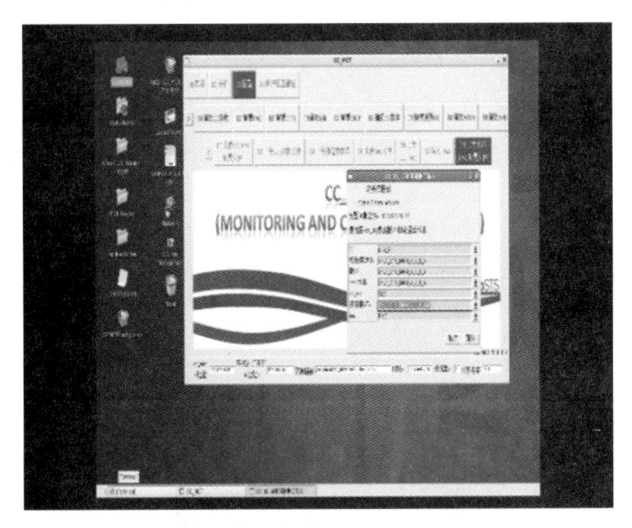

图 6-93　上传 CCParameter

（9）重启 CC 机柜，待重启后检查板卡灯位是否正常。

（10）确认板卡灯位无误后，再次进行版本检查，确认设备正常。

2.2.4　测试验证

（1）确认加速度计及底座螺丝紧固，工作状态正常。

（2）作业结束后必须确认设备校准成功，并且运行正常，确保 ATON1-7 空开均处闭合状态，测试所换设备一切正常，安装牢固，清点所携带所有设备，确保无任何施工遗留物。

2.3　查询应答器更换作业

2.3.1　安全注意事项

（1）更换查询应答器主机时列车不允许上电，避免造成触电风险。

（2）拆卸查询应答器主机时应按照从右至左的顺序，避免漏拆。

（3）拆卸串口线时，须慢慢晃动并拨出，切勿用蛮力，以免损坏串口线里的针脚。

（4）安装查询应答器主机时，切勿用力过猛，造成设备损坏。

2.3.2　工器具及材料

查询应答器更换作业所需的工器具如表 6-10 所示。

表 6-10 查询应答器更换作业所需工器具

序号	名称	型号	数量	备注
1	一字螺丝刀	63704	1（把）	
2	十字绝缘螺丝	63607	1（套）	
3	活动扳手	47204	1（把）	
4	套筒组套	09002	1（套）	
5	防静电手环	S038046	1（个）	

2.3.3 作业流程及内容

作业流程分为作业前、作业中和作业后，作业前要召开班前会，进行作业交底，填写施工交底派工单，准备好工器具。作业中流程图如图 6-94 所示：

1. 更换前准备工作

（1）用方口钥匙紧扣锁栓逆时针旋转将司机室 CC 机柜箱门打开，如图 6-95 所示。

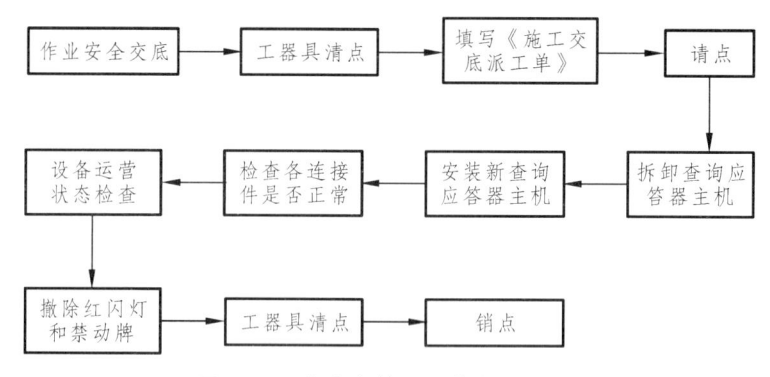

作业安全交底 → 工器具清点 → 填写《施工交底派工单》 → 请点 → 拆卸查询应答器主机 → 安装新查询应答器主机 → 检查各连接件是否正常 → 设备运营状态检查 → 撤除红闪灯和禁动牌 → 工器具清点 → 销点

图 6-94 查询应答器更换作业流程

（2）将车载 CC 机柜开关 ATON1-ATON7 与 QF43 从左至右依次断开，如图 6-96 所示。

图 6-95 打开 CC 机柜箱门

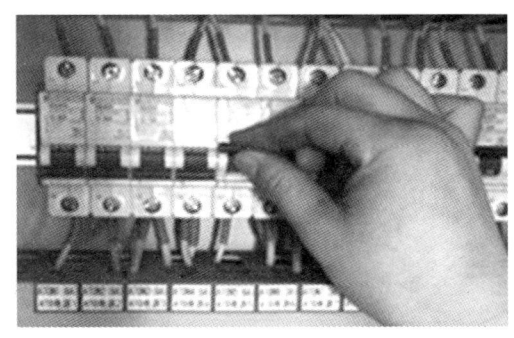

图 6-96　断开开关

2. TI 主机拆卸顺序

（1）拆卸 TI 主机时，按照从右至左的顺序依次拆除，防止漏拆，如图 6-97 所示。

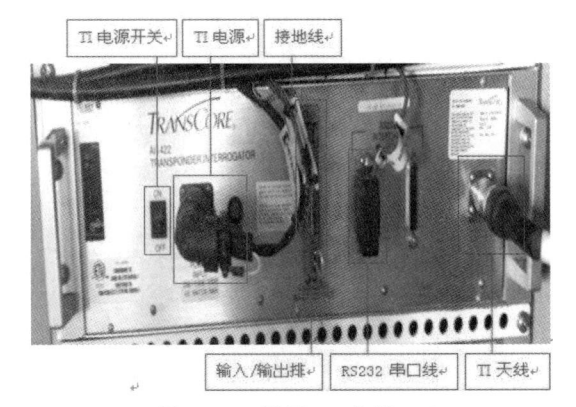

图 6-97　拆卸 TI 主机

注：优先拆卸 TI 主机对角的紧固螺丝，逆时针旋转并用手按住 TI 主机箱，防止 TI 主机晃动。

（2）拆卸 TI 主机天线。用活口扳手逆时针旋转，如图 6-98 所示。

图 6-98　拆卸 TI 主机天线

（3）拆卸 RS232 串口线。用一字螺丝刀逆时针旋松拆卸 RS232 串口线上下两枚固定螺丝，慢慢晃动并拔出，切勿用蛮力，以免损坏串口线里的针脚，如图 6-99 所示。

251

图 6-99 拆卸 RS232 串口线

（4）拆卸 TI 主机输入/输出排。用一字螺丝刀轻翘，出现间隙后慢慢晃动并拔出，如图 6-100 所示。

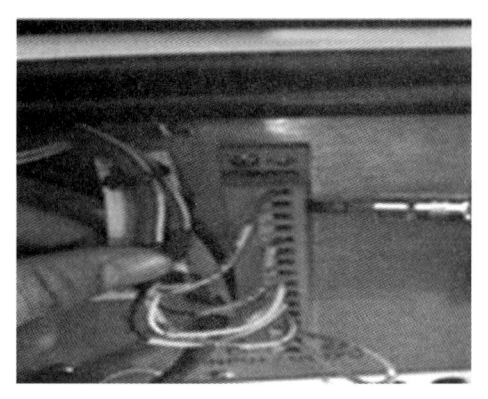

图 6-100 拆卸 TI 主机输入/输出排

（5）拆卸 TI 主机接地线。用十字螺丝刀逆时针松动。拆卸时注意防止螺丝脱落，如图 6-101 所示。

图 6-101 拆卸 TI 主机接地线

（6）拆卸 TI 主机电源线。用手逆时针旋松电源线接口，将其慢慢拨出，如图 6-102 所示。

图 6-102 拆卸 TI 主机电源线

3. 安装 TI 主机

（1）安装 TI 主机机体。托起电源线、输入/输出排、接地线及串口线，并左右晃动 TI 主机慢慢推入，切勿用力过猛，造成设备损坏，如图 6-103 所示。

图 6-103 拆卸 TI 主机电源线

（2）安装 TI 主机固定螺丝。顺时针旋转至螺丝拧不动即可，如图 6-104 所示。

图 6-104 安装 TI 主机固定螺丝

（3）安装 TI 主机电源线。安装前，检查电源线针脚是否有折断，将电源线针脚与接口对齐，顺时针拧紧，如图 6-105 所示。

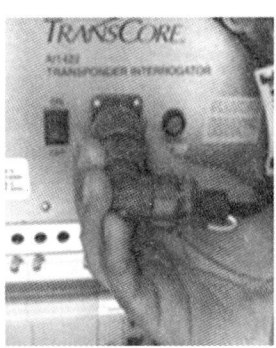

图 6-105　安装 TI 主机电源线

（4）安装 TI 主机接地线。安装时应防止螺丝脱落，如图 6-106 所示。

图 6-106　安装 TI 主机接地线

（5）安装 TI 主机输入/输出排。安装前，检查输入/输出排针脚是否有折断或弯曲，将电源线针脚与接口对齐，用力按上下两端，使插头与卡槽密贴，如图 6-107 所示。

图 6-107　安装 TI 主机输入/输出排

（6）安装 TI 主机 RS232 串口线。安装前，检查 RS232 串口线指针是否有折断或弯曲，将串口线针脚与接口对齐后，紧固螺丝，如图 6-108 所示。

图 6-108　安装 TI 主机 RS232 串口线

（7）安装 TI 主机天线接头。安装前，擦拭 TI 天线接头，然后用活动扳手顺时针拧紧接头，如图 6-109 所示。

图 6-109　安装 TI 主机天线接头

（8）恢复后检查。闭合蓄电池，开启 CC，并打开 TI 主机电源，如图 6-110 所示。

图 6-110　恢复后检查

（9）通过模拟列车读取信标测试。

注：模拟列车读取信标时，信标距离查询应答器天线大于 300 mm，并左右均匀晃动。

（10）检测 CC 的 TIC 板卡灯位"1 和 2"是否亮灯，若 TIC 板卡"1 和 2"亮灯，即 TI 主机正常工作，如图 6-111 所示。

图 6-111　恢复后检查

4. 安装完毕后检查。

检查所有螺丝是否安装牢固，将司机室 CC 机柜箱门锁好。

2.3.4　测试验证

（1）检查确认各部件螺丝、接线端子紧固，查询应答器主机工作状态正常，信标读取正常。

（2）作业结束后保证工器具设备已经出清，确保各个接线端子已紧固，反复确认设备功能运行正常。

2.4　信标刷写作业

2.4.1　安全注意事项

（1）紧固螺丝时应防止用力过大导致编码器螺丝脱落。

（2）刷写信标时，须经双人验证刷写正确后方可离开。

（3）检查信标编码正确后，该信标方可进行使用。

2.4.2　工器具及材料

信标刷写作业所需的工器具如表 6-11 所示。

表 6-11　信标刷写作业所需工器具

序号	名　称	型　号	数　量	备　注
1	一字螺丝刀	63704	1（把）	
2	十字绝缘螺丝	63607	1（套）	
3	活动扳手	47204	1（把）	
4	信标刷写工具	—	1（台）	
5	笔记本电脑	6410	1（台）	
6	套筒组套	09002	1（套）	

2.4.3 作业流程及内容

作业流程分为作业前、作业中和作业后，作业前要召开班前会，进行作业交底，填写施工交底派工单，准备好工器具。作业中流程如图 6-112 所示。

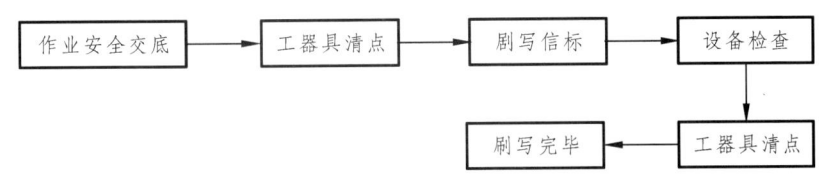

作业安全交底 → 工器具清点 → 刷写信标 → 设备检查 → 工器具清点 → 刷写完毕

图 6-112　恢复后检查

1. 信标刷写方法

（1）在 Windows xp 系统中进入终端。点击"开始→所有程序→附件→通讯→超级终端"，然后出现位置信息对话框，如图 6-113 所示。

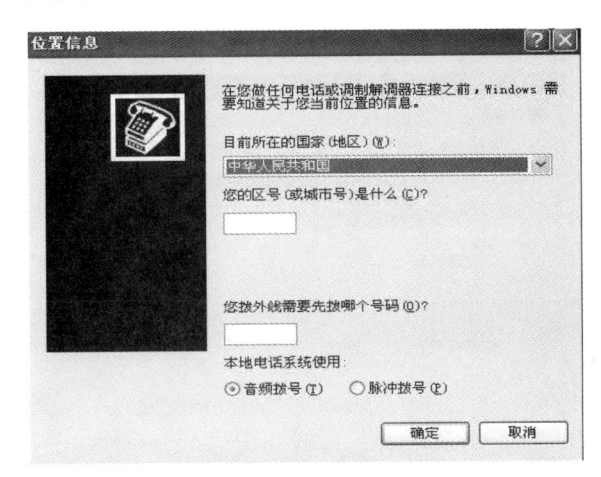

图 6-113　恢复后检查

（2）进入位置信息对话框。点击"取消→是→确定"，出现连接描述对话框，如图 6-114 所示。

图 6-114　连接描述对话框

（3）进入连接描述对话框。点击"取消→是→确定"，出现连接到对话框，选择COM1，如图6-115所示。

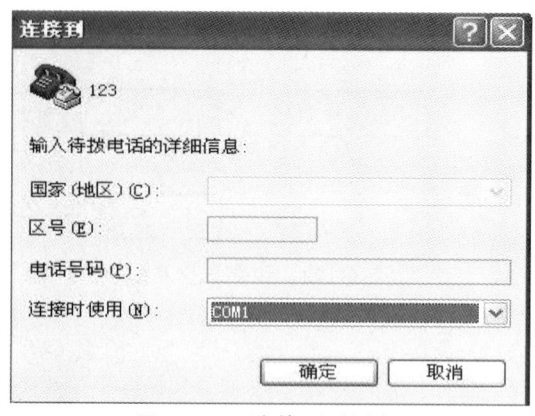

图6-115　连接到对话框

（4）进入连接到对话框。点击"确定"，出现COM1对话框，如图6-116所示。

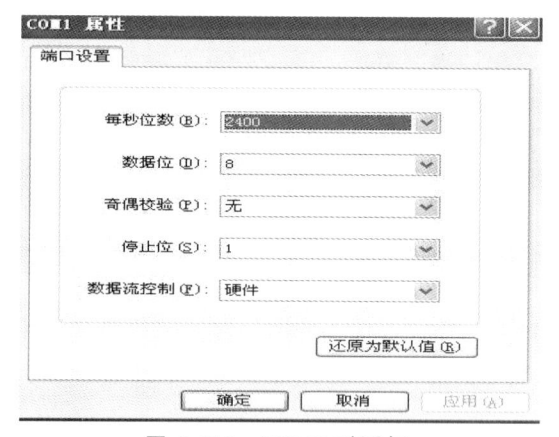

图6-116　COM1对话框

（5）进入COM1属性对话框。点击"还原为默认值"，点击"确定"后就进入超级终端，如图6-117所示。

图6-117　超级终端

（6）把编码为 0204F186AC92A37 的静态信标刷写成编码为 0204F287AC92A37 的信标的过程；

```
#Model AP4112 Ver 2.00
#Copyright 1995 AMTECH          （打开编码器的电源，出现以上两行数据）
#214                            （#214 是输入命令"查看"，查看已经插在编码
                                器的信标）
#0204F186AC92A37                （用手按压一下信标，信标插槽处有一个开关，使
                                编码器回应一个静态信标的编码号）
#Done
#2040204F287AC92A37             （#204 是输入命令"编写"，后面是你要修改的信
                                标编码号）
#0204F287AC92A37                （用手按压一下信标，终端回应你已经修改完成
                                的信标编码号）
#Done
#214                            （再查看一下信标，是否已经修改成功）
#0204F287AC92A37                （用手按压以下信标，终端回应你已经修改完成
                                的信标编码号）
#Done
```

注：静态信标和动态信标刷写软件的命令和过程是一样的。

2．编码器操作方法

（1）刷写前，将信标背面的小盖子卸下来，如图 6-118 所示。

（a）盖子卸下前　　　　　　　　　（b）盖子卸下后

图 6-118　卸下信标背面的小盖子

（2）安装编码器插槽连接线，如图 6-119 所示。

图 6-119　安装编码器插槽连接线

（3）把信标插在插槽里，如图 6-120 所示。

图 6-120　插入信标

（4）在超级终端每输入一次命令用手按压一下信标使其触发下面开关，给超级终端回复命令，如图 6-121 所示。

注：刷动态信标和静态信标的过程一样，区别在于选择对应的编码器插槽，静态的插槽后面电路板上多一根很粗的白色连接线。

图 6-121　回复命令

2.4.4 测试验证

（1）检查信标编码是否刷写正确。

（2）作业结束后反复测试确保设备一切正常，所有功能均能正常使用，版本及命令均输入无误，读取信标功能正常。

（3）清点施工所用工器具，出清所携带一切设备及工器具，确保无任何施工遗留物。

> **思政小课堂**
>
> **自由与约束**
>
> 轨道电路是用来监督列车的位置的，如果轨道电路故障，列车就彻底地摆脱了监督，工作人员将无法判断列车的位置，有可能酿成非常大的事故。
>
> 对于我们每个人来说，自由与约束也是相对的，没有约束的自由必定会损害他人的利益。春华秋实，夏荣冬枯是植物适应自然规律的方式，追求真善美，拒绝假恶丑是人适应社会法则的方式。草木接受自然的限制，才能茁壮成长，人只有遵守社会法则，才能实现个人价值。宇宙飞船如果脱离它的运行轨道，将在茫茫宇宙中毁灭。一切自由，都是有条件的，只能在某种约束限制的范围内才能实现，没有约束的自由是不存在的。

任务 3　ATS、DCS 设备更换

ATS 和 DCS 的设备厂家有很多，本文只针对浙江众合科技和卡斯柯的设备进行讲解。

3.1　ATS 设备更换

3.1.1　ATS 主机服务器更换作业

1. 安全注意事项

（1）请点前，施工负责人组织施工人员召开施工安全交底会，强调作业重点及安全防护措施。

（2）作业前填写《施工交底派工单》。

（3）配置主机服务器时注意用户名及 IP 避免出现冲突造成系统问题。

（4）拆除服务器时应两人操作防止设备脱落造成人身伤害和设备损坏。

（5）需要留意用户信息，确保主机服务器最后关闭时需要先启动，避免用户信息丢失，并考虑预留重新创建用户的时间。

（6）配置完成后注意检查主机服务器硬件时钟与软件时钟同步状态。

（7）测试 ATS 功能时，需和行调沟通切忌误操作道岔。

（8）施工结束后，做好设备测试和检查，确保设备状态和功能正常。

2. 工器具及材料

螺丝刀、服务器。

3. 作业流程及内容

作业流程分为作业前、作业中和作业后，作业前要召开班前会，进行作业交底，填写施工交底派工单，准备好工器具。作业中流程如图 6-122 所示。

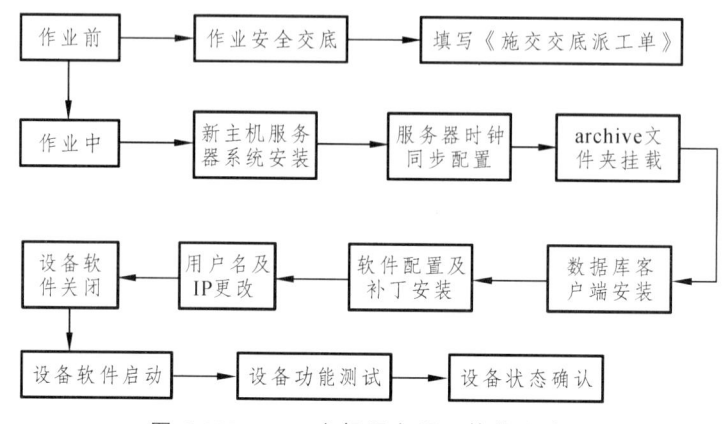

图 6-122 ATS 主机服务器更换作业流程

1）主机服务器更换作业前准备工作

（1）新主机服务器配置：

① 完成服务器的 BIOS 相关配置工作，包括：F9—设置开机启动模式、电源按钮的配置；F10—RAID0+1 的配置（现场服务器应该已经配置完成，现场按照设置步骤检查确认），输入 hpssacli 命令可以查看 RAID 的配置情况。

② 插上 U 盘，重启服务器，待服务器自检通过后，系统会自动检测到 U 盘启动，选择"Install HP Server–RHEL6.8 for ASTS tj5"，然后点击回车键后，默认安装系统。

（2）主机服务器时钟同步配置（仅限于主机服务器 001/002）。

① 先对 ntpd 进行备份（路径为/usr/sbin）。

② 关闭 ntpd 服务：service ntpd stop。

③ 将 ntpd.2014_4_28 复制到目录/usr/sbin，增加软连接：ln -sf ntpd.2014_4_28 ntpd。

④ 将 ntp_other.conf 复制到根目录/etc/。

⑤ 启动 ntpd 服务：service ntpd start。

（3）配置主机服务器 archive 文件夹（仅限于主机服务器 001/002/010）。

① 在服务器 005 输入：cd/root/Install/archive/archive_setup.sh tj5sys001 或 tj5sys002 或 tj5sys010；

② 用 root 用户操作。

2）配置主机服务器数据库客户端

（1）需要现场把服务器 005/u01/app/oracle/11.2.0/network/admin 目录下的 tnsnames.ora 复制到服务器 001/002/010 的/u01/app/oracle/product/11.2.0/client_1/network/admin 目录下。

（2）以用户 oracle 进行操作。

3）主机服务器软件配置及补丁安装

（1）切换至用户 hermkit，密码同样为 hermkit。

（2）把对应的软件包配置包复制到 hermkit 用户里，然后查看是否复制成功。

（3）解压软件包配置包。

（4）在 SVC 用户目录下创建 scripts 文件夹。

（5）在 SVC 用户下进入 scripts 文件里选择第一个文件进行链接。

（6）激活软件包配置包，输入 ./scripts/activate 命令，选择软件包配置包进行激活各两遍。

（7）检查软件补丁是否正确。

4）关闭主机服务器软件

在对应主机服务器上执行"shutdown asp"命令，关闭主机服务器软件。

5）配置重启

配置主机服务器用户名及 IP，重启后连接网线。

6）启动主机服务器软件

在对应主机服务器上执行"startup asp"命令，启动主机服务器软件。

4．测试验证

（1）测试 ATS 系统进路及车次添加功能是否正常，确认主机服务器软件运行状态及设备指示灯状态。

（2）确保所有工作人员及所带工具撤离现场，新更换服务器切换至备机在线运行，并到控制中心/车控室销点。

3.1.2 ATS 通信服务器更换作业

1．安全注意事项

（1）请点前，施工负责人组织施工人员召开施工安全交底会，强调作业重点及安全防护措施。

（2）作业前填写《施工交底派工单》。

（3）配置通信服务器时注意用户名及 IP 避免出现冲突造成系统问题。

（4）拆除服务器时应两人操作防止设备脱落造成人身伤害和设备损坏。

（5）配置完成后注意检查主机服务器硬件时钟与软件时钟同步状态。

（6）测试 ATS 功能时，需各接口如 FRM、SCA、PIS 及场段联锁等接口状态。

（7）施工结束后，做好设备测试和检查，确保设备状态和功能正常。

2. 工器具及材料

服务器、螺丝刀。

3. 作业流程及内容

作业流程分为作业前、作业中和作业后，作业前要召开班前会，进行作业交底，填写施工交底派工单，准备好工器具。作业中流程如图 6-123 所示。

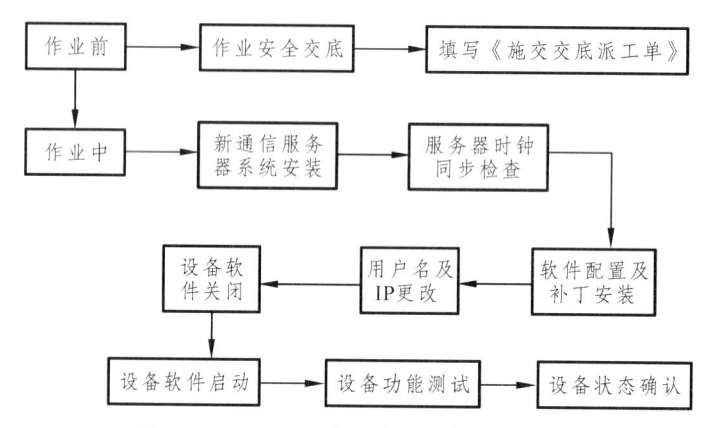

图 6-123　ATS 通信服务器更换作业流程

1）通信服务器更换作业前准备工作

（1）新通信服务器配置；

① 完成服务器的 BIOS 相关配置工作，包括：F9—设置开机启动模式、电源按钮的配置；F10—RAID0+1 的配置（现场服务器应该已经配置完成，现场按照设置步骤检查确认），输入 hpssacli 命令可以查看 RAID 的配置情况。

② 插上 U 盘，重启服务器，待服务器自检后，系统会自动检测到 U 盘启动，选择"Install HP Server – RHEL6.8 for ASTS tj5"，然后点击回车键，默认安装系统。

（2）通信服务器时钟检查，确认通信服务器时钟与主机服务器 001/002 时钟同步。

2）通信服务器软件配置及补丁安装

（1）切换至用户 hermkit，密码同样为 hermkit。

（2）把对应的软件包配置包复制到用户 hermkit，然后查看是否复制成功。

（3）解压软件包配置包。

（4）在 SVC 用户目录下创建 scripts 文件夹。

（5）在 SVC 用户下进入 scripts 文件里选择第一个文件进行链接。

（6）激活软件包配置包，输入 ./scripts/activate 命令，选择软件包配置包进行激活各两遍。

（7）检查软件补丁是否正确。

3）关闭通信服务器软件

在对应通信服务器上执行"shutdown asp"命令关闭通信服务器软件。

4）配置重启

配置通信服务器用户名及 IP，重启后连接网线。

5）启动通信服务器软件

在对应主机服务器上执行"startup asp"命令，启动通信服务器软件。

4. 测试验证

（1）测试 ATS 系统临时限速设置/取消及屏蔽门报警功能是否正常，确认主机服务器软件运行状态及设备指示灯状态。

（2）确保所有工作人员及所带工具撤离现场，新更换服务器切换至备机在线运行，并到控制中心/车控室销点。

3.1.3 ATS 工控机更换作业

1. 安全注意事项

（1）请点前，施工负责人组织施工人员召开施工安全交底会，强调作业重点及安全防护措施。

（2）作业前填写《施工交底派工单》。

（3）配置工控机时注意用户名及 IP 避免出现冲突造成系统问题。

（4）拆除工控机时应两人操作防止设备脱落造成人身伤害和设备损坏。

（5）配置完成后注意检查时钟与服务器时钟同步状态。

（6）测试 ATS 功能时，需和行调沟通切忌误操作道岔。

（7）施工结束后，做好设备测试和检查，确保设备状态和功能正常。

2. 材料及工器具

工控机、螺丝刀。

3. 作业流程及内容

作业流程分为作业前、作业中和作业后，作业前要召开班前会，进行作业交底，填写施工交底派工单，准备好工器具。作业中流程如图 6-124 所示。

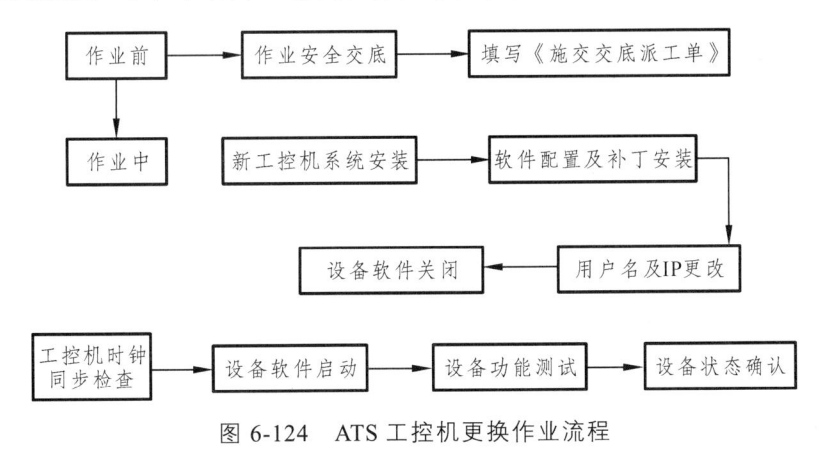

图 6-124 ATS 工控机更换作业流程

1）工控机配置

（1）使用 G4L 光盘将备份好的系统文件复制到新工控机,步骤如下:

① 将 G4L 光盘放入工控机,启动选择重建。

② 在文本框内输入 g4l,按回车。

③ 选择 yes,点击回车键。

④ 选择第一条,点击 OK,然后按回车键。

⑤ 选择第二条,点击 OK,然后按回车键。

⑥ 选择恢复系统,点击 OK。

⑦ 确认还原文件、路径及备份硬盘正确,点击 OK,按回车键。

⑧ 等待进度条读取 100%后系统还原成功。

2）工控机软件配置及补丁安装

（1）切换至用户 hermkit,密码同样为 hermkit。

（2）将对应的软件包配置包复制到 hermkit 用户,然后查看是否复制成功。

（3）解压软件包配置包。

（4）在 SVC 用户目录下创建 scripts 文件夹。

（5）在 SVC 用户下进入 scripts 文件,选择第一个文件进行链接。

（6）激活软件包配置包,输入 ./scripts/activate 命令,选择软件包配置包进行激活各两遍。

（7）检查软件补丁是否正确。

3）关闭工控机软件

在对应工控机上执行"shutdown asp"命令,关闭工控机软件。

4）配置重启

配置工控机用户名及 IP,重启后连接网线。

5）工控机时钟检查

确认通信服务器时钟与主机服务器 001/002 时钟同步。

6）启动工控机软件

在对应主机服务器上执行"startup asp"命令启动服务器软件。

4. 测试验证

（1）测试 ATS 系统车次加载及进路功能是否正常,确认工控机软件运行状态及设备指示灯状态。

（2）确保所有工作人员及所带工具撤离现场,新更换服务器切换至备机在线运行,并到控制中心/车控室销点。

3.2 DCS 设备更换作业

DCS 设备机柜里大多数是板卡,板卡的更换作业与 MLK 联锁板卡的更换大致相同,这里不再重复。这里重点描述轨旁 AP 及 AP 天线的更换作业。

3.2.1 安全注意事项

（1）请点前，施工负责人组织施工人员召开施工安全交底会，强调作业重点及安全防护措施。

（2）作业前填写《施工交底派工单》。

（3）施工前检查设备各线缆及电源接线端子是否紧固，严禁随意推拉空开。

（4）施工结束后，做好设备测试和检查，确保设备状态和功能正常。

（5）区间作业时施工人员应按要求佩戴劳动防护用品。

（6）更换 AP 天线时，应将梯子摆放平稳并安排专人进行防护，登高人员应安排其系好安全带。

（7）挂接地线应安排有相应资质的员工进行，按要求穿戴劳动防护用品，并安排专人进行防护。

3.2.2 工器具及材料

轨旁 AP 及 AP 天线更换作业所需的工器具如表 6-12 所示。

表 6-12　轨旁 AP 及 AP 天线更换作业所需工器具

项目	名称	型号	数量	备注
工具	扳手	SATS	1	把
	十字绝缘螺丝批	63607	1	套
	人字梯	—	1	个
	地线	—	2	组
	验电器	—	1	个
耗材	抹布	—	2	条

3.2.3 作业流程及内容

作业流程分为作业前、作业中和作业后，作业前要召开班前会，进行作业交底，填写施工交底派工单，准备好工器具。作业中流程图如图 6-125 所示。

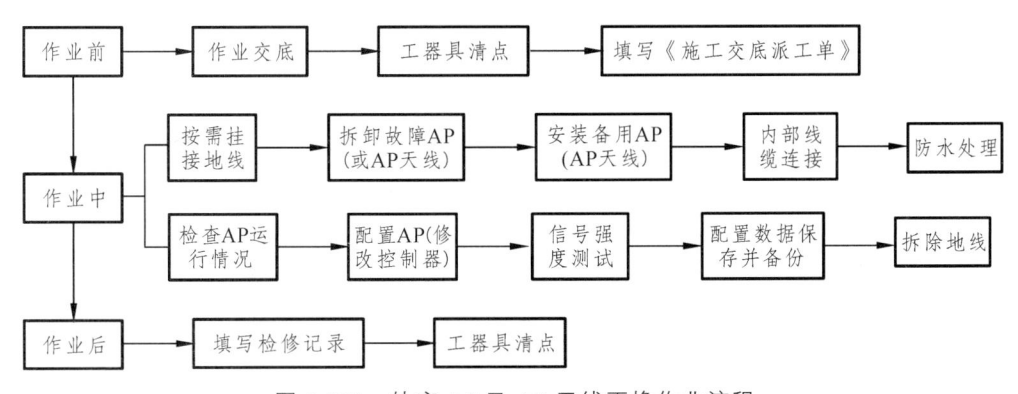

图 6-125　轨旁 AP 及 AP 天线更换作业流程

1. 检修前准备工作

(1) 检查光转设备及尾纤、网线、接线端子等是否连接正常,如图 6-126 所示。

图 6-126　机柜接线图

(2) 轨旁 AP 主机的更换作业:
① 登高前作业前应先挂接地线,确认安全后方可继续施工。
② 登高前应确认梯脚与地面接触牢固,并安排专人进行防护,如图 6-127 所示。

图 6-127　安排专人防护

2. 轨旁 AP 主机的更换作业

(1) 拆开 AP 机箱外壳,将断路器断开。
(2) 将相应的同轴电缆、网线、馈线断开。
(3) 拆卸注入器,对 AP 主机进行更换。
(4) 恢复同轴电缆、网线、馈线。

（5）闭合断路器。

（6）查看指示灯状态，如图 6-128 所示。

图 6-128　查看指示灯状态

3.2.4　测试验证

（1）通过 wism 控制器查看更换 AP 是否在线，如图 6-129 所示。

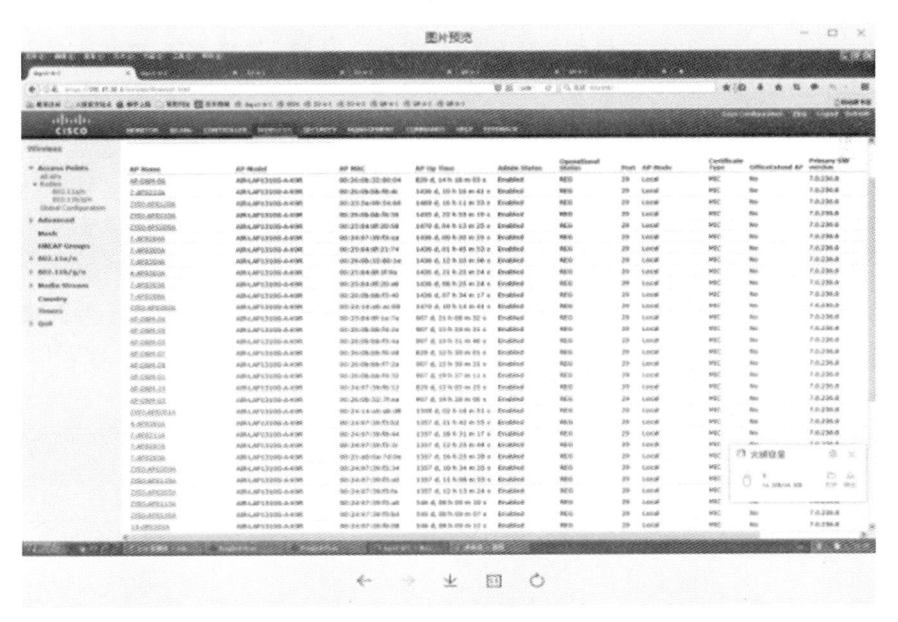

图 6-129　查看更换 AP 是否在线

（2）更换完成后使用场强测试仪进行无线信号检测，确认无线信号强度正常，如图 6-130 所示。

图 6-130　无线信号检测

（3）确保所有施工人员及所带工器具出清，双向验证运行中设备状态正常后方可撤离现场。

思政小课堂

"舍旧谋新"的由来

春秋时，晋文公曾在外流亡了十九年，后来得到楚国的帮助，才有机会回国做君王。当时，楚国的势力很大，许多小国都向楚国称臣。晋文公为了成为霸主，决定从立威诸侯做起。恰巧，因为曹、魏、宋三个小国，晋、楚两国反目成仇，楚国派大将子玉和晋军作战，晋文公遵守当年的诺言，把军队撤退到九十里外，以报答楚王从前对他的优待；但是，楚将子玉仍然坚决要和晋国决一雌雄。当晋军撤退到城濮的时候，晋文公非常苦闷，他听到大家都在说："我们的君王德行高超，应该舍弃对楚国的旧恩，建立新的功劳。"晋文公听了，恍然大悟，便重整军队，终于在城濮打败了楚军，称霸诸侯。后来的人，便将晋文公部下所说的"舍其旧而新是谋"，简化成"舍旧谋新"这一句成语，用来比喻抛弃旧的计划或人事，重新规划，建立一个新的事业。

我们无论做任何事，都应该追求进步，一旦发现旧的方法不适用的时候，就要立刻采取新的方法，才能够得到更好的效果。在中国特色社会主义新时代大浪前，我们需要去除落后的思想，紧跟时代步伐，才不会被社会淘汰。

复习思考题

1. 更换 ZDJ9 型电动转辙机的步骤是什么？
2. 更换计轴设备的注意事项是什么？
3. 更换 ZD6 型电动转辙机的流程是什么？
4. 更换 MLK 联锁设备的步骤及内容是什么？
5. 从道岔上拆除 ZD6 型电动转辙机牵引的道岔转辙机的步骤是什么？
6. 更换继电器的步骤是什么？
7. 速度传感器应该如何拆除？

8. 加速度计应该如何校验?
9. 更换查询应答器的步骤是什么?
10. 拆除查询应答器主机的步骤是什么?
11. 静态信标的刷写流程是什么?
12. 信标编码器的刷写方法是什么?
13. 更换轨旁 AP 及天线的安全注意事项是什么?

附　录

附录 A　施工作业令（正线使用）

作业类别		作业令号	
作业单位		作业人数	
作业日期		作业时间	
请点车站		销点车站	
施工负责人		联系电话	
作业范围			
作业内容			
供电要求			
防护措施			
配合部门			
辅站			
发令人			

请点	承认时间		行车调度	
	承认号码		值班员（行车岗）	
销点	施工负责人		值班员（行车岗）	
	销点时间		行车调度	

注：1. 施工负责部门或外协单位留存1份作业令原件，请点站和销点站留存1份作业令复印件，保存期为1个月。
　　2. 施工作业结束前，施工负责人须依据《施工检修管理规定》相关要求，安排已通过工务部组织的线路出清培训、考试合格人员完成线路出清检查任务。

附录 B 施工作业令（车辆段使用）

作业类别		作业令号	
作业单位		作业人数	
作业日期		作业时间	
请点车站		销点车站	
施工负责人		联系电话	
作业范围			
作业内容			
供电要求			
防护措施			
配合部门			
发令人			
请点	请点时间		施工负责人	
	批准时间		车场调度	
销点	销点时间		施工负责人	
	批准时间		车场调度	

注：1. 施工负责部门或外协单位留存 1 份作业令原件，请点站和销点站留存 1 份作业令复印件，保存期为 1 个月；
   2. 施工作业结束前，施工负责人须依据《施工检修管理规定》相关要求，安排已通过工务部组织的线路出清培训、考试合格人员完成线路出清检查任务。

附录 C 施工作业令（车站使用）

作业类别		作业令号	
作业单位		作业人数	
作业日期		作业时间	
请点车站		销点车站	
施工负责人		联系电话	
作业范围				
作业内容				
供电要求				
防护措施				
配合部门				
发令人				
请点	请点时间		施工负责人	
	批准时间		值班员（行车岗）	
销点	销点时间		施工负责人	
	批准时间		值班员（行车岗）	

注：1. 施工负责部门或外协单位留存1份作业令原件，请点站和销点站留存1份作业令复印件，保存期为1个月。
2. 施工作业结束前，施工负责人须依据《施工检修管理规定》相关要求，安排已通过工务部组织的线路出清培训、考试合格人员完成线路出清检查任务。

附录 D 施工及行车计划通告

×号线施工及行车计划通告　　　　××年××月××日至××年××月××日适用

××年××月××日至××年××月××日×号线施工及行车计划通告											
××年××月××日（周一）											
序号	作业令号	作业类别	作业单位	作业时间	线路作业范围	接触网供电要求	作业内容	防护措施	施工负责人	配合部门	其他	大中型工器具
……											
××年××月××日（周日）											
序号	作业令号	作业类别	作业单位	作业时间	线路作业范围	接触网供电要求	作业内容	防护措施	施工负责人	配合部门	其他	大中型工器具
《完》											

附录 E 施工及行车计划申报表

\multicolumn{13}{c}{××年××月××日（周一）}
序号	作业类别	作业单位	作业时间	线路作业范围	接触网供电要求	作业内容	防护措施	施工负责人	配合部门	其他	大中型工器具

\multicolumn{13}{c}{××年××月××日（周二）}
序号	作业类别	作业单位	作业时间	线路作业范围	接触网供电要求	作业内容	防护措施	施工负责人	配合部门	其他	大中型工器具

......

\multicolumn{13}{c}{××年××月××日（周日）}
序号	作业类别	作业单位	作业时间	线路作业范围	接触网供电要求	作业内容	防护措施	施工负责人	配合部门	其他	大中型工器具

《完》

附录 F 临时补修计划/日补充计划/施工变更/施工取消申报表

20××年××月××日（周×）										
序号	作业类别	施工单位	作业时间	线路作业范围	接触网供电要求	作业内容	防护措施	施工负责人	其他情况
1									
审批流程	（1）申报原因（手写） 施工单位申报人签字确认：	（2）冲突检测（手写） 与已审批施工计划是否存在冲突？如存在冲突如何进行调整？ 电力分析工程师签字确认： 当值值班主任签字确认： 施工管理工程师签字确认：	（3）领导会签 申报单位负责人签字确认： 监理单位负责人签字确认： 调度指挥中心生产调控部部长或副部长签字确认：							

附录 G　工程车、电客车等临时列车开行计划申报表

20××年××月××日（周×）									
序号	作业类别	施工单位	作业时间	线路作业范围	接触网供电要求	作业内容	防护措施	施工负责人	其他情况
1									
审批流程	（1）申报原因（手写） 申报人签字确认：	（2）冲突检测（手写） 与已审批施工计划是否存在冲突？如存在冲突如何进行调整？ 电力分析工程师签字确认： 当值值班主任签字确认： 施工管理工程师签字确认：							（3）领导会签 申报单位负责人签字确认： 监理单位负责人签字确认： 调度指挥中心生产调控部部长或副部长签字确认：

附录 H　外协单位施工作业管理流程

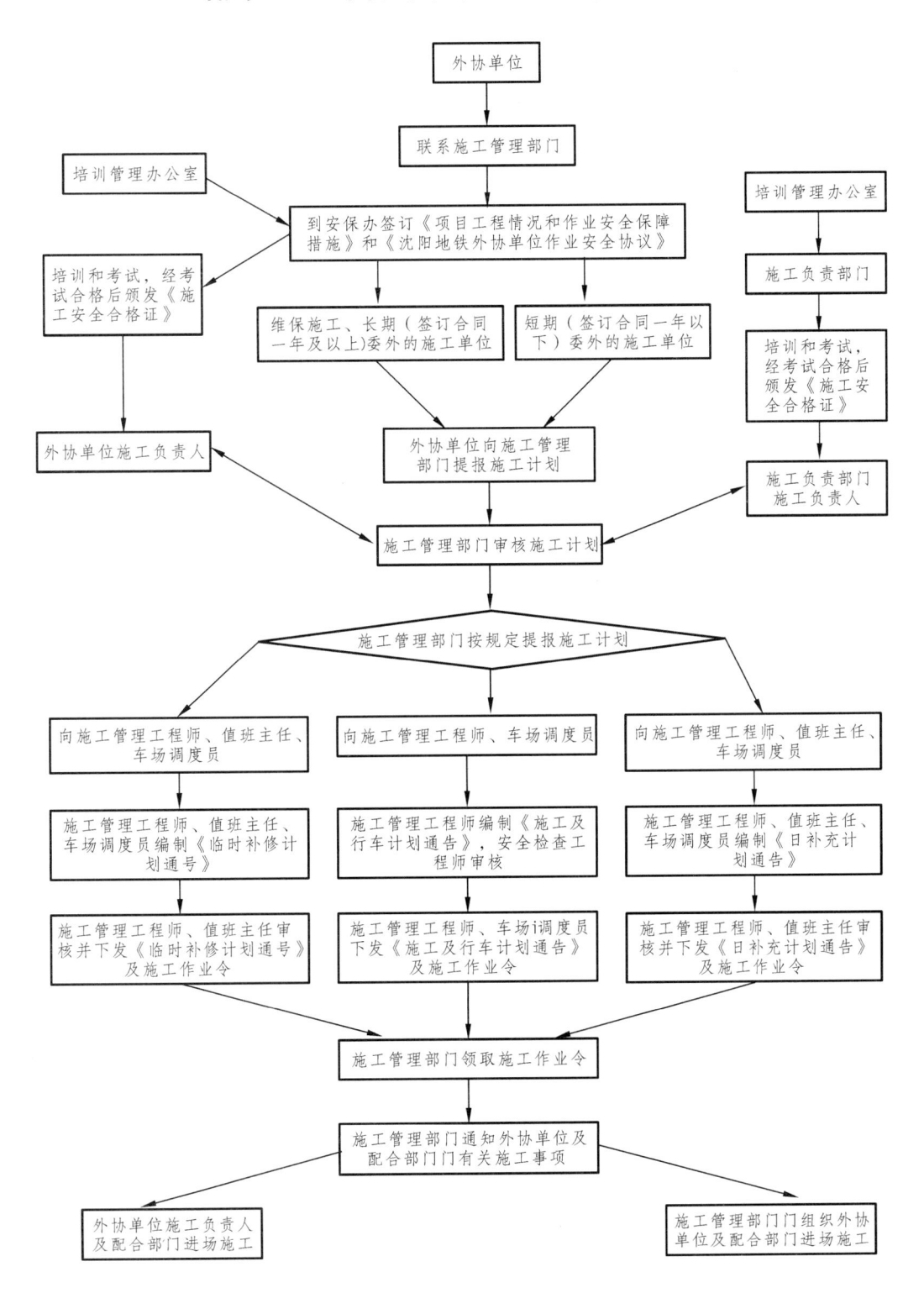

```
                          ┌──────────┐
                          │ 外协单位 │
                          └────┬─────┘
                               ↓
                    ┌────────────────────┐
                    │  联系施工管理部门  │
                    └──────────┬─────────┘
                               ↓
┌──────────────┐  ┌──────────────────────────────────┐  ┌──────────────┐
│培训管理办公室│  │到安保办签订《项目工程情况和作业  │  │培训管理办公室│
└──────┬───────┘  │安全保障措施》和《沈阳地铁外协单  │  └──────┬───────┘
       ↓          │位作业安全协议》                  │         ↓
┌──────────────┐  └──────┬──────────────────┬────────┘  ┌──────────────┐
│培训和考试,经 │         ↓                  ↓           │施工负责部门  │
│考试合格后颁发│  ┌──────────────┐  ┌──────────────┐    └──────┬───────┘
│《施工安全合  │  │维保施工、长期│  │短期(签订合同 │           ↓
│格证》        │  │(签订合同一年 │  │一年以下)委外 │    ┌──────────────┐
└──────┬───────┘  │及以上)委外的 │  │的施工单位    │    │培训和考试,经│
       ↓          │施工单位      │  │              │    │考试合格后    │
┌──────────────┐  └──────┬───────┘  └──────┬───────┘    │颁发《施工安 │
│外协单位施工  │         └────────┬─────────┘            │全合格证》   │
│负责人        │                  ↓                      └──────┬───────┘
└──────┬───────┘         ┌──────────────────┐                   ↓
       │                 │外协单位向施工管理│            ┌──────────────┐
       │                 │部门提报施工计划  │            │施工负责部门  │
       │                 └────────┬─────────┘            │施工负责人    │
       │                          ↓                      └──────┬───────┘
       │                 ┌──────────────────┐                   │
       └────────────────→│施工管理部门审核  │←──────────────────┘
                         │施工计划          │
                         └────────┬─────────┘
                                  ↓
                         ┌──────────────────┐
                         │施工管理部门按规定│
                         │提报施工计划      │
                         └────────┬─────────┘
           ┌──────────────────────┼──────────────────────┐
           ↓                      ↓                      ↓
   ┌──────────────┐      ┌──────────────┐      ┌──────────────┐
   │向施工管理工程│      │向施工管理工程│      │向施工管理工程│
   │师、值班主任、│      │师、车场调度员│      │师、值班主任、│
   │车场调度员    │      │              │      │车场调度员    │
   └──────┬───────┘      └──────┬───────┘      └──────┬───────┘
          ↓                     ↓                     ↓
   ┌──────────────┐      ┌──────────────┐      ┌──────────────┐
   │施工管理工程  │      │施工管理工程师│      │施工管理工程  │
   │师、值班主任、│      │编制《施工及  │      │师、值班主任、│
   │车场调度员编制│      │行车计划通告》│      │车场调度员编制│
   │《临时补修计  │      │,安全检查工  │      │《日补充计划  │
   │划通号》      │      │程师审核      │      │通告》        │
   └──────┬───────┘      └──────┬───────┘      └──────┬───────┘
          ↓                     ↓                     ↓
   ┌──────────────┐      ┌──────────────┐      ┌──────────────┐
   │施工管理工程  │      │施工管理工程  │      │施工管理工程  │
   │师、值班主任审│      │师、车场调度员│      │师、值班主任审│
   │核并下发《临时│      │下发《施工及行│      │核并下发《日补│
   │补修计划通号》│      │车计划通告》  │      │充计划通告》  │
   │及施工作业令  │      │及施工作业令  │      │及施工作业令  │
   └──────┬───────┘      └──────┬───────┘      └──────┬───────┘
          └─────────────────────┼─────────────────────┘
                                ↓
                    ┌──────────────────────┐
                    │施工管理部门领取施工  │
                    │作业令                │
                    └──────────┬───────────┘
                               ↓
                    ┌──────────────────────┐
                    │施工管理部门通知外协  │
                    │单位及配合部门门有关  │
                    │施工事项              │
                    └──────────┬───────────┘
             ┌─────────────────┴─────────────────┐
             ↓                                   ↓
   ┌──────────────────┐              ┌──────────────────────┐
   │外协单位施工负责人│              │施工管理部门门组织外协│
   │及配合部门进场施工│              │单位及配合部门进场施工│
   └──────────────────┘              └──────────────────────┘
```

附录 I 术语对照表

ATS	列车自动监督子系统
ATO	列车自动运行控制子系统
ATP	列车自动驾驶子系统
IATP	点式 ATP
TOD	司机操作显示单元
MR	车载移动通信设备
ZC	区域控制器
EB	紧急制动
FSB	常用制动
NRM	非限制人工驾驶模式
RM	限制人工驾驶模式
OCC	控制中心
PIS	乘客信息系统
PA	有线广播系统
TCC	应急控制中心系统
RADIO	无线通信系统
ISCS	综合监控系统
HMI	人机界面（卡斯柯设备非集中站）
MMI	现地工作站（卡斯柯设备集中站使用）
LATS	车站 ATS 主机
DTI	发车指示器
DCS	数据通信子系统
MFA	联锁 A 机报警
MFB	联锁 B 机报警
DID	列车目的地码
LCW	现地工作站（浙江众合科技有限公司）

参考文献

[1] 中国城市轨道交通协会. 城市轨道交通信号工[M]. 成都：西南交通大学出版社，2018.

[2] 中国城市轨道交通协会. 城市轨道交通团体标准体系研究[M]. 北京：中国铁道出版社，2019.

[3] 赵晗，陈琦，杨辉. 城市轨道交通信号检修工[M]. 北京：人民交通出版社，2017.

[4] 中华人民共和国铁道部. 铁路信号维护规则[M]. 北京：中国铁道出版社，2010.

[5] 张丽彪，彦月霞. 城市轨道交通信号与通信系统[M]. 北京：人民交通出版社，2015.

[6] 蔡昌俊. 城市轨道交通信号系统运行与维修[M]. 北京：中国建筑工业出版社，2010.

[7] 耿幸福，等. 城市轨道交通运营安全[M]. 北京：人民交通出版社，2021.